沖縄論

——平和・環境・自治の島へ——

沖縄論

——平和・環境・自治の島へ——

宮本憲一
川瀬光義 編

岩波書店

目　次

第三部　産業と自治の展望

凡　例

本書で頻出度の高い法令等は、下記のように略記する。

- 「日本国とアメリカ合衆国との間の相互協力及び安全保障条約第六条に基づく施設及び区域並びに日本国における合衆国軍隊の地位に関する協定」→「日米地位協定」
- 「日米地位協定の実施に伴う土地等の使用等に関する特別措置法」→「米軍用地特別措置法」
- 「沖縄県における駐留軍用地の返還に伴う特別措置に関する法律」→「軍転特措法」
- 「沖縄に関する特別行動委員会　Special Action Committee on Facilities and Area in Okinawa」→「SACO」
- 「沖縄米軍基地所在市町村に関する懇談会」→「島田懇談会」
- 「沖縄米軍基地所在市町村活性化特別事業」→「島田懇談会事業」
- 「駐留軍等の再編の円滑な実施に関する特別措置法」→「米軍再編特措法」
- 「在沖米海兵隊のグアム移転に関する協定」→「グアム移転協定」

はじめに――転換期の沖縄

二〇〇九年二月一七日、アメリカ合衆国国務長官ヒラリー・クリントンと日本国外務大臣中曾根弘文は「グアム移転協定」に調印した。これはブッシュ政権の下ではじまった世界戦略としての米軍再編計画の一部であり、同時に一九九五年の米兵の少女暴行事件を契機に再燃した沖縄県民の米軍基地撤去の運動を支持する大田県政の圧力で生まれたSACOによる沖縄の米軍基地再編を進めるための協定である。それは在沖米軍の普天間（ふてんま）飛行場の代替施設としての名護市辺野古（へのこ）新基地の完成を条件に、海兵隊要員約八〇〇〇人及びその家族約九〇〇〇人を二〇一四年までにグアムに移転し、同時に嘉手納（かでな）飛行場以南の施設及び区域の統合並びに土地の返還をおこなうというのである。

さらにこの協定はグアム移転のための施設及び基盤整備の費用一〇二億七〇〇〇万ドルの内、二〇〇八会計年度に二八億ドルの直接提供資金を含む六〇億九〇〇〇万ドルを日本政府が提供するとしている。この協定によって、これまで一〇年以上にわたって、阻止されていた新基地の建設を促進する可能性が生まれ、また過去に例のない米国内の基地に日本の税金を支出するという異常な措置をとることが「海兵隊移転の速やかな実施にたいする沖縄住民の希望」の名の下に協定されたのである。

この協定について、本土の新聞は批判の記事は少なく、「朝日新聞」では来日したクリントン国務長官の政治的力量を賛美する記事をのせている。これにたいして、沖縄の世論や新聞は協定に対して、きびしい反対の意見を表す記事をのせている。クリントン長官来日の一六日には、地元紙は新崎盛暉など一四人の県内知識人の声明を出している。グアム移転協定に沖縄の人々はほとんど反対しており、「米軍基地で沖縄は自らの意思を表明する機会を奪われ、基地の存在で経済や政治だけでなく、社会のありようや人間の誇りがゆがんでいる」、この沖縄が陥れられている現実を理解し「オバマ政権で新たな対応を期待している」としている。沖縄県議会野党各派も「協定署名中止」の声明を出している。調印後の二月一七日「沖縄タイムス」夕刊は「頭越し新たな縛り県民の意向『封殺』」という記事をのせている。「琉球新報」同日夕刊は「『暴挙』怒り噴出、『強行的』と地元」という記事をのせ、翌朝刊では「危うい『日米蜜月』『同盟強化』頭越し」という記事の中で、宮里政玄は「協定修正案を出すべし」とのべている。佐藤学は「沖縄タイムス」二月二二日の論稿の中で、イラク失政のような国際情勢が変わる中で、沖縄に新巨大基地をつくる必要があるかどうか検証がないままにグアム移転協定が結ばれたことを批判し、この協定の第八条によって、内容を変更すべきだとしている。

グアム移転協定にたいし、地元の知識人や新聞が、県民の意向を無視したとして激しく反対しているのにたいして、本土の知識人の多くは無関心であり、批判はグアムの米軍基地にたいする無法な負担に限られている。このギャップは、いまの日本人の日米軍事同盟の危険にたいする無知と沖縄差別というべき状況をあらわしている。このことはグアム移転協定を解説した「朝日新聞」三月二四日「どうなる普天間移設」という記事にも表れている。ここでは、「協定」への疑問はのべているものの在日米軍再編が地元負担の軽減になり、普天間移設のための名護市辺野古基地の建設の必要性について論じられている。しかし野党が多数を占めた沖縄県議会は、二〇〇八年七月一八日の第二回議会において、「名護市辺野古沿岸域への新基地建設に反対する意見書」(1)を可決し、日本政府、米国大使、在日米軍司令官、沖縄県知事にそれを提出している。また、普天間飛行場の廃止をもとめている地元の伊波洋一宜野湾市長も、県内移設は反対であり、ヘリコプター部隊のグアムへの移転を求めている。二〇〇九年の総選挙では沖縄の全選挙区の当選議員は県内移設に反対である。

沖縄県民の中には、北朝鮮のミサイル問題や台湾海峡問題をあげて、日米軍事同盟の強化となる米軍再編に賛成する者もいる。しかし、辺野古の新基地建設賛成派でも、基地の移設には必ずしも賛成でなく、経済振興のための政府の援助が必要なので認めざるをえないという意見なのである。米軍基地の存続と日本政府の沖縄振興開発政策などの財政援助が混合したことが、安全保障や経済自立の本質をゆがめ、沖縄問題を暗闇の中においているのである。

二〇〇七年のサブプライムローンの破綻にはじまり、二〇〇八年九月のリーマンブラザーズショック以降、世界大不況は深刻な様相を呈している。市場原理によって、経済のグローバリゼーションをすすめてきた新自由主義の思想と政策は破綻し、イラク戦争の失敗とあいまって、パックス・アメリカーナは崩壊した。それにかわる世界の政治・軍事秩序と新自由主義にかわる混合経済体制への変革がすすみはじめている。オバマ政権の成立はそのひとつのあらわれである。グアム移転協定は、ブッシュ政権の米軍再編の継承であり、オバマ政権の外交の限界をしめしているが、着実に転換はすすんでいくであろう。したがって、米軍再編の内容も変わらないとはいえない。これまでの自民党政府は「ソマリア沖出兵」にみるように、米軍戦略にそって、改憲の方向にうごいているが、それは世界情勢の変化の中での選択をあやまっているのではないか。この世界大不況をのりきるには、一九二九年恐慌のように経済の軍事化や戦争に依存する道をえらんではならないし、えらぶことはできないであろう。選択のみちは、グリーン・ニューディールであり、安全で健康な福祉社会をつくることであろう。沖縄の未来は米軍再編の過程で新基地をつくり、軍事基地依存の経済をえらぶのでなく、グリーン・ニューディールと福祉社会をえらぶことにある。鳩山政権はその道を選択できるであろうか。本書は、この転換期にふさわしい沖縄の道を検討することを第一の課題としている。

本書の執筆者の一部はすでに『開発と自治の展望・沖縄』(宮本憲一編『地域開発と自治体』第三巻、筑摩書房、一九七九年)、『沖縄 21世紀への挑戦』(宮本憲一・佐々木雅幸編、岩波書店、二〇〇〇年)において、沖縄の政治経済の現状を分析し、提言をしてきた。両書において、私達が判断の基準となる提言の思想としてきたのは、「沖縄のこころ」である。これは、沖縄戦の惨禍を経験し米軍支配の屈辱をのりこえ復帰によって日本国憲法体制にはいりたいとねがった県民のこころをあらわしている。代表的な知識人である大田昌秀や久場政彦はそれを二つの原則としている。「平和、基本的人権の確立、自治」である。(2) 私達は二つの著書において「沖縄のこころ」が、その時の現状においてどのように実現しているか、あるいは侵害されているかを明らかにし、その原則を客観的な状況の中で実現すべき提言をしてきた。実は、このことは、沖縄問題の解決にとどまらず、日米安保体制の下で失われた日本の政治経済の自立と憲法体制の確立への道をしめすものであった。沖縄問題は日本問題なのである。このことはとくに米軍再編によって、日本が米軍の世界戦略の司令部のひとつとされ、「本土の沖縄化」といわれるような変化をはじめている状況の下で明らかなことである。

本書は前著『沖縄 21世紀への挑戦』以後の政治経済の変化を明らかにし、前著の提言であった「持続可能(維持可能)な沖縄」をひきついで、新しい状況の下での具体的提言をこころみている。約一〇年の最近の変化はきわめて激しいものであった。日米関係では、先述のようにSACOによる普天間基地の移転を中心とした嘉手納飛行場以南の基地の整理統合計画が発表され、代替地としての名護市辺野古基地建設について住民の反対を押しきって、県と名護市が容認したが、地元住民の建設阻止の運動がつづき、建設方法をめぐる対立もあって、まだ着工できぬ状況がつづいている。冷戦後、「テロとの戦争」という新しい局面と財政整理のための米軍再編がこの基地再編の基底にあり、先述のように米軍再編のロードマップにしたがって、「グアム移転協定」が結ばれ、沖縄の基地再編に日米両政府の強い圧力がかかるようになった。SACOの合意以来、この米軍再編を強行するために財政法・制度違反といえるような基地所在市町村にたいする財政のバラまきがおこなわれるようになった。沖縄米軍基地所在市町村に関する懇談会(座長島田晴雄慶應義塾大学教授の名をとって「島田懇談会」と略す)による「沖縄米軍基地所在市町村活性化特別事業」(以下「島田懇談会事業」と略す)によって、一九九七―二〇〇七年度までに、二五市町村(合併により二一市町村)の三八事業(四七事案)に八二一億円の支出がされた。島田懇談会は基地の閉塞感を打破して、「人づくり」に資したといっているが、後述するように、不要不急のハコものが多く、その地域開発効果には疑問が多い。中南部地域の基地整理の焦点は名護市辺野古に新基地をつくることにあり、地元に誘致の「決断」をさせるために、北部振興事業に一〇年間で一〇〇〇億円が支出されることになり、二〇〇〇―〇七年度までに六七六億円が一八九の公共事業と一七三の民間事業に支出された。後述するが、これも多くは総花的な事業となり、目的とする中南部との格差をうめ、北部の経済力を上昇させることには効果がとぼしい。

環境政策では汚染物を出す「めいわく施設」を地元に容認させるために「bribe(賄賂)」という手段をとることがある。一九七三年に田中角栄内閣がつくった電源三法が典型であり、これがとくに地元民の反対の多い原子力発電所設置交付金として支出されている。政府はこの実績にならって、「米軍再編特措法」による「再編交付金」を二〇〇七年度から施行している。これは再編事業の進捗の段階に応じて支出するものである。このため再編を受けいれていなかった名護市、岩国市、座間市に対しては一時支出を停止した。さらにこれに関連して、政府は北部振興事業も打ち切るとした。まことに露骨な軍事化政策である。原発事業の場合には、地元自治体が拒否できるが、米軍再編は政府が決定するので、地元自治体は選択権がない。この事業の問題点については後述するが、このように、この一〇年間の政府の沖縄政策は沖縄の振興というよりは、日米軍事同盟の強化に重点がうつり、財政支出の主体も内閣府よりは防衛省に移りつつある。沖縄関係経費(一般会計分)では、内閣府と防衛省(庁)の支出分担は二〇〇〇年度の六二対三三から二〇〇九年度五七対四二となっている。

さて、他方で国内政策は小泉内閣の構造改革路線によって、大きな変化があった。それは地方財政の三位一体改革と市町村合併である。いずれも、新自由主義による「小さな政府」論、規模の利益による財政合理化論である。三位一体改革は、分権論に基づいて、国庫支出金(補助金)の削減と税源の国税から地方税への移譲がおこなわれた。これは必要な改革であったが、同時に地方団体の一般財源である地方交付税交付金の削減がおこなわれた。このため地方財政は重大な危機を迎えた。この影響は中央政府の財政への依存度が異常に高い沖縄県にとっては大きな打撃となった。沖縄県は北海道とならんで国の出先機関の開発局の傘下にある。他の府県にはない一〇年単位の開発政策が進められている。本来ならば沖縄振興開発計画は二次で終わるべきものが、三次まで延長され、さらには「沖縄振興計画」と名前をかえて、二〇一一年度までおこなわれているが、公共事業は二〇〇〇年度五三四二億円から二〇〇六年度三七九六億円へと激減した。沖縄振興開発計画の一九九八年度支出は四四三〇億円であったが、沖縄振興計画の二〇〇九年度は二一六六億円と半分に減少したため、公共事業によって膨張した建設業に大きな打撃をあたえた。このような政府の構造改革によって、沖縄県の経済と財政は否応なしに「経済の自立」や「財政の自律」という道を選択せざるをえなくなっている。「沖縄振興計画」ではすでに格差是正よりは自立のための政策が中心になり、沖縄の研究者は「沖縄自治州」の構想を検討している。しかし、他方、状況が困難になると一層中央政府への依存の道の模索が進み、それが米軍再編という日米軍事同盟強化の路線を支持して、政府の基地への交付金の増大をのぞむ傾向を生む可能性もある。

これまで沖縄県民にとっては将来の道を選択する機会が二回あった。第一回は日本への復帰である。屋良革新自治体の下で「沖縄のこころ」を実現する激しい県民の運動が復帰を実現した。平和裡に沖縄を返還させたことなどでノーベル平和賞をもらった佐藤栄作首相は「沖縄のこころ」を裏切って、米軍基地を固定化し、沖縄を日本資本主義の経済圏にくみいれた。第二回は、冷戦終結後、九五年の基地反対運動再燃の下での大田革新自治体の米軍基地の段階的解消の運動である。しかし、SACOによる基地の整理統合は、名護市に新しい強大な軍事基地の建設を計画することとなった。沖縄県知事が県内に新基地をはじめて認めれば、米軍再編によって、日本全体がアメリカの極東軍事戦略の中核となることになる。

世界大不況はパックス・アメリカーナの崩壊と新自由主義の思想の欠陥を明らかにした。この大きな国際情勢の変化の中で、日本は政権交代をなしとげたが、具体的な政策は停滞している。このためグアム移転協定と、旧来の米軍再編に反対するにいたっていない。しかし、前述のように一九二九年恐慌のように、経済の軍事化・戦争という解決の道はないであろう。グリーン・ニューディールを進め、先進資本主義国は分権型福祉社会への道を進まざるをえないであろう。この国際情勢の変化を前にして、沖縄が第三の選択の時機をむかえるかどうかは、県民の動向にかかっている。沖縄県議会の決議のように、基地の新設に反対し、自立の道を歩むか、米軍再編に依存していくか、まだ未知数である。本書は、沖縄の政治経済の現状を分析して、現代版「沖縄のこころ」が沖縄版グリーン・ニューディールと基地の段階的縮小と経済の内発的発展のための自治を実現する道をしめそうとした。

（1）「日米両政府は、一九九五年の一〇・二一県民大会に代表される県民の米軍基地の整理・縮小・撤去の声と行動により一九九六年四月、普天間飛行場の返還を発表した。

しかし、これは県内への移設条件つきであり、しかも箇所や工法が紆余曲折を経て今日、辺野古沿岸域でのV字型の新基地建設計画へと立ち至っている。

ところで本県は国土面積のわずか〇・六％にすぎない狭隘な県土面積に全国の米軍専用施設の約七五％が集中しており、これら米軍基地は県土面積の一〇・二％、特に人口、産業が集中する沖縄本島においては、実に一八・四％を占める異常な状況下にある。

このような中、県民は普天間飛行場の名護市辺野古での新基地建設には、基地の過重な負担と固定化につながることから一貫して反対してきた。

同様に、地元名護市民も一九九七年一二月に行われた市民投票において辺野古新基地建設に反対するという意思を明確に示した。

また、名護市辺野古海域は沖縄県が「自然環境の保全に関する指針」で「評価ランク一」に分類しているように、国の天然記念物であり国際保護獣のジュゴンを初めとする希少生物をはぐくむ貴重な海域であり、新たなサンゴ群落が見つかるという世界にも類を見ない美しい海域であることから、新たな基地の固定化と、新基地建設工事に伴う環境汚染や大規模な埋め立てによる環境破壊につながる辺野古新基地建設には断固反対し、世界に誇れる自然環境を後世に残し引き継ぐことこそが我々沖縄県民の責務である。

よって、本県議会は、名護市辺野古への新基地建設を早急に断念されるよう強く要請する。

以上地方自治法第九九条の規定により意見書を提出する。

平成二〇年七月一八日

沖縄県議会」

これに対して、自民党議員からは普天間基地の閉鎖が緊急な要求で、苦渋の選択だが県内移設以外に方法はないとして反対討論をした。しかし、一九九六年七月一六日、自民党を含めた県議会は全会一致で普天間飛行場の全面返還の促進とともに「基地機能の強化につながる県内への移設をしないよう強く要請する」という意見書を可決している。日米両政府の現在の意向を優先するという自民党の意見は過去の決議をくつがえすご都合主義である。野党の賛成演説を終えて、この意見書は賛成多数で可決した。

(2)「私は、これまで「沖縄のこころ」、つまり沖縄の人々が日夜志向して止まぬ執着心は「戦争をにくみ平和を志向する熱烈な思い」「基本的人権を確保し伝統的な共生の生き方を大事にする思いの強さ」、「いまだに享受したことのない自治確立への願望」といった三つの要素に要約できると、くりかえし公言してきた。したがって、沖縄の人々が「平和憲法の下への復帰」を心から志向したのも、要するに日本国憲法が何よりもそのような「沖縄のこころ」に叶う内容をもっていたからにほかならない」(大田昌秀『沖縄差別と平和憲法』BOC出版、二〇〇四年)。また久場政彦は「復帰の目的は平和・人権尊重・自治」とのべている(久場政彦『戦後沖縄経済の軌跡——脱基地・自立経済を求めて』ひるぎ社、一九九五年)。

第一部　米軍基地撤去と自立経済は可能か

第一章 「沖縄政策」の評価と展望

宮本憲一

一 沖縄経済と振興開発政策

これまでの自民党政府の沖縄政策は日米安保体制の要石(かなめいし)である米軍基地を維持することを基本として、復帰後の経済振興開発計画をすすめてきた。復帰前にくらべれば、沖縄経済にしめる基地依存収入の比率は減少し、県内総生産の約五%になっている。このため、もはや沖縄経済は基地経済でないという経済学者の評価もある。しかし、他府県に例をみない高率の補助金事業による内閣府指導の振興計画が実に約四〇年にわたって持続しているのは、県民の基地反対の世論を鎮めて、米軍基地を保持したいという政策企図のあらわれである。「はじめに」でのべたように、米国の新軍事戦略による「米軍再編」以来、基地所在市町村への特別の補助金の撒布と名護市の新基地建設と一体化した北部振興開発事業がすすめられている。この他府県にはない異例の地域開発事業は、明確な米軍基地再編政策である。したがって、経済振興政策と基地政策は表裏一体なのであって、経済振興計画を経済効果のみで評価するのはまちがいであろう。沖縄政策の評価は基地政策と経済開発政策の両者を総合しておこなわなければならない。

表1-1　県民所得(名目)の構造と推移

(単位：%)

区分 ＼ 年度		昭和47	50	55	60	平成2	7	12	13	14	15	16	17	18
財政支出 政府最終消費支出	沖縄県	14.9	17.7	19.1	17.1	23.2	26.0	27.9	28.4	28.8	29.3	28.3	28.2	28.2
	全国	8.1	10.0	13.5	13.5	12.8	15.0	16.8	17.5	17.6	17.6	17.7	17.5	17.1
財政支出 公的総固定資本形成	沖縄県	8.6	15.9	18.7	17.7	11.2	14.3	12.0	12.0	11.0	10.3	9.2	8.6	7.3
	全国	9.8	9.2	9.5	6.7	6.5	8.4	6.7	6.4	6.0	5.4	4.7	4.4	4.0
財政支出 合計[財政依存度]	沖縄県	23.5	33.6	37.8	34.8	34.4	40.3	39.9	40.4	39.8	39.6	37.5	36.8	35.6
	全国	17.9	19.2	23.0	20.2	19.3	23.4	23.5	23.8	23.6	23.0	22.4	22.0	21.1
民間企業設備投資	沖縄県	17.6	12.0	12.3	12.5	17.1	12.8	11.9	11.0	11.3	11.0	11.7	12.1	12.6
	全国	17.5	16.0	16.1	16.5	20.4	14.7	14.2	13.7	13.1	13.4	14.1	14.7	15.4
軍関係受取		15.6	10.2	7.2	6.5	4.9	4.7	5.2	5.3	5.4	5.5	5.5	5.1	5.4
観光収入		8.1	12.7	11.5	10.1	9.2	8.7	10.2	9.1	9.3	9.8	9.6	10.3	10.3
		(23.5)	(30.3)	(28.9)	(38.4)	(33.1)	(36.2)	(38.6)	(34.8)	(35.5)	(37.0)	(36.7)	(38.7)	(38.2)
移(輸)出入差		△28.3	△27.7	△27.0	△17.2	△9.3	△9.5	△12.8	△12.5	△12.1	△11.1	△10.9	△9.7	△10.2

(注)　1. 観光収入欄の(　)書きは，移(輸)出に占める観光収入の割合(%)である．
　　　2. 軍関係受取は，軍雇用者所得，軍人・軍属等の消費支出，軍用地料(自衛隊関係を含む)の合計である．
(出所)　沖縄県企画部「県民経済計算(県民所得統計)」，内閣府「国民経済計算年報」．

(1) 沖縄経済の特殊性

このことを前提にして、まず沖縄経済の現状から検討しよう。表1-1は県民所得の構造を全国と比較したものだが、一見してわかるように、沖縄県経済は財政依存型であり、民間投資にくらべて、公共投資が大きく、国家財政主導型の経済である。このようなことは県と市町村の財政にもあらわれている(第三章参照)。県と市町村の財政は歳出面では土木関係費が大きく、歳入面では国庫支出金が異常に大きい。さらに、この表のように、他府県にくらべると、軍関係の受取りが五%以上をしめ、また観光収入が大きい。沖縄経済は三K(公共支出、観光業、基地)によって構成されるというが、この表はそのことをあらわしている。

表1-2は産業構造の性格と推移をあらわしている。一見してわかるように、農林水産業や製造業という「ものづくり」が極端に弱い。農林業はさとうきびを主体に野菜、花卉(かき)、果樹など亜熱帯農産物で気候を利用して生産し、復帰後発展をしていたが、一九八五年をピークにして漸減し、いまは肉牛などの畜産物に重点がうつりつつある。農業の相対的な低落には主産物であるさとうきびが農家の手取り収入トン当り二万円のうち政府の支援が一万六〇〇〇円を

こえるように、生産性の減退が大きい。製造業は全国ブランドの生産物はなく、あるいは別の見方をすれば本土の大企業の製造業の工場がない。一時期、電機産業の工場の誘致が進められたが実現しなかった。他府県には必ず立地している大手の電機産業の工場がないことが特徴である。製造業中最大の生産額を出しているのは、石油精製業であるが、石油化学を並置していない。このように、製造業の中核になる産業がなく、産業連関にとぼしい。表のように復帰直後にくらべても、製造業の比重は激減している。

前著『沖縄 21世紀への挑戦』で分析した産業構造とのちがいは、建設業にある。かつて建設業は県内総生産の一五%、就業者の一三%をしめていたが、いまではその半分にちかい激減をしており、これが沖縄の失業問題の大きな原因となっている。小泉内閣の構造改革で、公共事業費が半減したことが、沖縄の「主産業」であった建設業に打撃をあたえている。

これらにくらべて、急激に伸長したのがサービス業である。その中心は観

表 1-2　産業構造の推移

（単位：億円，%）

区分		昭和47年度			平成18年度		
		沖縄県		全国	沖縄県		全国
		実額	構成比	構成比	実額	構成比	構成比
1 第1次産業	計	336	7.3	5.5	694	1.9	1.5
	農林業	254	5.5	4.6	555	1.5	1.3
	水産業	82	1.8	0.9	140	0.4	0.2
2 第2次産業	計	1,280	27.9	43.6	4,352	11.8	27.8
	鉱　業	23	0.5	0.7	84	0.2	0.1
	製造業	502	10.9	34.5	1,496	4.1	21.3
	建設業	755	16.4	8.4	2,772	7.5	6.3
3 第3次産業	計	3,090	67.3	54.9	33,304	90.3	73.9
	卸・小売業	651	14.2	14.2	4,156	11.3	13.5
	金融・保険業・不動産業	646	14.1	13.7	6,189	16.8	18.8
	運輸・通信業	486	10.6	6.3	3,460	9.4	6.6
	電気・ガス・水道業	86	1.9	2.1	1,445	3.9	3.3
	サービス業	910	19.8	14.8	13,808	37.4	26.1
	公　務	310	6.7	3.8	4,247	11.5	5.6
4	小　計(1+2+3)	4,706	102.5	104.0	38,351	104.0	103.1
5	輸入品に課される税・関税	75	1.6	0.6	228	0.6	1.1
6	(控除)帰属利子等	188	4.1	4.6	1,702	4.6	4.1
7	県(国)内総生産(4+5−6)	4,592	100.0	100.0	36,876	100.0	100.0

（注）1. 全国は暦年数値で，「統計上の不突合」は帰属利子等欄に含めた．平成18年度の「(控除)帰属利子等」の内訳：「(控除)総資本形成に係る消費税」は0.6%，「(控除)帰属利子」は4.7%，「統計上の不突合」は1.3%．

2. 沖縄県の「(控除)帰属利子等」は，「(控除)総資本形成に係る消費税」と「(控除)帰属利子」の合計である．

（出所）沖縄県企画部「県民経済計算(県民所得統計)」，内閣府「国民経済計算年報」．

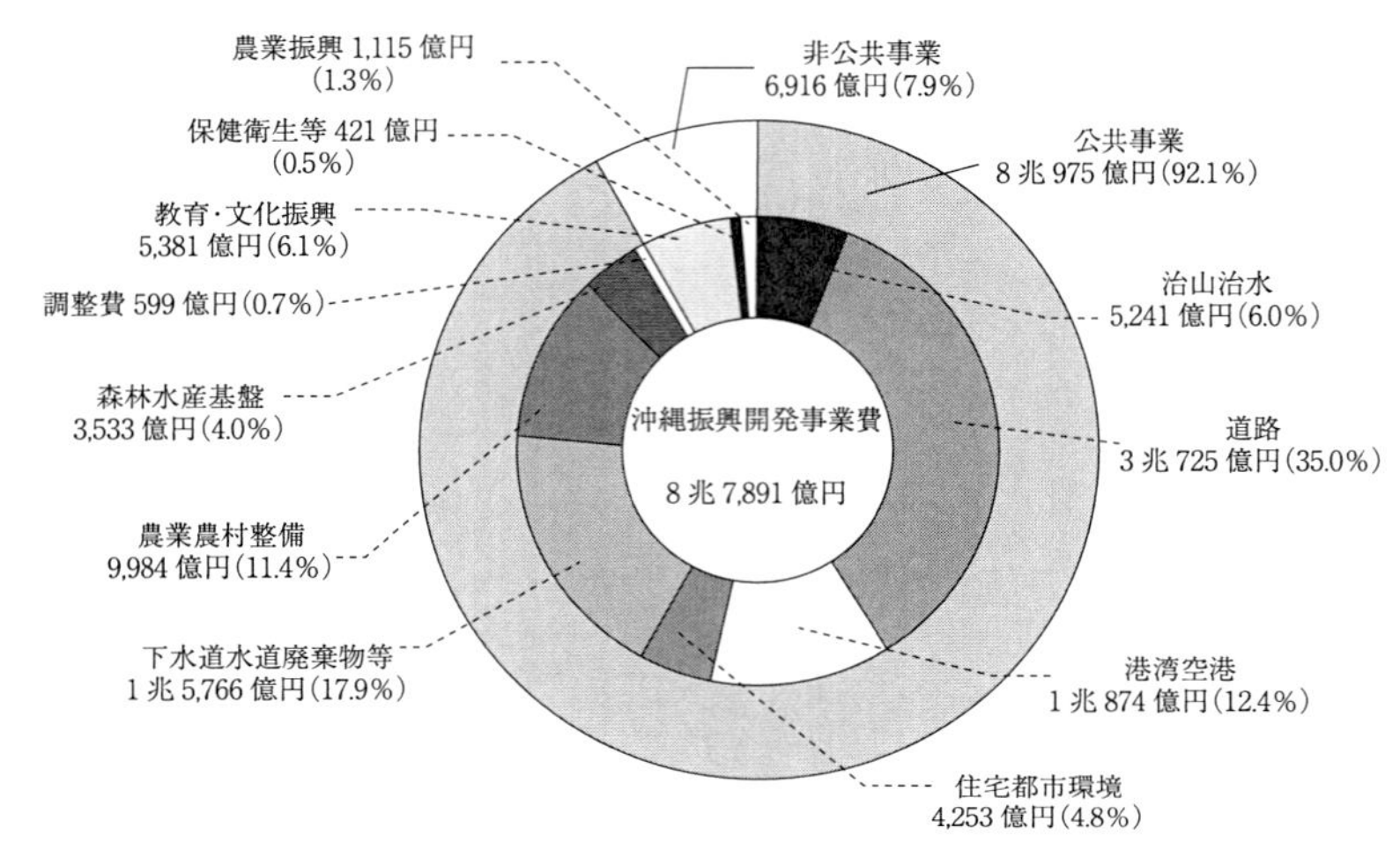

図 1-1　沖縄振興開発事業費(1972－2009 年度累計)
(注)　補正後ベース.
(出所)　内閣府沖縄総合事務局『沖縄県経済の概況』(2009 年 3 月).

光業と関連サービス業である。また近年は低賃金労働力によるコールセンターを中心とした情報通信産業の立地がすすんでいる。これらの産業の動向の評価は第八章でのべたい。

(2) 沖縄振興(開発)計画を検討する

復帰後の沖縄経済の性格をつくりあげたのは、三次にわたる「沖縄振興開発計画」と二〇〇二(平成一四)年に制定された「沖縄振興特別措置法」にもとづく「沖縄振興計画」である。現在は「振興計画」の後期にはいっている。

図1-1は一九七二年度から二〇〇九年度までの沖縄振興開発事業費を合計し、事業別に分類したものである。総額は八兆七八九一億円にのぼる。これは農林業の二〇〇三年度の生産額の一五八年分、同年度製造業の五九年分、情報サービス業の二五六年分にあたる。これが沖縄経済にいかに決定的な影響をあたえたかは明らかである。この事業費の特徴は、九二%が公共事業であり、民間への補助は少ない。公共事業の内容は三五%が道路、一二%が港湾・空港に支出されており、交通基盤整備の土木事業であった。人材育成の教育文化振興は六%、保健・衛生等は〇・五%な

どソフトの事業には十分な経費は支出されていない。また下水道・水道・廃棄物処理施設への投資が大きい。この中で画一的に下水道を整備した結果、その建設・運営費が市町村財政の赤字の主因となっている。

約四〇年にわたる沖縄振興開発事業について、政府当局の評価は、社会資本整備を中心にして、本土との格差は解消したものの、遠隔離島の不利性や米軍施設の集中という特殊な諸事情もあり、自立への展望を開くにいたっていないとしている。(1)「沖縄振興計画」の基本的な考え方では、国依存型島嶼経済を脱して「自立型発展経済」を目指すとしている。この「国依存型島嶼経済」とは米軍基地依存、国庫依存、観光関連産業依存で、製造業の比率が低く、本土企業の進出や海外企業の進出が少なく、失業率が七・九%、所得水準が全国比六九%にとどまっていることをあげている。「計画」が目指す「自立型発展経済」とは、本土市場を獲得し、国際的展開をする新分野進出企業・誘致企業を増加させ、観光客・移住者受入れの増加をはかって、本土依存・基地依存の低減、失業率の低下、所得水準の向上をはかるというのである。経済の自立をこれ以上の所得水準の上昇で測ってよいのか、本土との格差是正で判定するのでよいのかは疑問があるが、四回にわたる計画が基本的な目的を達しなかったことは明らかである。どうして「計画」の目的を達成できなかったのかは政府の文書では明らかでない。またこの巨大な事業が短期におこなわれたための環境破壊などの社会的損失も明らかにされていない。

表1-3はこの事業の推移をみたものである。一〇年ごとに「計画」が改訂されていて、総額は着実にふえ、第一次計画の一兆二四九二億円が第三次計画では三兆三七三四億円と二・七倍になっている。しかし、政府の構造改革による公共事業半減の方針によって、「振興計画」では五〇%ちかく大きく減額して、第二次計画の水準まで低下する予定である。この事業配分の推移をみておどろくのは、事業費の配分がほとんどかわっていないことである。たとえば道路は三二―三六%の間であり、港湾・空港は一二%台である。これらの事業は第三次計画まで一〇〇%の補助率であった。他府県の補助率平均より五〇%多い補助を受けている。現在進行中の「振興計画」は修正されたというものの、補助率は三分の二から九〇%である。本土の補助率よりも平均して二七%高率である。事業資金の配分が四〇

表 1-3　沖縄振興開発事業費の推移(補正後)

(単位：100 万円)

	第 1 次振興開発計画 72 - 81 総額		第 2 次振興開発計画 82 - 91 総額		第 3 次振興開発計画 92 - 01 総額		沖縄振興計画 02 - 09 総額	
治山治水	59,667	4.8%	128,685	6.0%	218,358	6.5%	117,411	5.8%
道路	427,710	34.2%	769,533	36.0%	1,217,153	36.1%	658,143	32.3%
港湾空港	158,283	12.7%	266,052	12.5%	411,721	12.2%	251,302	12.4%
住宅都市環境	49,250	3.9%	96,338	4.5%	123,676	3.7%	155,997	7.7%
下水道水道廃棄物等	229,341	18.4%	350,867	16.4%	633,800	18.8%	362,567	17.8%
農業農村整備	104,813	8.4%	272,434	12.8%	411,447	12.2%	209,738	10.3%
森林水産基盤	47,452	3.8%	96,110	4.5%	143,184	4.2%	66,547	3.3%
北部特別振興	0	0.0%	0	0.0%	10,000	0.3%	40,000	2.0%
調整費等	775	0.1%	722	0.0%	7,955	0.2%	472	0.0%
公共事業関係費計	1,077,291	86.2%	1,980,741	92.8%	3,177,294	94.2%	1,862,177	91.5%
教育・文化振興	139,357	11.2%	109,008	5.1%	150,327	4.5%	139,361	6.8%
保健衛生	8,455	0.7%	11,435	0.5%	16,207	0.5%	8,995	0.4%
農業振興	24,116	1.9%	33,661	1.6%	29,587	0.9%	24,112	1.2%
非公共事業計	171,928	13.8%	154,104	7.2%	196,121	5.8%	172,468	8.5%
合計	1,249,219	100.0%	2,134,845	100.0%	3,373,415	100.0%	2,034,645	100.0%

(注)　2009 年度は概算決定.
(出所)　内閣府沖縄担当部局作成資料，より作成.

年にわたって、ほとんど変化がなかったということは、沖縄県の現状に合わせて、県が自主的に計画したのでなく、政府各省が既定の全国計画にしたがって、事業を割り当てたことをあらわしている。

復帰政策として構想された第一次沖縄振興開発計画は本土の戦災復興と同じように、沖縄戦―米軍占領という県民の犠牲と苦難に報いるという性格が、安保体制の維持という基底に加えてあったことは疑いない。そこで、目的は「本土との格差の早急な是正」と「平和で明るい豊かな沖縄県を実現」とされた。しかし、その内容は当時の本土の拠点開発から列島改造論にいたる地域開発政策にしたがうものであった。すなわち、産業基盤の社会資本の公共投資を優先し、都市化をすすめ、自動車社会をつくり、大量消費社会へ移行するというものであった。この計画は沖縄の風土、環境、文化や歴史にもとづく地域発展ではなかった。計画が着手された翌年に、石油ショックが発生した。もはや重化学工業化は不可能になり、エネルギー多消費型の生産・生活のシステムの改革が必要であった。にもかかわらず第一次振興開発計画は、道路を中心とした公共投資を進めた。復帰前の同一人口規模の本土の農村部にくらべて、五〇%台の存在量であった産業基盤の社会資本はこの結果ほぼ一〇〇%にせまり、さらに第二次計画によって、大都市なみの水準となった。これにより、観光業はその恩恵をうけたかもしれないが、産業基盤を利用する製造業は進出しなかった。当時、五億ドルで建設可能であった鉄道のかわりに本島を縦貫する高速道路がつくられた。久場政彦と私は、第一次計画が十分な調査をせず、地元住民の参加による計画の策定ではなく、また環境アセスメントを欠いているので再検討すべきだとした。補助金事業で短期間に急いでつくるのでなく、基金をつんで県民の自治によって振興計画をつくるべきだと主張したが、実現しなかった(2)。

第二次計画が終了した段階で、産業振興は進まず、所得格差は縮小せず、失業率は相対的に高い状況がつづいた。本来はここで本土政府主導の計画を廃止して、沖縄県独自の計画に移行すべきであった。しかし政府は第三次計画を作った。ここでは格差是正よりも「特色ある地域としての自立的発展の基礎条件」を進めることを目的とせざるをえなかった。この計画が終了する二〇〇一年度になっても、産業の自立的発展はみられず、所得格差はかわらず、失業率は依然として高い水準にあった。

この第三次計画の中途である一九九五年、米軍兵士の少女暴行事件を契機とする米軍基地反対の県民運動とこれに応える大田県政の基地の段階的撤去の政策が日本政府を震撼させた。サミットの沖縄開催、ＳＡＣＯによる基地の整理縮小の検討と島田懇談会による市町村への基地所在交付金の撒布はその直接の対応であったが、第三次計画の後期（一九九七―二〇〇一年度）の事業費の急増の原因もこの県民の基地反対の世論とそれに応える県政への対応である。すなわち、前期（一九九二―九六年度）事業費年平均三一七五億円が、後期には年平均三五七二億円と半期ごとの事業費としては最高になる。つまり、政府の沖縄政策に従う保守県政の時よりも政府と対立した大田県政の時に、沖縄振興開発事業費は最高額をしめたのである。これをみて抵抗する方が政府の援助がふえると評価するのは一面的だが、日米政府に忠実であっても援助がふえないこともたしかである。

第三次計画の特徴は、経済のグローバリゼーションに対応して、国際化が課題となった。大田県政も「フリーゾーン」をつくるが、基地の島では、経済の国際化は進んでいない。

米軍再編という新しい状況の下で二〇〇二年七月に新法にもとづいて内閣総理大臣決定による「沖縄振興計画」が

決定された。三〇年にわたる沖縄振興開発事業が、「沖縄経済の自立」という目的を達成しなかったので、ここでいままでの中央政府主導の沖縄政策を中止して、システムをかえるべきであった。しかし、事実上は「第四次計画」といえるかたちで、内閣府沖縄総合事務局の主導の下に、一〇年計画が策定された。このように、事実上の事業継続は日米安保体制維持という政府の意志のあらわれである。基地維持のために経済振興策が進められるという政府の沖縄政策の特徴は、第三次計画以降、より明確になったといってよい。この沖縄振興計画の目的には以前の「開発」という文字がなくなったように、「民間主導の自立型経済の構築」を目的の主軸としている。とはいえ、「民間主導の自立型経済」が三〇年間も実現していない現状では、ひきつづいて政府の補助金による援助が必要である。そこで補助率一〇〇%は改定したが、三分の二を基底に重要な事業は九〇%の高率にしている。前期の事業費の年平均額は二六七二億円、後期(二〇〇七―〇九年度)は二三二九億円である。最高時の第三次計画後期の年平均事業額は三五七二億円であるから、「振興計画」前期はその七五%、後期は六五%に激減している。

おそらく、二〇一二年度以降は世界大不況の影響もあり、沖縄振興計画の継続は困難であり、かりに継続するとしても金額は大幅に減少する。この場合に政府としては基地維持のための援助はせざるをえず、内閣による県全般への援助でなく、防衛省による基地所在市町村に対する援助がより直接的なかたちで進むであろう。

(3) 沖縄振興開発政策の評価

沖縄振興開発政策は、社会資本の本土並みの整備はおこなったが、「沖縄のこころ」からみれば、基地依存の経済を維持し、自治の侵害をおこなったという意味で失敗であったといってよいのではないか。政府や県も経済の自立ができず、所得格差と失業問題の解決ができなかったとしている。くりかえし、四次にわたって巨額の財政支出をしたことが、所期の目的がいまだに達成できていないことを証明している。

沖縄振興開発計画の第一の問題点は、本土の社会資本充実政策の後追いをして、道路などの産業基盤を中心とした、画一的な補助金事業であったことである。本土の高度成長期には、社会資本充実政策は都市化・工業化をすすめる原動力となった。しかし、先述のように一九七〇年代後半には石油ショックがあり重化学工業を中心とする工業化の波は終っていたのである。那覇大都市圏を中心に都市化は進んだが、工業化は全くすすまなかった。産業基盤の社会資本が産業を誘導しなかったにもかかわらず、事業のパターンはかわらなかった。この結果、沖縄経済は大量生産の工業化はおこらないが大量消費の都市型生活様式が普及し、自動車中心の大量流通をすすめ、大量廃棄の典型的消費社会をつくりだしたのである。

公共事業は鉄鋼、セメントなどの産業連関を生むが沖縄の場合は資材を本土から移入することを主体としたので、建設業のみの発展を生むにとどまった。建設業は工業化とむすびつかなかった。

振興開発計画の第二の問題点は山本英治他編『沖縄の都市と農村』の指摘のように、県土計画がなく都市化をすすめたために、地域格差を広め、那覇大都市圏の過密と本島北部・離島の過疎化をすすめた(3)。公共事業や基地事業が本島中南部に集中したこともあって、北部市町村の格差意識が強く、これが名護の新基地と北部振興事業導入の遠因となっている。

振興開発計画の第三の問題点は、公共事業が環境破壊をまねいたことである。詳細は第四章にゆずるが、初期の道路や農地整備事業が赤土を流出させ、サンゴ礁を破壊した。最近では新石垣空港や泡瀬(あわせ)の埋め立てのように、大規模な自然破壊もおこなわれている。鉄道や軌道によらず、道路独占の交通体系にしたために、自動車による大気汚染・騒音や温暖化ガスの放出が、航空機騒音とともに、公害の主役となっている。

第四の問題点は計画が交付金によるのでなく補助金事業であるために中央直轄型の事業となり県や市町村の自治能力が劣化していることである。計画は県や市町村の要求にもとづいているとはいえ、実際には内閣府沖縄総合事務局（かつては沖縄開発庁）が、各省の補助金事業として編成した。そこには政府、各省の意向が優先している。二〇〇二年の沖縄振興計画が政府の構造改革や三位一体政策の影響をうけて減額していることをみれば自治体よりも政府の方針が優先することは明らかである。この約四〇年の間に、予算は事実上、東京できめられたために、県と市町村の自治能力は育成できなかったのではないか。このような沖縄振興計画の問題点は次の米軍基地維持政策によって助長されている。

二　基地対策の推移と問題点

(1) 基地とその社会問題

二〇〇七年三月末現在、米軍基地は県下四一市町村のうち二一市町村にわたり、三四施設二万三三〇一・五ヘクタール(県土面積の一〇・二%、沖縄本島の一八・四%)をしめている。米軍専用施設の七四・三%が沖縄本島に集中している。しかも、主要施設は最も人口の密集している中南部にあり、このために沖縄経済・社会に大きな影響をあたえている。駐留軍人二万二七二〇人、軍属一三九〇人、家族二万四三八〇人、合計四万八四九〇人、この内海兵隊は一万三二〇〇人にのぼる。復帰後、返還された面積は一八・七%にとどまっているが、軍人数は六分の一になっている。

日米両政府は「米軍再編中間報告」(二〇〇五年一〇月)の中で米軍基地の整理縮小をとりあげている。しかし、基本的な沖縄政策の姿勢はかわらぬとして次のようにのべている。「日米同盟は日本の安全とアジア太平洋地域の平和と安定のために不可欠な基礎」とし、「アジア太平洋地域において不透明や不確実性を生みだす課題が引き続き存在していることを改めて強調」している。このために「日本は米軍のための施設・区域を含めた接受国支援を引き続き提供する」としている。この場合、海兵隊という侵略のための特殊部隊が必要かどうかについては、「緊急事態への迅速な対応能力は双方が地域に維持することを望む決定的に重要な同盟の能力であると判断した」として、海兵隊の存続はみとめている。「はじめに」でのべたように、「グアム移転協定」によって、海兵隊の一部は移転し、普天間基地をはじめ中南部の施設は整理縮小することになっている。しかし米軍再編のロードマップでは、新基地の建設が前提条件になっているので、当分は基地の実態はかわらぬであろう。

沖縄県知事公室基地対策課『沖縄の米軍基地』(平成二〇年版)によれば、復帰後二〇〇六年までの米軍の事故は公務上四九一六件、公務外二万一四九七件、総計で二万六四一三件に達している。毎年一〇〇〇件の事故が起きている。航空機事故は二〇〇七年一二月までに墜落四二件、不時着三二八件など四五九件が発生している。とくに二〇〇四年八月一三日の沖縄国際大学への米海兵隊のヘリコプター墜落事故は米軍基地の危険を明らかにした。米軍構成員犯罪は一九七二年から二〇〇七年までに五五一四件、犯罪にかかわった者は五四一七人を数える。法務省「合衆国軍隊構成員犯罪事件人員調」によれば、二〇〇一—〇八年に公務外の米軍構成員犯罪は三八二九人であるが、このうち不起訴になった者が三一八四人(八三%)になる。凶悪犯罪ですら二九%が不起訴になっている。明らかに日本政府が事実上の裁判権放棄で米軍をかばっているといってよい。

一九九五年九月四日、在沖海兵隊員三人が女子小学生を暴行する事件が発生し、これが米軍基地の整理縮小や日米地位協定見直しをもとめる復帰後最大の県民運動に発展した。この事件以降、米軍の綱紀粛正がもとめられているというものの婦女子にたいする暴行事件は毎年のようにおこっている(4)。

日常生活の面では、騒音公害が深刻である。航空機騒音被害は一〇市町村、約五五万人(県人口の四一%)におよんでいる。県と市町村の調査では、嘉手納飛行場周辺ではＷＥＣＰＮＬ(うるささのレベル。以下Ｗと略す)六五Ｗから九〇・五Ｗ、環境基準(七〇Ｗ)を上回る観測点は一五地点中一一地点、普天間飛行場周辺は六二Ｗから八〇・七Ｗで、九地点中三地点が環境基準を上回っている。

沖縄県は一九九五年から九八年まで四年事業で「航空機騒音による健康影響調査」を実施した。その調査報告によると、特に嘉手納飛行場周辺地域で、聴力の損失、低出生体重児の出生率の上昇、幼児の身体的、精神的要観察行動の多さ等、日常生活の困難だけでなく身体的影響が報告されている(5)。

行政による解決が不可能なことにしびれをきらした住民が、一九八二年から三次にわたって「嘉手納爆音訴訟」をおこない、夜間飛行の停止、日中の爆音を六五デシベル以下におさえること、過去と現在の被害の損害賠償、住民地域上空での発着や演習を含めての飛行禁止をもとめた。判決では、損害賠償はみとめたものの、差し止めは却下された。二〇〇〇年に「新嘉手納爆音訴訟」が提起され、同様に夜間飛行停止や損害賠償をもとめた。一審判決では損害賠償はみとめたが、差し止め請求については「国に対してその支配の及ばない第三者の行為の差し止めを請求するものである」として却下され、控訴中である。他方、二〇〇二年、普天間爆音訴訟が提起された。ここでは国と普天間飛行場基地司令官を被告として提訴したが、裁判所は普天間飛行場基地司令官は「損害賠償責任を負わない」として免訴した。本土の基地騒音公害訴訟においても、日米安保条約にもとづく軍事行動は「公共性」があるとして、差し止めはみとめられていない。受認限度を越える被害については、損害賠償が日本政府によっておこなわれ、米軍の負担はない。

一九九六年一二月、ＳＡＣＯは「騒音軽減イニシアティブ」を発表して、規制措置をはじめたが、その後の二つの飛行場周辺のＷ値には変化がなく深刻な騒音被害はつづいている。日本の環境関係法は全く無視されている。環境経済学では、国際的に環境基準がダブル・スタンダードになっていて、基準の厳しい先進国が基準のルーズな途上国に汚染企業を進出させ廃棄物処理を委任する行為を「公害輸出」と定義している。都留重人は沖縄の米軍基地の環境問題を米国の日本にたいする「公害輸出」として批判した(6)。第七章で分析するように有害廃棄物の処理問題をあわせ、米軍基地の「公害輸出」は明らかな「沖縄差別」であり「日本差別」である。

このような基地の深刻な社会的損失を防止するには、基地の撤去、その第一段階としての日米地位協定の改革以外にない。二〇〇四年一〇月の「県民選好度調査」では、第一位が「基地を返還させること」、第二位は「日米地位協定を改定すること」となっている。沖縄県も一九九五年一一月につづき二〇〇〇年八月に一一項目にわたって「日米地位協定の見直しに関する要請」をおこない、全国へのよびかけもしている。しかし、政府は改定に応ぜず、その時々の問題について、地位協定の運用改善で対応するとしている(7)。

(2) 島田懇談会事業・北部振興事業・再編交付金――基地維持のための "bribe"

一九九五年の事件に象徴されるような沖縄問題の解決にたいして、基地撤去という根本的な対策をとらずに、基地の維持さらには再編にともなう新設を進めるために経済的手段がとられた。その代表的な二つの事業を検討したい。

チャルマーズ・ジョンソンによれば、一九九五年の事件は六〇年安保闘争以来の日米同盟の最大の危機であった。政府は翌年八月「沖縄米軍基地所在市町村に関する懇談会」(島田懇談会)を設置した。これは明らかに県民の基地反対の世論を「お金の波」で埋没させようというものであった。懇談会が事業期間七年(実際には一〇年間)で、総事業費数百億円から一〇〇〇億円を支出すると提言し、橋本総理と三塚大蔵大臣はこれを最大限努力すると承認し、翌年から実施された。内容は不明確のまま承認され、一〇〇〇億円のつかみどりで、単年度主義の予算原則を破って、七(実際には一〇)年の継続予算であった。この予算は基地所在市町村に限定するという財政の公正原則も破るなど異例の措置である。財政史上例をみない、予算の民主主義の原則を破る措置が即決されたのは、当時の沖縄県民の基地反対闘争に、政府がいかに恐怖の念をもったかをしめしている。

「沖縄米軍基地所在市町村活性化特別事業(沖縄懇談会事業)に係る実績調査報告書」(平成二〇年一一月、内閣府)では、この事業の意義として、米軍活動による騒音や事件などで「閉塞感の強い市町村が展望を失っているので、将来への自立策を講ずる「夢のプロジェクト」を地元の発意で実現し、国が支援する事業」としている。三八事業、八二一億円が米軍基地所在二五市町村(合併により二一市町村)に分配された。この報告書ではこの事業が基地所在市町村の閉塞感を緩和し、雇用機会をつくり、「人づくり」をすすめ、広域的経済振興をすすめたという事例をあげている。当然のことながら、島田晴雄は手ばなしで、事業の効果を礼賛している。「平均値というか、全体像で見れば見事に事業目的は達成されているし、産業効果も大きいし、将来へのいろいろな効果も大きい。ITがきっかけになって今や沖縄も日本のITセンターとなり、観光もものすごく発展したし、恩納(おんな)村(そん)の海ブドウは四〇〇人くらいの雇用を生んでいるし、日本中で養殖海ブドウが使われている。一〇も二〇もそういう効果がある」[8]

まことに御都合主義の研究者の結論である。ここで自慢しているIT産業や観光業の発展は、島田懇談会事業によってもたらされたものではない。事業の寄与度はきわめて小さいのではないか。

事業の評価はもう少し時間をおかねばならぬが、調査したところでは次のような問題点がある。一〇年という短期間に目にみえる効果をあげるために、事業の大部分が施設（ハコもの）づくりになっている。したがって、この施設の管理運営が大きな課題となる。すでに利用が少なくなっているムダな施設も出はじめている。誰がその施設を維持するか、一部にはNPOが組織されているが、多くは自治体や第三セクターの負担になる可能性がある。基地の閉塞感の主体である米軍の環境破壊、事故や犯罪についての対策はこの事業では考えられていない。もっと環境を意識した事業を多くすべきであったのではないか。観光やサービス産業への投資が中心になっているので、「人づくり」事業でも地元民の参加よりも他市町村からの利用が多い。この事業の中では平田大一の「きむたかホール」の演劇活動、恩納村の「海ぶどう養殖」と読谷村（よみたんそん）の「先進農業センター」の活動が評価される。しかし、これは島田懇談会事業の創造ではなく、もともとそれぞれの地域組織が内発的にとりくんでいた事業を発展させたのである。

一〇年にわたる総花的な財政のばらまきは、県民の基地反対の世論の鎮静化に一定の役割を果たしたかもしれない。基地の存在によって、中央政府の特別の援助で町の経済や財政をたてなおすということが、基地のない市町村の羨望を買って、本土からも見学がきたというのは、そのあらわれである。しかし、このことは、沖縄の基地依存からの脱却と平和と自治の夢を遠ざけ、県内の基地所在市町村と他の市町村との格差を広げた。もう二度とこのような「bribe（賄賂）」による米軍基地の維持政策をとらしてはならないのではないか。

島田懇談会事業が既存の基地維持のための経済手段であったとすれば、北部振興事業は米軍再編のロードマップにしたがった「グアム移転協定」をすすめるために、普天間基地の代替としての辺野古新基地建設を地元に容認させるための経済手段である。北部振興事業―再編交付金が辺野古基地問題と一体になりながら決定されていく過程については、渡辺豪『「アメとムチ」の構図』が詳細に報告している。また地元の北部地域振興協議会は、基地を受けいれるにいたった経過を地元政財界の視点ではあるが、当時の資料を紹介して『決断』という記録を出版している。この一三年間の経過は、両書とくに前者にゆずり、ここでは北部振興事業の評価についてのべたい。北部振興事業は、普天間基地施設移転事業の一環として、一〇年間に一〇〇〇億円の投資を計画した。二〇〇〇年度から二〇〇七年度にかけて、公共事業一八九件、二三七億円、非公共事業一七三件、四三九億円、合計六七六億円が支出された。公共事業は沖縄振興開発事業とかわりがないが、非公共事業が民間事業に支出されている。島田懇談会事業と重複する地域にそれと同じように短期間に集中的に投資されている。公共事業は総花的で道路、港湾、高潮対策、下水道事業などに使われている。非公共事業は観光関連事業、食肉加工業、IT産業と金融特区が中心となっている。辺野古基地を受けいれる「決断」は、中南部にくらべて衰退している北部振興事業を政府の責任ですすめるためにおこなったと、当時の比嘉鉄也名護市長はいっている。『決断』の中の座談会では、荻堂盛秀名護市商工会会長はこの北部振興事業について「私達は、あまり変わらないのではと言われるのですが、一〇年やそこらで大きな街が、ひとつのことで大きな変化を起こしたら、それこそおかしいと思います(9)」と正直に北部の振興事業に即効がなかったことをのべているように、この事業が北部振興となっていくかは疑わしい。事業が個別補助金事業となって、総合的な振興策となっておらず、各市町村の要望事項を総花的に配分しているためであろう。

日本政府とくに防衛省からみれば、通常の基地交付金に加えて島田懇談会事業さらに北部振興事業と手厚く援助をしたにもかかわらず、辺野古基地の建設が進展しないことにいらだっている。守屋武昌元防衛省(庁)事務次官は、一九九六年から二〇〇五年に名護市に投下された国庫支出金八四六億円の大部分が、新基地と関係のない市の西側に投入されていると批判している。島田懇談会事業八二億円も辺野古は〇%、北部振興事業も辺野古には六%しか投資していないとのべ、「一〇年たっても代替施設がつくれないのは屈辱で、北部振興事業は食いにげされた、これからは沖縄を特別あつかいしない」とのべたという(10)。彼は今後は電源開発促進法のように地元から「受け入れ」「アセス」

「着工」と節目ごとに申請させて交付金を支給するという新しいスキームがいると考えた。この結果二〇〇七年五月、「米軍再編特措法」で、防衛大臣が「特定施設」や「特定市町村」を指定した上で、基地建設の進捗状況に応じて支給する再編交付金制度がつくられた。この制度については、第三章で詳説されるが、これまでは、沖縄振興開発事業は基地問題とは別というのが政府と県の公式見解であったが、この制度によって、両者が明確に公式的にも一体となったのである。翁長雄志那覇市長はこのことについて次のようにいっている。

「露骨にリンクされると南部の自治体は基地問題に関係のないことになり、沖縄の基地問題が北部問題に代っていく。県民が戦後一丸となって基地問題と闘ってきた誇りが消えると政治に限らず、文化や歴史的にも影響が大きい(11)」

(3) 軍用地料問題

本土の米軍基地のほとんどが国有地(八七・三%)であるのにたいして、沖縄県でも国有地(三四・四%)の割合は多いが、それよりも県有地(三・五%)と市町村有地(二九・二%)と民有地(三二・八%)の総計が多い。国は市町村を含む地主と私法上の賃貸借契約を締結して米軍(及び自衛隊)に土地を提供し、土地の賃貸料として軍用地料を支払っている。二〇〇六年三月末現在三万九〇三七人の軍用地主(契約拒否地主約三四五〇人を除く)が存在する。占領中に米軍が銃剣によって強制的に住民から取り上げたために民有地が多いのである。復帰に当たっては、土地闘争を防ぐために、軍用地料は三一億円から一二六億円(米軍基地一二三億円、自衛隊基地三億円)へ四倍に引き上げられた。以後も周辺地の地代とは関係なく、県民所得の増率と同じように引き上げられ、二〇〇六年度八八八億円(米軍基地七七七億円、自衛隊基地一一一億円)と七倍になっている。これは同年度農林業総生産額五五五億円を上回り、製造業生産額一四九六億円の半分をこえている。

軍用地料の支払額別所有者(自衛隊分も含む)は表1-4のように、二万一六〇八人(五三・八%)が一〇〇万円未満であるが、五〇〇万円以上が三三八一人(八・四%)も存在する。農業経済学者来間泰男がこの地料は不当に高すぎると批判しているように[12]、これは米軍基地を保持するための政治的価値といってよい。このため、返還されても、農業をおこなうことは困難となり、宅地あるいは商業用地への転用がすすむことになる。高い軍用地料は跡地利用の障害となる。最近では軍用地は確実に地料の上がる不動産として投機の対象となり、軍用地の購入をすすめる不動産業が活動している。サブプライムローンのように、証券化のおこなわれる可能性すらある[13]。

沖縄県は琉球大学工学部池田孝之教授に依頼して「沖縄県駐留軍用地等地権者意向調査」(一九九九年三月)をおこなった。これは「沖縄県軍用地等地主会連合会」に属する一七の軍用地主会の七三三人を無作為抽出で戸別訪問して、六一四人の回答をえている。所有軍用地は平均四九八二平方メートルで、六七〇〇平方メートル以上が一三・八%であり、軍用地料五〇万円未満一九・八%、五〇—一〇〇万円一六%、一〇〇—二〇〇万円未満一九・二%、一〇〇〇万円以上三・九%となっている。職業は無職四九・七%(そのうち働き盛りの三〇—四〇代が四〇%を占める)、農業一五・三%、サービス業九・九%、公務八・一%となっている。九〇%以上が持家である。年収は一〇〇万円未満は一一・四%いるが、五〇〇万円以上で三三・七%をしめている。富裕層が多いといってよい。軍用地料収入がなくなると非常に困るが四八・七%にたいし、ほとんど困らないが一八・九%となっている。米軍基地について、段階的返還を望む者は四〇・五%、早く返還してほしいは一一・四%に対して、返還しない方がよいが三四・二%に達している。心配なのは跡地利用計画ができていないこと、返還後の給付金支給が三年間と短いことが多数となっている。来間論文では「土地連は今や、アメリカ軍基地を残してほしいと積極的に働きかける団体になっている」と批判している。この調査では地主個人は、返還された場合生活が心配な人が七〇%になっているが、返還されない方がよいとのべている人は三分の一である[14]。とはいえ、異常に高額の軍用地料は、直接に基地の維持の経済的手段となっており、基

表 1-4　軍用地料の支払額別所有者数(自衛隊分を含む)

金額	割合	所有者数
100 万円未満	53.8%	21,608 人
100 万円以上～200 万円未満	20.4%	8,205 人
200 万円以上～300 万円未満	9.0%	3,633 人
300 万円以上～400 万円未満	5.0%	2,020 人
400 万円以上～500 万円未満	3.3%	1,332 人
500 万円以上	8.4%	3,381 人
合計	100%	40,179 人

(注)　沖縄県知事公室基地対策課『沖縄の米軍基地』(2008 年)127 ページ.

地解放後の跡地利用の合理性、たとえば緑豊かなパーク（広域の森林公園）をつくることや農地としての転用をはばんでいる。

三　転換期における沖縄の選択

(1)「沖縄差別」からの脱却

二〇一一年度、「沖縄振興計画」が終わる。その後についてはまだ不明だが、内閣が主導する沖縄経済政策は大きく変貌するのではないか。またかりにそのまま存続するとしても、日本財政の危機の状況の下では、最盛期の三分の一程度に振興事業費は減少する可能性がある。そうなれば否応なしに民間主体の経済・財政へ移行しなければならない。他方、「グアム移転協定」によって、二〇一四年までに海兵隊の一部の移転をおこなうとすれば、辺野古新基地の建設が強行される可能性がある。これは県民がはじめて自ら米軍新基地建設をみとめるという重大な転換をおこなうことになる。沖縄県は戦後一貫してきた「沖縄のこころ」を自らふみにじることになる。

新崎盛暉は沖縄論の教科書といってもよい『沖縄現代史』の中で、「沖縄現代史を貫いているのは構造的沖縄差別の上に成立する日米安保体制（日米同盟）と沖縄民衆の闘いであった[15]」とのべている。政府の沖縄差別は基地問題だけでなく沖縄振興開発事業にもあらわれている。前述のように、第三次計画以降の種々の事業は基地維持のための経済政策であった。沖縄県民が他府県と同じように、経済政策の主体となりえず、四〇年にわたって政府の直轄領のように補助金事業に依存する財政経済システムをとってきたのは、まさに沖縄差別である。

この政府の基地政策と経済政策という表裏一体の「沖縄差別」と闘う県民の主体的な力は、新崎の指摘のように劣化しているのではないだろうか。一九九八年の県知事選挙の際の真栄城守定、牧野浩隆、高良倉吉の『沖縄の自己検証——鼎談・「情念」から「論理」へ』は沖縄知識人の変容のはじまりをしめしている。彼らの現実主義は日米安保体制(日米軍事同盟)による沖縄の米軍基地の存在を日本の国策として是認をした上で、沖縄が今後の政策のイニシアティブをとろうというのである。(16) だが、「沖縄差別」を肯定して、どうして沖縄イニシアティブといえるのであろうか。仮にすぐに実現しないにしても、基地の新設の拒否・段階的撤去と財政経済政策の主体性の確立――内閣・防衛省の経済援助の改革を主張するのが、沖縄イニシアティブである。「沖縄差別」を肯定して、沖縄の主体性をとなえるのは、「自虐の論理」ではないか。

同じようにもっと矛盾した「自虐の論理」が、先述した北部地域振興協議会の『決断』の内容である。ここでは北部振興事業を引き出すために、辺野古の新基地を承認したことを世紀の「決断」であり、それを遂行した政治家を英雄のごとく賞讃している。しかし、いかに「アメ」を政府が口にもっていこうとしても、子孫の将来のために、基地の新設を拒否して、はじめて「決断」といいうるのではないか。

「沖縄のこころ」は現実主義的理想である。しかし、それを「情念」にしてしまい、その挫折の中から「自虐」の現実主義への転換がおこったのであろう。とはいえ、このような沖縄の知識人、政財界人に「自虐」の思想があらわれてくるのはいたましいことである。それは彼らに直接の責任があるのでなく、米軍再編―日米軍事同盟の強化を沖縄県民の意思を無視してすすめる日米両政府の強行な政策、かつ札束で顔をたたくようなあくどい政策手段にあるといってよい。

沖縄差別からの脱却のために、まずとりくむべきは日米地位協定の改革である。もともと独立国に他国の軍隊の基地があるというのは第二次大戦後の冷戦体制によって生じた異例であるから、準拠すべき国際法はない。しかし、日本研究者のジョンソンやマコーマックが、(17) 日本をアメリカの属国あるいは沖縄を植民地というのは、この地位協定に法的根拠をもつ基地のありようである。日米地位協定第三条によって米軍施設区域内では米軍が排他的使用権をもっている。これは租借地ではないが、米軍の同意がなければ基地内の環境破壊や犯罪などについて、日本側当局は捜索・差押え又は検証をおこなう権利はない。米軍施設外の事故・犯罪については日本の協力の必要が協定でみとめられているが、二〇〇四年八月一三日の沖縄国際大学のヘリ墜落事故のように、大学の自治をみとめず県警と米軍の合同現場検証のないままに、機体などの米軍による回収がおこなわれた。一九六八年六月二日に九大にファントム機が墜落した時には、米軍は長期にわたって機体を回収できなかったこととくらべると、沖縄の米軍の「治外法権」は異常といってよい。

沖縄県は一九九五年一一月に一〇項目の地位協定の見直しを要求したが、その中の次の三項目をとくに重視した。協定の第二条に「米軍基地が地元自治体の振興開発などに大きな影響を及ぼしている場合は、政府がアメリカに返還を要請し、アメリカはこれに応じなければならないことを明記する」、第三条では「航空機騒音や環境保護に関する国内法の適用や自治体の立入り調査を認め、重大事故の原因の速やかな報告を義務づける」、第二五条(日米合同委員会)に関しては、「原則として公表しないことになっている合意事項を速やかに公表する」と要望している。新崎によれば「この三項目が実現しただけでも、安保の性格が根本的に変化することは明らかであった」としている(18)。

ドイツ、イタリアや韓国の地位協定とくらべて、日米地位協定は、米軍の権限が大きすぎる。先の三項目の改革はいまだに実現していない。外務省は協定の改定ではなく、事件がおきた時に、運用上の解釈で処理すればよいというスタンスである(19)。しかし、米軍再編で本土の基地も事故や犯罪が多くなる可能性があり、日米地位協定の改定に沖縄県がイニシアティブをとって具体的成果をあげる時がきたといってよい。

沖縄差別の経済的側面をなくすには、まず内閣府沖縄総合事務局を廃止して、沖縄の自治体に財政権を移譲することである。また再編交付金など基地維持のための財政制度は、防衛省の専断でなく、資金配分については県の関与を大きくしなければならない。基地関連交付金の下で自主性を失った自治体は、「沖縄差別」を「恩恵」のように錯覚している。そして、高率補助金制度や基地関連交付金制度がなければ、自治体の持続的発展はないと考えている。現実には他の所得水準などが同一の県では、高率補助金も基地関連交付金も受領していないが、ノーマルな行政をおこなっている。基地関連の交付金をのぞけば、通常の自治体行財政について、中央政府との政治的な対立で補助金や交付税交付金が変わることはない。
「沖縄差別」は日本という国民国家の政策によるものであり、今後は中国、より広く東アジアとの関係で自立することによって、差別を解消しうるという意見がある。この期待は大きいが、この四〇年ほとんど画期的な発展はなかった。日米両政府は中国との関係は改善したいと考えているが、依然として軍事的には中国は仮想敵国である。したがって、沖縄の基地は対中国戦略の最も重要な施設である。海兵隊はいまはテロとの闘いの訓練を主にしているが、その主要任務は、上陸作戦の最も強力な前線部隊である。このような軍事的要石となっている沖縄に対中国・アジアとの間の自由な観光や貿易の促進が可能だろうか。私は沖縄経済の国際化をはばんでいるのは、米軍と自衛隊の壮大な基地であると思う。

(2)　沖縄からグリーン・ニューディールを

世界大不況の中で、新しい政治経済秩序がつくられつつあるが、当面の不況対策として最も期待されているのは、グリーン・ニューディールである。地球環境の危機とくに温暖化問題がまったなしの状況になり、二〇二〇年までに大幅な温暖化ガスの削減をおこなわねばならぬ。このために環境ビジネスの画期的な前進など経済システムの改革をしなければならない。そこで不況対策と地球環境対策を総合するグリーン・ニューディールが今後の中心的な経済政策となろう。

ＩＰＣＣ（気候変動に関する政府間パネル）では、今後一〇〇年の間に、気温は一・八度から四度の上昇、海面水位上昇は一八―五九センチになると予測している。沖縄にとって、これは決定的な影響をあたえるのではないか。地球温暖化が沖縄の自然や経済にあたえる影響について、県は予測をしているのであろうか。県の地球温暖化対策では、自動車と観光サービスの増大の影響でCO_2は削減どころか二〇〇〇年度にくらべて二〇〇五年度は一五％も増大している。振興政策や二一世紀ビジョンなどの計画には、環境政策や環境ビジネスのことはふれられているが、具体的にはほとんど成果が上っていない。沖縄県民には地球温暖化への危機感がとぼしいといってよい。

私は沖縄県こそ太平洋地域の島嶼の温暖化による危機を解決する先頭に立って、具体的な対策の発信をすべきだと思う。沖縄は自然エネルギーに恵まれており、また多くの島をもっているのでそれを普及する必然性をもっている。太陽光、風力、波力、バイオ・エネルギーなどの開発と普及に全力をそそぐべきではないか。また温暖化ガスを抑制するための大量公共交通体系の確立、自動車、船舶や航空機のエコ化も進めるべきであろう。もともとクローズド・システムをとらねばならぬ沖縄県こそ、完全循環社会のモデルでなければならない。

まことに残念ながら、沖縄県の環境政策は弱いといってよい。その証拠に、基地跡地の都市づくりに、フライブルク市のようなエコ・シティ[20]をつくるという透徹した理念がない。那覇の副都心などは、基地の時代よりも環境が破壊されていないか。今後の跡地利用計画では、フライブルクのように世界の模範となるような「サスティナブル・シティ」がつくられねばならない。今後の観光地というのは、土産物屋が並ぶ地域よりも、環境都市をつくることが優先されねばならないだろう。

いま、沖縄がおかれている状況は、決して楽観できる政治経済状況ではない。しかし、グリーン・ニューディールを通じて、完全循環型の「維持可能な社会」(Sustainable Society)をつくるという条件を考えると、沖縄は最もすぐれた条件、そしてまたそれをただちにおこなわねばならぬ島嶼群地域としての使命をもっているのではないか。そこに沖縄の未来の課題がある。

(1) 『沖縄振興計画』はその「作成の意義について」の中で「三次にわたる沖縄振興開発計画に基づく総合的な施策の推進と県民の不断の努力が相まって、各方面にわたる本土との格差は次第に縮小され、県民生活も向上するなど社会経済は着実に進展してきた」と評価している。そして道路・空港・港湾等の交通基盤の整備をはじめ多くの課題があるとのべた後に次のようにのべている。「さらに本土からの遠隔の離島県ゆえの不利性や米軍施設・区域が集中するなど沖縄の置かれた特殊な諸事情もあり、自立への展望を開くまでに至っていない」。それから五年後、『沖縄振興計画後期展望』(二〇〇七年三月、沖縄振興審議会)では、「計画期間後半に向けて、自立型経済の構築は未だ道半ばである」とのべている。このように三五年におよぶ自立経済を目的とした振興政策が実現していないのは、先述の島嶼性と米軍基地のせいだけなのか。政府文書は無責任な答えしかない。

(2) 久場政彦・宮本憲一「沖縄経済開発の原則」『世界』一九七〇年七月号。この提言の背景や意義については、宮本憲一「沖縄の経済開発に提言する」『世界』一九七〇年一〇月号。なおこれらの復帰前後の沖縄についての論稿は、宮本憲一『地域開発はこれでよいか』岩波新書、一九七三年、に収録されている。

(3) 山本英治・高橋明善・蓮見音彦編『沖縄の都市と農村』東京大学出版会、一九九五年、三二八—三三五頁。

(4) 「アメリカ軍はなぜいまも沖縄に駐留しているのだろうか? 軍関係者にとって、その答えは明白だ。旧ソ連の軍隊が東ドイツ駐留で楽しんだのと同じ理由から、アメリカ軍も沖縄駐留を楽しんでいるのである。自国の軍事植民地における生活は、ソ連の軍人にとってもアメリカの軍人にとっても、母国ではほとんど望めないほどすばらしいものだ」チャルマーズ・ジョンソン著/鈴木主税訳『アメリカ帝国への報復』集英社、二〇〇〇年、九〇頁。

(5) 平松幸三「嘉手納・普天間両基地周辺における空港騒音の実態と住民の健康調査」『法と民主主義』一九九九年一一月号。平松幸三・山本剛夫「嘉手納基地の爆音による住民への健康影響」『環境と公害』二三巻三号、山本剛夫「嘉手納基地騒音公害訴訟における健康被害」『環境と公害』二八巻二号。

(6) S. Tsuru, *The Political Economy of the Environment: The Case of Japan*, Athlone Press, 1999, pp. 211-219.

(7) 日米地位協定をめぐる外務省の機密文書が公開された。これをよむと、日米地位協定は米軍基地の事実上の治外法権を許し、事件がおこると弥縫的な解釈で処理してきたことが解る。琉球新報社『日米地位協定の考え方 増補版』高文研、二〇〇四年。

(8) 「沖縄米軍基地所在市町村活性化特別事業(沖縄懇談会事業)に係る実績調査報告書」内閣府、平成二〇年一一月。「資料2・沖縄懇談会事業に関する有識者等の主な発言」。

(9) 普天間基地移設一〇年史出版委員会『決断』北部地域振興協議会、二〇〇八年、二二一頁。

(10) 渡辺豪『「アメとムチ」の構図』沖縄タイムス社、二〇〇八年、一一四頁。

(11) 前掲『「アメとムチ」の構図』一五二頁。

(12) 来間泰男「軍用地料引上げの経過と現在――宜野湾市を中心に」『経済論集』第一巻第一号、沖縄国際大学、二〇〇五年。同「米軍基地使用料は、誰が、いくら払っているのか」『歴史地理教育』増刊号、二〇〇八年三月。

(13) 「土地の記憶　復帰三七年変わる軍用地主」『琉球新報』二〇〇九年五月一〇日。

(14) 「沖縄県駐留軍用地等地権者意識調査」沖縄県、一九九九年三月。

(15) 新崎盛暉『沖縄現代史 新版』岩波新書、二〇〇五年、二三九頁。

(16) 真栄城守定・牧野浩隆・高良倉吉編『沖縄の自己検証――鼎談・「情念」から「論理」へ』ひるぎ社、一九九八年。大田昌秀他『ウチナーンチュは何処へ――沖縄大論争』実践社、二〇〇〇年。

(17) 「沖縄――アジア最後の植民地」(ジョンソン前掲書)。ガヴァン・マコーマック/新田準訳『属国』凱風社、二〇〇八年。

(18) 新崎盛暉『沖縄現代史』岩波新書、一九九六年、二一二頁。

(19) 前掲『日米地位協定の考え方 増補版』参照。

(20) 喜多川進「軍用地のエコロジカルなコミュニティへの転換――フライブルク市ヴォバーン地区における試み」『環境と公害』二九巻二号。維持可能な地域については、宮本憲一『環境経済学 新版』岩波書店、二〇〇七年、三四〇―三四九頁。

第二章　米軍再編と沖縄

佐藤　学

一　米軍再編の背景

「米軍再編」という用語は、一般に Transformation of the US Military（米軍事力の変換、近代化）という、一九九〇年代以降、唱えられてきた政策を指すが、日本では特に、二〇〇六年に発表された在日米軍にかかわる再編成計画と、その円滑な遂行を実現するため、二〇〇七年に制定された米軍再編特措法が対象とする諸施策を意味する。

軍備の編成は、一方で絶えず変化する国際情勢や仮想敵の存在、あるいは新兵器システムの開発に対応すべく、迅速な変容が必要であるが、他方、軍隊組織は一般に硬直性が高く、現状維持志向の傾向が強い。また、軍自体が政治過程における利益団体として既得権を守る強い意思を見せることが通例であるため、軍事的に必要な再編成が必ずしも実行されるわけではない。あるいは、軍事的には必要性の低い再編成が、政治的な理由で実行される場合もある。以下、本稿では、一般的な米軍の再編成の歴史的経緯から、二〇〇九年現在進行中の米軍再編を検証し、沖縄にとっての米軍再編の意味を、米国国内政治を含めた構図の中で位置付けたい。

(1) 米軍の再編成——第二次世界大戦後の推移と海外基地

第二次世界大戦により、英国に代わる軍事覇権国として現れた米国は、その後、朝鮮戦争、米ソ冷戦の激化、ヴェトナム戦争、イラン革命、ソ連のアフガニスタン侵攻、米ソ対決の再激化、ソ連崩壊による冷戦の終焉、第一次湾岸戦争、中国の経済・軍事的な台頭、九・一一、イラク戦争、といった、大きな外交・軍事政策上の節目を経るたびに、軍事力の再編成を試みてきた。また、この過程には、米国国内政治状況、および、米国の対外的経済力と政府財政の状況が、並行して大きな影響を与えてきた。

米国の世界全体に及ぶ軍事的覇権は、このような状況に応じて、拡大と縮小を繰り返す、波のような米軍の再編結果として打ち立てられ、維持され、また危機に瀕することとなってきた。米軍の存在が強大であることは、二〇〇九年の今日も明白な事実であり、日本、沖縄における軍事的存在もまた大きい。しかし、米国と米軍がたどってきた道筋を振り返ってみると、その軍事力と海外における存在は、決して一貫して増強されてきたのではなく、また、米国が一方的に他国に対して意思を強要できたわけでもないことが分かる。

沖縄から見た米軍は、常に強大で、動かすことが不可能な存在として立ち現れている。それは、沖縄戦からの歴史的経緯と、日本政府による沖縄への米軍基地固定化政策の結果であることは言うまでもない。しかし、沖縄における米軍の存在は、本当に沖縄の人々が信じ込まされてきたように不可欠で、動かすことができないものなのだろうか。

第二次世界大戦直後の、在沖米軍基地が活発に使用されていない時期から、一九五〇年の朝鮮戦争勃発により、その存在が米軍の朝鮮半島戦略にとり重要化し、さらに冷戦構造の確立に従って、米軍にとり必須の存在となった過程は、改めて述べる必要もない。一九六〇年代半ばからのヴェトナム戦争への本格介入が、沖縄の軍事的重要性を高め、沖縄は米軍の最前線として、戦争遂行の中心に巻き込まれることとなった。しかし、この五〇年代、六〇年代においても、米政府は、日本の国内政治状況、とりわけ当時未だに強い政治勢力を保っていた日本社会党と、その支持母体である日本労働組合総評議会の動向に、強い懸念を抱き、その親ソヴィエト政策が、米軍基地の存在を危うくするものと捉え、沖縄返還を含む多様な方途によって、自由民主党による親米政権を維持する努力をしていたことを忘れるべきではない。すなわち、米国にとり、最も親米的な政権が続いてきた日本ですら、日本の国内政治の動向によっては、基地を維持すること、基地の自由使用を確保することが困難になりうると予期していたのである。

朝鮮戦争、ソ連の人工衛星打ち上げ成功によるミサイル・ギャップ、そしてその後のキューバ・ミサイル危機によって激化した冷戦構造により、一方で、米国は、対ソ直接対決に備える強大な軍事力増強を目指すこととなり、もう一方で、「ドミノ理論」により、世界のどこにおける局地的紛争も、究極的な対ソ戦争の引き金となるという懸念から、ヴェトナムを典型例とする積極的介入を行っていくこととなった。

一九七五年のヴェトナムからの最終的な撤退は、米国の軍事戦略を大きく揺るがす結果となった。この時期は、同時に米国の対外産業競争力が急落し、経済上の世界に対する優位も揺らいだ時期である。国内政治では、ニクソン大統領がウォーターゲート事件で政権を追われ、ヴェトナムの失敗と相俟って、米国社会での政府の地位は地に落ちた。これは、軍に対する世論の硬化をも引き起こし、七七年に就任したカーター政権は、在韓米軍の撤退を含む大幅な軍事力の削減を提案するに至った。

カーター政権は、外交政策において、一九七八年に、当時はイスラエル―パレスチナ問題解決への画期的な一歩と考えられた、イスラエル―エジプト間のキャンプ・デーヴィッド合意締結に漕ぎ付ける成果をあげたにもかかわらず、翌一九七九年のイラン革命により、中東情勢は、一気に困難化することとなる。また、ソ連のアフガニスタン侵攻や、米国イラン大使館員の人質事件が勃発し、カーターによる米軍の大規模な再編成は不可能となった。

スタグフレーション下の経済・財政運営に苦しむカーター政権に対して、日本が米軍の存在を確保するために提供を決めたのが、後に「思いやり予算」として制度化された駐留コストの直接負担である。とりわけ沖縄にとって意味が重い「思いやり予算」は、当時の米国国内政治の状況を視野に入れて考えるとその役割がより明瞭に見えてくる。

続くレーガン大統領は、欧州への巡航核ミサイル配置や、「スター・ウォーズ計画」に代表される再軍拡競争をソ連に対して仕掛けて、ソ連経済・財政を疲弊させて崩壊に追い込み、「冷戦に勝った」と誇ったことは記憶に新しい。レーガン政権は、カーター政権下におけるスタグフレーションからの脱却を、レーガノミクスやサプライサイド政策として知られることになる、大減税による市場重視策によって実現させようとした。また、強固な自由貿易主義者であったレーガンは、対日貿易において赤字が爆発的に増加する状況においても、保護貿易主義政策を主張する民主党支配下の連邦議会下院と対立を続けた。

本来、このように対外産業競争力が弱体化した経済と、巨額の赤字を積み上げた財政を抱えた米国が、ソ連との軍拡競争に「勝つ」のは困難であったはずだ。しかし、ソ連経済がそれ以上の速さで崩壊し、結果的にレーガン軍拡がソ連を倒したことになった。ところが、その米国は、次のブッシュ(父)政権で債務不履行寸前まで追い込まれる破目になる。

ブッシュ(父)政権は、国内経済の不振、抑制不能の財政赤字増大という条件を負いながら、一九八九年の天安門事件とベルリンの壁崩壊から、九一年のソ連解体・冷戦終結までを仕切り、加えて九一年に、第一次湾岸戦争を戦い勝つという、レーガン政権の後始末を全て行うこととなる。湾岸戦争には勝利し、冷戦終結後も大きな混乱を回避したにもかかわらず、九二年一一月の大統領選挙に、国内経済問題のみで敗北した。その選挙に、経済政策一本槍の戦略で勝利を遂げたのがクリントンであった。

(2) QDR「四年ごとの防衛力見直し」の導入

一九九三年からのクリントン政権下で、「四年ごとの防衛力見直し」が始まる。「Quadrennial Defense Review(QDR、四年ごとの防衛力見直し)」は、米国国防総省が四年ごとに、四軍の体制を見直し、次期の軍事力を整備する制度である。QDRは、クリントン政権が、一九九一年のソ連崩壊による冷戦構造の終焉後に、米国がどのような軍事力を備えるべきかの見直しを目指した、一九九三年の国家軍事戦略 National Military Strategy に基づいた、軍事戦略見直し Military Review 1993 に端を発する制度である。米ソ冷戦という、第二次世界大戦後半世紀近くにわたって米国の外交・軍事政策を規定してきた条件が終結したことで、当然、米国の軍事戦略、米軍の編成には、大きな変革が必要となったのである。

クリントン時代は、外交関係においても経済中心の運営がなされ、米国の九〇年代後半からの「ITブーム」で、経済において一人勝ち状態を呈し、他方、米国民は、外交政策で内向きになり、クリントンは経済運営と財政赤字削減に専念することとなる。八〇年代のレーガン政権が肥大させ、後任のブッシュ(父)政権を、対外債務不履行寸前にまで追い込んだ連邦政府財政赤字問題は、共和党にも受け容れられた最大の政策課題であり、予算編成上聖域とされてきた軍事予算も、軍との良好な関係を持てなかったクリントン政権下ですら、赤字削減の対象とされるに至った。ここで主な課題となったのが、不要な軍事施設の削減であった。

クリントン政権下の軍事予算は、一九九三年度に二九二四億ドルであったものが、最後に策定した二〇〇一年度予算では、三〇六〇億ドルになっていた。見かけ上は純増ではあるが、この八年間のインフレーション率を見込むと、二〇〇一年度で三五四五億ドルまで増加していなければ、実質減額である。単純に計算して、五〇〇億ドル近くを削減したことになる。また、予算全体に占める軍事予算の割合も、一九九三年の二〇・七%から、二〇〇一年には一六・四%に減少している。(1)

QDR一九九七では、各重要地域の安定を維持すること、二方面での大規模な戦争に対応できる能力を維持すること、および将来台頭が予想される仮想敵を抑え、予測困難な状況にも対応する施策を現在から準備することが、三大目標とされた。具体的には、人員と兵器システムの小幅の削減が盛り込まれ、それとともに、現有勢力の改善も進め、一方的な軍備の縮小は行わないとされている。現役兵員は、総数一四二万人から一三六万人へ減員し、予備役も八九万人から八三・五万人へと減ずる。軍事支出では六〇〇億ドルの軍備への支出が、兵器システムの近代化に充てられる。総じて、QDR一九九七は、軍備近代化と小規模な兵員の削減を盛り込んだのであった。(2)

(3) 国内基地見直しＢＲＡＣ

ブッシュ(父)政権からクリントン政権にかけて実施した米軍の再編成として、国内基地見直しBase Realignment and Closure(ＢＲＡＣ)の例がある。ＢＲＡＣは、冷戦構造の変容により、必要度が下がった米国内の基地を閉鎖し、軍事予算における基地維持の負担を削減する目的で、五次にわたって実施された。第一次と第二次のＢＲＡＣは、冷戦終結以前の一九八八年と一九九一年に実施された。これは、ソ連の凋落が明らかとなり、また、通常兵器による軍備を、米国内の基地で維持する必要性が長期的に減少することが確実であるという判断から、不要不急の国内基地を閉鎖し、必要度の高い分野に予算を分配することが目論まれた(3)。

米国内基地の閉鎖は、強い政治的な反対が予想され、ＢＲＡＣ委員会が、閉鎖する施設を決定しても、その個別の基地・施設に対して存続を求める圧力が、所在地の州政府、地方政府、選出の連邦議会議員を通じて加えられる結果となった。米国内でも、基地は地域経済にとっての利益として受け容れられる場合が通常である。とりわけ、他に有力な産業が無い農村部では、基地が生む雇用、基地が落とす金は、貴重な経済的資源として考えられており、基地閉鎖に対しては、地元政治家が強硬な反対運動を行うことが通常である。

他方、沖縄の基地を取り巻く状況と異なるのは、米国内では基地の運用に対して、はるかに厳しい環境規制がかかっている点である。米国内の基地に対する環境規制の有効性に関しては、一九九五年の第四次ＢＲＡＣにより閉鎖された、テキサス州ケリー空軍基地跡地周辺住民が、癌を含む健康被害を訴えている状況などから、必ずしも法律に書かれた通りの厳格な運用がなされていないことは事実である。しかし、沖縄と比べた際に、一般に基地周辺住民が、環境被害を受ける度合いが低いこと、また、問題が起きた際に、米国国内法での対処が可能である状況は、沖縄の基地問題とは異なり、基地を経済的資源として諸手を挙げて歓迎する状況を後押ししている。

このため、閉鎖が予定された基地への、閉鎖反対の政治的圧力が高まり、一九九三年の第三次ＢＲＡＣ、一九九五年の第四次ＢＲＡＣでは、閉鎖対象基地・施設の閉鎖が不可能になった事例が増えた。第五次ＢＲＡＣは二〇〇五年に委員会報告が出されたが、これは二〇〇二年に、第四次までの経緯から、新たに立法化したＢＲＡＣ新法に基づくものである。当初のＢＲＡＣ法は、第一次の経験を受け、一九九〇年に立法された。

第一次から第四次までのＢＲＡＣ過程による、一時的な予算削減額は、一七七億ドルにのぼり、二〇〇一年からの、毎年の予算削減額は七〇億ドルと計上されている。第五次ＢＲＡＣは、余剰基地・施設の縮小とともに、軍再編の一環として、新たな軍事力の必要性に備えることが目的とされ、ＢＲＡＣは米軍再編に組み込まれた。

第五次ＢＲＡＣの対象基地・施設一覧は、二〇〇五年五月に発表された。三三基地の閉鎖、二九基地の整理・統合が含まれた。ブッシュ大統領は、この答申を承認し、連邦議会の決定に付託した。大統領が承認する段階で、数カ所の基地が対象から外されたが、大枠は委員会答申の内容が生かされた。連邦議会が、四五日以内に、答申全体を拒否する上下両院の共同決議案を可決しなければ、この答申が自動的に発効することとなっている。これは、議会が個別の基地に関する審議を行えば、閉鎖・縮小が不可能となるため、過去の経緯から採り入れられた手続きである。共同決議案が提出された下院では、これが可決されず、また上院では共同決議案は提出されなかったため、第五次ＢＲＡＣは成立した。国防長官は二〇一一年九月までに基地閉鎖と整理を実施することが義務付けられている。

五次にわたるＢＲＡＣの過程で、最終的には、米国内の相当数の大規模基地が閉鎖された。その中には、第二次世界大戦で中心的な役割を果たした、フィラデルフィア海軍基地のような、不可欠と考えられていた基地も含まれる。さしもの聖域化した軍事予算も、見直し対象となるだけの時間が、冷戦終結から経ったということなのであろう。

二 ブッシュ政権の世界戦略

(1) 九・一一とQDR二〇〇一

二〇〇一年に就任したジョージ・W・ブッシュ大統領は、一年目に発生した九・一一を最大限に政治的に利用し、「戦時体制」の擬制を作り出した。国内政治の上では、「戦時大統領」としての支持率の高さを背景に、様々な超法規的、あるいは「超憲法的」な手法を用いて、党派的政策を強行していった。

ブッシュが、九・一一を利用して、対外的には米国一国主義による軍事・外交政策の確立を目指したことは、広く知られているが、同時に、九・一一による戦時大統領擬制を強要することで、長期的な共和党支持基盤低落傾向の逆転を意図したことも明らかである。民主党や報道機関からの全ての批判を、戦時大統領への批判は利敵行為であるとの恫喝を加えることにより、実質的な「翼賛体制」を作り上げた。それは、少なくとも二〇〇四年大統領選挙まで有効に機能したのであり、また、それにより、共和党支持基盤の長期的な拡大を意図していたのである。

ブッシュ政権が発表したQDR二〇〇一は、実質的にはクリントン政権からの作業を反映しており、また、九・一一直後の発表のために、新たな本格的再編を盛り込めるものではなかった。QDR二〇〇一では、敵の脅威に基づいた防衛計画から、敵の能力に基づいた防衛計画への転換が、新たな状況への対応に必要であるとしている。これは、敵が誰であるか、どこで戦争が起きるかの予測ではなく、敵がどのように戦うかの予測に基づいて計画を立てる、という方針であり、遠隔地での大規模な通常戦争に備えるだけでなく、「非対称的な戦争」、テロリズムを予防し、打ち勝つ備えが必要である、という方針である。これは、冷戦後の新たな脅威としての、九・一一のもたらした状況への対応を予見したものではあるが、それを基にして軍の全面的な再編をもたらす計画を作成する余裕はなかった。

冷戦時には、敵対する共産主義国家の正規軍に対する備えと、全面核戦争に勝利できる能力を維持することが重視された。これは、軍事的な緊張が見込まれる欧州、中東、東アジア等の地域に、大規模な軍備を置くことを主眼とするものであった。こうした、正規軍との対決を想定した軍備が必要性を低下させたのに対し、九・一一以降、国際テロ組織や、国家によるテロ組織支援が、冷戦後の新たな脅威として出現し、米軍再編はこの新たな脅威への対応を目指すものとなった。しかし、ＱＤＲ二〇〇一が、「これは新たな再編に向けた始まりに過ぎない」と認めているように、そうした根本的な再編計画は、ＱＤＲ二〇〇六を俟つこととなる。

ＱＤＲ二〇〇一では、アジアが徐々に大規模な軍事対立へと向かっているとの判断を下し、中東から北東アジアにいたる「不安定の弧」a broad arch of instability（別な表現では「ベンガル湾から日本海まで」）の存在を指摘している。(4) また、九〇年代から続いている軍事技術の革命 revolution in military affairs（ＲＭＡ）が、軍事行動に変革をもたらし、とりわけ情報処理や誘導技術の進化は、敵が使えば米国に対して大きな脅威となると同時に、米国にとっては、軍事上の優位を広げることを可能とするとしている。

米軍の水準は、戦闘部隊の維持に関しては充分な支出が行われており、水準が保たれているが、それ以外の部分では、政府財政赤字により準備度が下がっていることが懸念され、航空母艦艦載機、輸送機、演習場等が、特に水準が下がっている分野として指摘されている。

また、ＩＴブームによる好景気が、兵員確保を困難にしている状況も指摘されていた。そして、軍の変換・再編 transformation が、新たな能力に基礎を置く防衛計画に不可欠であるとしている。それがなされなければ、現状の軍事力を維持する費用は嵩む一方であり、新たな挑戦への対応が出来ないと、ＱＤＲ二〇〇一は、結論付けているが、先述のように、そのような新構想の具体策を盛り込むのは、ＱＤＲ二〇〇六になり、ＱＤＲ二〇〇一は、防衛政策転換に着手する宣言だけで終わっている。

(2) QDR二〇〇六

QDR二〇〇六は、九・一一後の世界に対応し、対テロ戦争に大きな比重を与えた軍事計画である。ここでは、脅威を、伝統型、妨害型、非正規型、破滅型の四つの象限に分類した。伝統型脅威とは、正規型国家からの攻撃可能性であるが、これに関しては、核保有国を含めて、米国の軍事力が優位であるために、戦争の可能性は低下している。妨害型脅威とは、サイバーテロ等、米国に混乱を及ぼすような攻撃をしかけてくる仮想敵である。非正規型脅威とは、米国へのテロリズム攻撃の可能性を意味する。破滅型脅威とは、大量破壊兵器を用いるようなテロ攻撃や、「ならず者国家」からの核ミサイル攻撃を想定している。(5) 米軍は、伝統型脅威に対する備えが過剰であり、他の三つの型の新しい脅威への対応が弱いと結論付け、伝統型脅威への備えも維持しつつ、新たな脅威に備えることが、QDR二〇〇六が目標とする米軍再編の姿である。

具体的には、ドイツや韓国に置いている陸軍を大規模に削減し、外国に大きな兵員を常駐させないで、米本土からの即応体制で対応するという基本方針が採られている。軍事における革命(RMA)と呼ばれる、一連の新たな軍事技術開発の活用で、高速輸送船により、世界のどこへも数日で兵員を動員することが可能となり、また電子技術の発達により、高度な軍事技術が実用化し、戦闘そのものの性格が変容した。これにより、政治的な問題が内在する、外国での大規模な兵員駐留の必要性が低下し、様々なコスト低減に繋がることが期待される。米軍の新たな世界戦略は、有事即応体制の整備と、非正規軍事的脅威への対応を基本とすることとなった。

この再編を推進した原動力は、当時の国防長官であった、ドナルド・ラムズフェルドである。ラムズフェルド・ドクトリンと呼ばれた構想の基軸は、「一〇―三〇―三〇」と呼ばれている。これは、米軍は、世界のどこの紛争にも、高速の輸送手段により一〇日間で動員を終え、圧倒的な軍事力の優位でどのような敵をも三〇日間で打倒し、次の三〇日間で、新たな戦争を始める準備が完了する、という構想である。すなわち、大軍を外国に貼り付ける戦争は古い型であり、あくまでも迅速に軍を移動させ、迅速に戦闘に勝ち、その後はすぐに引き上げ、次の戦争に準備する、という構想である。ここでは、敵を倒した後に、国づくりの役割を米軍が担うことは想定しておらず、あくまでも圧倒的な軍事力で打倒し、その後の再建は米軍の役割ではない。〇三年のイラク戦争における戦闘の「勝利」によって、まさしくラムズフェルドの構想通りに、短期間でサダム・フセイン政権は倒された。

しかし、その後の展開は、ラムズフェルドの想定を裏切り、イラク内戦が続くこととなる。その過程で、ラムズフェルドは、自己のドクトリンに固執し、現場の司令官達からの増員要求を却下し、深刻な対立を招いた。イラク情勢の悪化が、ブッシュの支持率低下に繋がり、二〇〇六年連邦議会中間選挙での予想以上の敗北を生んだ。ラムズフェルドは、その直後の〇六年一一月に辞任に追い込まれた。

ラムズフェルドの構想は、伝統的ではない敵への対応が必要であり、また、米軍の軍事的優位が圧倒的である中で、正規国家からの戦争の脅威が低下している状況では合理的なものである。リスクの高い大規模な海外基地を維持せず、本国からの迅速な動員で戦争脅威に対応するという方向は、ラムズフェルドの退任後も、米軍の方針として残るであろう。

イラク戦争がブッシュ政権への打撃となったのは、ネオ・コンサーバティブ、いわゆるネオコンの、独善的米国至上主義が唱えた、イラク国民が米軍を解放軍として歓迎する、という寓話を信じていたためである。ラムズフェルドの反対にもかかわらず、米軍が増派した後に、イラク情勢は沈静化したが、これは米軍が恒久的に戦勝後の敵国を占領すべきという教訓にはならない。ラムズフェルド・ドクトリンが、イラク占領には悪影響を与えたとしても、米軍の将来的な編成は、自国内基地に最大限の兵力を留める方向にあることは間違いがない。オバマによるアフガニスタン増派も、戦争の長期化が見込まれる中で、大軍を海外に貼り付けないとの原則を確認する結果になると考えられる。

沖縄の米軍再編は、この方針とは矛盾した外国での恒久的な大規模基地建設を主要な部分としている。それでは普天間代替基地は、何のために使われるのか。政権が変わり、国防長官が変わった後も、米軍にとって合理的な配置は、リスクの高い外国基地から、自国へ引き揚げることであることに違いはない。普天間代替基地は、米軍にとり沖縄に置く必然性はなく、日本の安全保障に寄与することもない。北部演習場での海兵隊戦闘訓練を、日本の資金で一層活発にしても、沖縄の利益にならないことは言うまでもなく、若い海兵隊員が恒常的に沖縄社会に居続けることは、米軍の利益にもならない。

三　沖縄における再編計画

(1)　SACO合意との連続性・断続性

沖縄では、一九九六年策定のSACO合意による海兵隊普天間航空基地の閉鎖・返還が、名護市辺野古の軍民共用空港建設問題のために、期限とされた二〇〇三年一二月までに実現しなかった。SACO合意は、クリントン政権が、一九九五年少女暴行事件後の米軍基地反対世論の高まりに苦慮し、日本政府と共に、米軍基地を安定的に維持するための政治的措置として作ったものであり、その焦点が普天間基地返還であった。

県内に建設するとされた代替基地が、一九九七年の名護市市民投票で拒否されたにもかかわらず、政治的圧力により、当時の名護市長が受け容れを表明し、直後に辞任するという形で、名護市辺野古地区への建設が決定された。普天間代替基地の規模や工法が議論される過程で、SACO合意後も、当初は撤去可能な、小規模ヘリ基地建設計画であったものが、沖縄県側の主張により、最終的に、沖合埋め立てによる軍民共用空港という、大規模な飛行場建設計画へと変容していった。

この計画による建設事業のための作業が、二〇〇四年に環境アセスメント名目の海底ボーリング作業として始められると、建設阻止を目指す市民による座り込みやカヌーによる海上阻止行動等の非暴力直接行動が行われた。二〇〇五年夏にこの作業は中止され、一〇月には日米政府がこの案を廃棄、新たに部分的に辺野古崎地上から滑走路を海上に突き出し、隣接する大浦湾には軍港施設を建設する計画が発表された。最終的に、二〇〇六年四月に、二本の滑走路を持つV字案として埋立面積を拡大して、名護市との合意に至り、二〇〇九年現在、この計画による建設準備作業が進められている。

ＳＡＣＯ合意時点では、反米軍基地世論を沈静化するための、政治目的による普天間基地閉鎖が最大の目的であり、普天間代替施設建設は、在沖米軍基地のみに関わる施策であったことが確認されるべきである。代替基地建設については、当初、米軍は、キャンプ・シュワブ陸上部に、数十メートル規模のヘリコプター発着帯が造られれば良いとの要求を出していたことは、ＳＡＣＯ合意の基となった所謂「下河辺メモ」を、当時の橋本龍太郎首相の下で作成した、元・国土庁事務次官である下河辺淳氏が、繰り返し発言している(6)。普天間基地の諸施設は、一九九六年時点で、既に老朽化が問題となっており、また米軍にとり、密集した宜野湾市市街地の中心に存在する同基地は、常に事故の危険を孕み、在沖米軍基地の安定的運用を危うくする潜在的な火種である。

ＳＡＣＯ合意で普天間基地の返還が謳われた背景には、政治環境を改善する上で、普天間基地は返還しても、米軍全体にとっては、打撃が小さいという判断があったことは事実である。その条件が、ＳＡＣＯ以来の経緯の中で、全く忘却されていった経緯は、その後の、日本政府の沖縄に対する政治・財政上の圧力がいかに強力であったか、そしていかに巧妙に沖縄側の世論を操作し、沖縄の基地依存体制を強化してきたかの明白な証拠である。

沖縄側が、代替基地建設を土木建築業界の利権として捉え、本来、海兵隊が要求していたキャンプ・シュワブ地上の小規模なヘリコプター発着帯から、巨大な埋立工事を必要とする大規模代替基地建設へと変更した経緯も、下河辺淳氏の証言から明らかである(7)。

一九九五年、九六年という時期を米国政治の状況から見れば、クリントン大統領が、九四年の連邦議会中間選挙で、共和党に歴史的な勝利を許し、死に体と考えられていた時期である。ＳＡＣＯの発足が九五年一一月であり、最終報告書の提出が九六年一二月である。クリントンは、共和党との間で、予算均衡策をめぐる対立が極限に達し、双方が妥協しないまま、九五年一一月には連邦政府の支出が止まり、一週間にわたって連邦政府のほとんどの機能が閉鎖されるという、前代未聞の事態を招いた。連邦議会の共和党指導者であった下院議長・ニュート・ギングリッチは、この闘いで、クリントンと民主党を完全に葬り去る意図で、あえて妥協せずに政府部門の支出を確保する暫定予算を拒否し、クリントンを追い詰めたのであった。しかし実際には、世論は議会共和党の方を政府閉鎖の原因として非難し、クリントンの支持率は、ここから回復して、九六年一一月には再選を果たす。

しかし、SACO合意に至るまでの間、クリントンの国内政治での立場は弱く、軍が大規模代替施設建設を必要としているならば、その確約を取らないままで、普天間基地閉鎖を提案できるような状況にはなかった。政治判断で普天間基地返還を提案し、後から軍を説得するという手順は、不可能であったのである。つまり、下河辺淳氏の証言内容は、米国政治の状況を鑑みても信頼度が高いのである。

ギングリッチ下院議長が世論の評価を落とす一方で、クリントンは、この時期から顕著となったITブームによる経済成長の恩恵を受け、支持率を回復し、九六年大統領選挙に勝利を収めることができた。

SACO合意は、クリントンが再選を果たした直後、九六年一二月に結ばれたが、このように、クリントンが率先して独自の基地整理政策を実施できる条件はなく、普天間基地返還と、その代替基地が小規模なヘリコプター発着帯との当初提案を米軍側が了承していたことは、この点からも確かである。

(2) 負担軽減の欺瞞

SACO合意は、沖縄の政治状況への対応として出てきたものであったのに対し、二〇〇六年の日米政府合意によるV字型航空基地案は、米軍再編の中での計画である。在日米軍再編の目的の一つとして、「沖縄の負担軽減」が挙げられ、辺野古の代替基地建設を条件とする普天間基地返還に加え、キャンプ・キンザー、那覇軍港等、嘉手納以南の米軍基地・施設が返還されることが謳われている。また、米政府の姿勢は、これらは全て一括して実現しなければ不可能な「パッケージ」であり、辺野古の基地が完成しなければ、普天間以外の返還もないという立場である。

元来、普天間基地返還は、沖縄の政治的状況への対応として出てきた施策であった。それが、ＳＡＣＯ後の期間に、海兵隊に新たな航空基地、それも軍港施設を併設する、より高度な機能を持つ全く異なる基地を、日本が提供する計画に変貌したのである。また、それが、米軍全体の再編の中に位置付けられて、他の基地・施設の返還が、普天間代替基地の建設を推進するための人質になるという「脅し」を受ける状態にある。

米軍は、日本の巨額の財政援助を受けての、グアムにおける基地建設計画も並行して進めており、グアムの基地整備が進めば在沖海兵隊の主要部分はグアムに移転することが明らかになっている。

しかし、今回の米軍再編の論理は、在外駐留兵員の削減、海外基地の縮小と、米国内基地からの即応体制の整備であることに鑑みると、沖縄における新たな海兵隊基地建設は、その論理に不適合である。中国の脅威に対峙するという目的には、沖縄が中国に近すぎるという理由からグアムへの新基地建設が進められるのであり、辺野古の新基地は、この目的にもそぐわない。

現在の新基地計画は、普天間基地よりも高度な機能を有する「代替基地」の建設を、「沖縄の負担軽減」という名目で実施するものである。「代替基地」の姿は、ＳＡＣＯ合意時点で想定されていた「撤去可能」という小規模な施設から、ＳＡＣＯでは、大規模な軍民共用空港計画となり、さらに現在の計画では、恒久的で高機能な軍事基地となっている。この間、「沖縄の負担軽減」という建前は変わらず、しかし中身は全く変わってしまった。「沖縄の負担軽減」という、もはや意味のない謳い文句を変えぬまま、米軍世界戦略上、必要性の低い、しかし機能の高い基地を、あたかも「貢物」を差し出すかのように提供するというのが、辺野古新基地建設計画の本質である。「貢物」は、またしても沖縄なのである。

軍民共用案が廃棄された背景には、沖合二キロの軍事空港という存在自体を、米軍が嫌ったことがあったことは確実である。運用上の困難が大きすぎるこのような航空基地を米軍は拒否したというのが現実である。また、沖縄県が使用条件として主張していた軍事基地としての一五年使用期限は、実際には米政府は一切受け容れていない。

全ての始まりは、キャンプ・シュワブ陸上のヘリコプター発着帯を代替施設とする普天間基地閉鎖・返還が、沖縄に対する政治的融和策として提案されたことであった経緯を考えれば、この変遷は欺瞞と呼ぶしかないであろう。普天間基地の危険性は、二〇〇四年八月の、沖縄国際大学への海兵隊ヘリコプター墜落事件で現実化しているのである。普にもかかわらず、当初案とは全く異なり、軍港施設を備えた、普天間基地とは次元の異なる辺野古での代替基地建設が、沖縄の負担軽減のためとして進められようとする現状は、受容されるべきではない。

(3) ロードマップ

二〇〇六年五月の、日米安全保障協議委員会(外務大臣、防衛庁長官(当時)、国務長官、国防長官 二プラス二)による「再編実施のための日米のロードマップ」では、沖縄における再編として、次の項目が規定されている。

①普天間飛行場代替施設

いわゆるV字案と呼ばれる、一八〇〇メートル長の滑走路二本を備え、港湾施設を持つ名護市辺野古岬と大浦湾、辺野古湾における埋め立てによる基地建設である。二〇一四年までの完成が目標とされる。

②兵力削減とグアムへの移転

海兵機動展開部隊要員約八〇〇〇人と、その家族約九〇〇〇人が、二〇一四年までに、沖縄からグアムに移転される。移転対象部隊は、キャンプ・コートニー、キャンプ・ハンセン、普天間航空基地、キャンプ瑞慶覧(ずけらん)、及び牧港補給地区が中心である。沖縄に残る海兵隊兵力は、司令部、陸上、航空、戦闘支援、及び基地支援能力等の部隊とされる。グアムでのインフラ整備費用一〇二・七億ドルのうち、日本が二八億ドルの直接的財政支援を含め、六〇・九億ドルを提供する。米国は、財政支出三一・八億ドルと道路整備費用一〇億ドルを負担する。

③沖縄県内の基地返還と共同使用

「嘉手納飛行場以南の相当規模の土地の返還が可能となる」とされ、キャンプ桑江、普天間飛行場、牧港補給地区、那覇港湾施設、第一桑江タンク・ファームが全面返還される。また、キャンプ・ハンセンにおける陸上自衛隊、嘉手納飛行場における航空自衛隊が、共同使用を行う。

そして、これらの施策がパッケージとして固定されていることが言われ、「特に、嘉手納以南の統合及び土地の返還は、第三海兵機動展開部隊要員及びその家族の沖縄からグアムへの移転完了に懸かっている」と特筆されている。

④県外・国外への訓練移転

嘉手納飛行場から、航空機訓練の一部が、千歳、三沢、百里、小松、築城(ついき)、新田原(にゅうたばる)の各自衛隊施設に移動する。

(4)　沖縄の対応

二〇〇五年一〇月に、日米安全保障協議委員会が「日米同盟　未来のための変革と再編」(いわゆる中間報告)で、再編計画を承認し、そこで普天間代替基地のSACO案(沖合い軍民共用空港)を廃棄し、辺野古岬上の航空基地と港湾施設建設計画を発表した際に、当時の稲嶺惠一沖縄県知事は受け入れを拒否し、五月のV字案公表以後も、二〇〇六年一一月に任期が終わるまで、この案を承認しなかった。〇六年一一月の県知事選挙では、現状のままでは反対との立場を採った仲井眞弘多候補が勝ったが、知事となってからの要求は、「沖合への移動」という、基地建設自体の是非を問うものではなかった。結果的にV字案を受け容れたことで、第二次世界大戦後初めて、沖縄が自ら、返還の予定が全くない米軍基地の建設を求めた事例となった。二本目の滑走路が加えられた事情は、建前は騒音防止であるが、実際には埋立面積拡大を求める地元業界の要求に応えるためであり、また、これもまた騒音防止名目の、滑走路の沖合への移動も、明らかに埋立面積拡大が理由である要求である。

辺野古の基地建設の有り様は、米軍再編の論理とは無関係な、日米関係や日本における沖縄の存在という政治的判断の結果として、新基地建設が推進されるという状況を明らかに示している。二〇〇八年六月の県議会選挙では、県政野党が多数派を占め、七月には、辺野古基地建設中止を求める県議会議決が可決された事実が、県民世論は新基地

建設を唯々諾々と受け容れているわけではない側面を表している。(8)

四　オバマ政権下の米軍再編

(1) 財政・経済危機

二〇〇九年一月に就任したバラク・オバマ大統領は、しばしば、一九三三年に大統領に就任したフランクリン・ローズヴェルト大統領に対比される。それは、オバマに勝利をもたらした金融危機・世界同時不況が、世界大恐慌以来の経済危機であると考えられていることからの比較である。ローズヴェルトは、「ニューディール政策」の多くの施策を、就任後一〇〇日間に、圧倒的な議会の支持を背景にして導入し、危機に臨む新大統領の模範と考えられてきた。この期間は、連邦議会との蜜月期間として、選挙に勝利した大統領に対し、連邦議会が、大統領の人気、国民世論を理由として、協力的に振舞う時期である。

オバマも、最初の一〇〇日間に、緊急経済対策として、金融機関への支援、自動車産業破綻への対応と、堅実に手を打った。しかし、各種世論調査によるオバマ支持率は、政権発足後の半年間、六〇％台を維持していたものが漸減しており(〇九年一一月時点で五〇％前半)、選挙後の熱狂的支持の維持が困難であることは明らかになっている。

オバマとローズヴェルトには大きな違いがある。それは、ローズヴェルトの勝利が、連邦議会の構造自体を変えたのに対し、オバマ勝利はそこまでの根本的な変動をもたらさなかった点である。一九三二年の連邦議会選挙で、ローズヴェルトの民主党は下院において、二一六議席から三一三議席へと圧勝した。対する共和党は、二一八議席から一一七議席へと、壊滅的な敗北を喫した。上院でも、民主党は四七議席から六〇議席へ増やし、共和党は四八議席から三五議席へと減らした。この民主党多数体制は、一九八〇年代まで続くこととなる。ローズヴェルトは、ニューディール政策により、その主たる受益者である、組織労働者、女性、人種的少数派、カトリック教徒等の、相互に矛盾・

対立を抱える集団を、強固な民主党支持者として動員した。その体制は半世紀にわたって続き、「ローズヴェルト連合」や「ニューディール連合」と呼ばれるが、ローズヴェルトの成功の基盤には、こうした議会の強い支持があったのである。

一方、オバマ勝利の下での民主党は、上院では大きな勝利を得た。選挙前の五一議席から五九議席(共同会派二名を含む)と伸ばし、四月に共和党から一名移籍し、上院議席数は六〇に達した。上院には、議員が議場で時間無制限で演説する「議事妨害」制度がある。それを阻止するには、上院議員数の五分の三、六〇票が必要であり、民主党が六〇議席を確保したことで、共和党はオバマの法案を議事妨害により葬ることができなくなった。

しかし、下院の選挙結果では、民主党は二三六から二五七へと議席を伸ばしたものの、「オバマ連合」と呼ぶべき幅広い支持構造は出現しなかった。オバマの勝利は、当然取るべき支持層を、効率的に投票に動員した戦略の結果であり、新たな支持層を獲得したためではない。

世論調査によるオバマへの支持構造を見ても、超党派の支持を得るという、最初の目標は達成できていない。例えば、〇九年一月末の景気刺激策法案に対して、下院共和党は全員反対票を投じており、また、重大政策である健康保険制度改革においても、共和党議員の支持はほとんどない。

政策上の対立が顕在化していく中、大きな政治構造の変革を起こすことは困難である。今後も、経済運営は非常に厳しい問題が続く。また、健康保険制度改革でも、クリントン政権が失敗した時と同様の、民間保険会社からの批判キャンペーンが強まる中、オバマが迅速な経済回復で支持を繋ぎとめられなければ、オバマ政権の一期目後半は期待の裏返しとしての批判を一手に浴びることとなる。

現在の米国政治は、一歩間違えれば政権を転覆させかねない深刻な対立状況を孕んでおり、オバマは、そうした対立を解消できなかった。保守派の、経済政策と道徳価値をない交ぜにしたオバマ批判は一貫して続き、経済回復が遅れれば、これまでの期待が高かった分、逆にオバマへの強い批判として跳ね返ることは間違いない。

(2) 外交・軍事政策と米軍再編

現在のオバマの挑戦は、ブッシュの残した、内政、外交、両面での負の遺産の清算である。ブッシュは、八〇年代からの共和党の思想に忠実に、無謀な富裕層大減税を実施する一方、イラク戦争拡大だけでなく、軍事力を前面に打ち出した一国主義外交で軍費を膨張させ、結果的に連邦財政を急激に悪化させた。経済政策での規制緩和が、住宅ローンのブームを生み、それが金融危機の直接的な原因になった。戦争拡大による財政悪化、経済の冷え込みを、人為的な不動産・金融バブルで乗り切ろうとしたのが、ブッシュの政策であり、その無理が最終的に弾けたのが金融危機であった。

ブッシュは、環境、人権、人種、社会政策等々、あらゆる政策において、民主党が作り出したリベラル政策の伝統を覆し、自らを超憲法的な戦時大統領と規定し、思うままの政権運営をした。このような強権的な政権運営を可能にし、対外的にも米国一国主義を一時的に可能にしたのは、九・一一であった。「テロとの戦い」は、終りの無い戦時体制を作り出し、ブッシュにとり、全ての批判を押さえ込む便法となった。

その図式は、イラク戦争と金融危機のために崩壊したが、一方、オバマも「テロとの戦い」を継承している。オバマは、二〇一〇年中のイラクからの撤退を実現させようとする一方、アフガニスタンへの増派を決めているが、アフガニスタンとパキスタンの情勢は、イラクの二の舞になる可能性が高い。

他方、オバマが、ブッシュの外交政策からの劇的な離脱を目指していることは確かである。例えばオバマの核軍縮の提唱は、二年前に発表された、共和党元国務長官二人を含む四人の保守派外交専門家による提言が基になっており、平和主義による理想論ではなく、リアリズムに基づいた戦略である。中南米左翼政権諸国との関係修復の意思表示も、むしろ米国にとって真の国益に適うものである。さらに、経済危機への対応における中国との協調、環境政策では、新たな地球温暖化防止条約への加入、あるいは、捕虜虐待・拷問の禁止等、軍事、環境、人権において、既に多くの新たな外交方針を打ち出している。それらは、理想主義ではなく、現実主義に基づいた政策であり、イデオロギー過剰のブッシュ外交政策とは大きく異なる。

オバマにとり厳しいのは、経済危機への対応を、連邦財政の危機的状況の中で実施しなければならないことである。予算が制約される中で、対外的影響力を行使するのは困難である。だからこそ、米軍再編に当たっても、より効率的な軍事予算を求めることとなる。ブッシュからの離脱が、外国から歓迎されており、その環境がオバマにとっての外交政策上、最大の資源である。内政と同様、世界からの期待は、一気に批判に転ずる可能性を孕むものである以上、それが続くうちに国内の経済危機からの脱出を実現する必要がある。

オバマは、対中国政策における、大きな転換をもたらした。米中Ｇ2体制の確立を目指すものと見られている、二〇〇九年七月の米中戦略経済対話は、中国を仮想敵国とする冷戦思考の延長が、もはや米中の経済的相互依存関係という現実の前では実効性がないことを、米国が認識したことを意味する。二〇〇九年一一月の来日における演説で、オバマが「中国に対する封じ込め政策は採らない」と、あえて、冷戦時の「封じ込め」containment というキーワードを使ってこの点を強調した歴史的意味を考えるべきであろう。長期的な中国の軍事的台頭、とりわけ天然資源をめぐる中国の動向が、将来的な軍事的対立を生む可能性は高いが、米国にとって、そのような不確定な将来的脅威に、大規模な軍備拡大で予防的に対抗する余裕はない。連邦議会の反対にもかかわらず、Ｆ22ステルス戦闘機の生産継続を止めたのは、米国が軍事予算の使途に対し、これまでにない見直しをしていくことの証しである。アフガニスタンへの増派を公約としたオバマ政権は、その費用を捻出しなければならない。仮に経済が早期に回復しなければ、景気刺激策のための歳出拡大により、政府財政はさらに悪化する。

一方、中国は、金融危機・世界同時不況を、内需拡大で克服すべく、政府支出を増大しており、〇九年一一月時点ではそれが効果を上げていると見られている。しかし、これは長期的に継続できる政策ではなく、輸出市場としての米国経済が回復しなければ、早晩行き詰まるであろう。〇九年三月には、中国政府がオバマ政権に対して、保有している米国債の価値を減ずるような財政運用に対する警告を発したが、それは、ドル経済に組み込まれた中国の現状を如実に示している。さらに、オバマ政権が、ドルの長期的低落をもたらすような財政運用はしないと、即座に回答した事実は、米中両国経済が一蓮托生の状態にあることの証しである。チベットに続き、ウイグルの少数民族問題が表面化し、国内の民主化改革が進展しない中、米中間の潜在的対立の可能性は常に存在する。しかし、米中関係を規定するのは経済であり、それは当面の間、揺るがないであろう。この状況を踏まえた時に、在日米軍再編が、顕在する中国の軍事的脅威に対して不可避であるとの議論には、現実味が薄いことが明らかである。

米国において、中国脅威論が耳目を集めたのは、二〇〇五、六年のことであったが、多くの論者は、中国が米国に敵対する軍事行動に走る可能性は、台湾が独立を宣言する場合のみであると結論付けていた。ブッシュ大統領が任期中、台湾独立の動きを抑える発言を続けていた事実、さらに、イラク戦争開戦前後から、中国による米国の覇権主義批判が聞かれなくなっていた事実から、米中関係がブッシュ政権時代から、既に変容していたことが窺われる。米国における中国脅威論は、現在では影をひそめている。

中国は、米国債保有高において、〇八年九月に日本を抜き第一位となり、その後、二位の日本との差は拡大している(9)。外貨準備高でも、中国が現在、二位日本の二倍以上であり、その差は拡大している。ちなみに、〇九年五月に、中国の外貨準備高は、世界で初めて二兆ドルを超えた(10)。米中は、典型的な経済的相互依存の関係にあり、金融危機は、この関係を不可避的により密接にしている。G2への接近は、必要に迫られたものであり、両国ともに軍事的対立を煽る必要もなければ、その余力もないと考えるべきである。米軍再編の目的も、米中関係接近を鑑みれば、様相が全く異なって見えてくる。オバマ政権の東アジアにおける軍事政策は、北朝鮮の核開発問題に集中せざるをえず、それ以外の緊張は未然に政治的に防ぐ対応をせざるをえない。そして、北朝鮮の核問題に、沖縄での米軍再編は、何の関係もない。

五　グアム移転協定と沖縄

(1)　グアム移転協定の性質

二〇〇九年二月、ヒラリー・クリントン国務長官は来日した際、中曾根弘文外務大臣とともにグアム移転協定に署名した。グアム移転協定は、衆議院が〇九年四月に可決、参議院は五月に否決し、両院協議会を経て、衆議院の優越により、発効した。この協定は、沖縄にかかわる米軍再編の内容と過程、とりわけ日本政府の予算措置を規定したものであり、日本政府は、この協定が「国際条約」であり、強力な拘束力を持ち、日本政府は遵守することが義務付けられたとの宣伝を行ってきた。それは、普天間代替基地建設を、国際的な取り決めとして固定化し、政策変更の余地がないとの見解を強要する意図からである。

グアム移転協定は、二〇〇六年五月の日米安全保障協議委員会で決められた「再編実施のための日米のロードマップ」を遂行するために、在沖海兵隊要員八〇〇〇人と家族九〇〇〇人をグアムに移転させるための資金として、二八億ドルの提供、普天間代替施設の完成を規定し、嘉手納基地以南の基地・施設返還には、その実現が条件とされる、いわゆる「パッケージ論」が規定されている。

協定の内容自体が、協定条文に表面的に現れているものではないことは、衆参両院の審議過程で明らかになった。例えば、要員八〇〇〇人の移転は、あくまでも「定数」であり、実数としての海兵隊員がどれだけグアムに移転するかは、この協定からは不明であることが、外務省の回答で明らかになっている。また、国際条約であるための強制力という点についても、もし米国が協定に盛り込まれた予算を支出しなければ、日本側の義務はなくなり、また、それについて何らかの強制手段もないことも明らかにされた。(11)

そもそも、この協定の扱いは、日米「政府」内で、全く異なっている点が、等閑視されていた。米国連邦議会は、上院と下院が同種の法案を独自に審議し、修正を加えてそれぞれが可決する。その後、二つの法案の相違点の摺り合わせをした後に、統一した法案を作り、両院が再議して再可決すれば、大統領が署名して、初めて成立することになる。日本政府は、グアム移転協定は、国会の議決を経た強い強制力のある「国際条約」であるから、もはや反対も修正も出来ないとしてきた。しかし、衆参両院の審議過程で明らかになったように、米国側は、グアム移転協定に、自国を縛る強制力を認めていない。

また、グアム移転協定第八条には、「アメリカ合衆国政府は、同政府が日本国の提供した資金が拠出された施設及び基盤に重大な影響を与えるおそれのある変更を検討する場合には、日本国政府と協議を行い、かつ、日本国の懸念を充分に考慮に入れて適切な措置をとる」とあるが、これは要するに、変更を発議できるのは米国だけであるとの規定である。米政府に働きかけて変更させることは可能であるにしろ、この条約の不平等性、片務性を如実に表している。

グアム移転協定は、前文で、グアム移転費用のうち、日本負担分を除く三一億八〇〇〇万ドルと、道路整備費用一〇億ドルを加えた額を拠出することが「ロードマップに記載されていることを再確認し」ており、また第二条で、「アメリカ合衆国政府は、(中略)グアムにおける施設および基盤を整備する同政府の事業への資金の拠出を含む移転のために必要な措置をとる」と定めている。しかし、「合衆国は」あるいは「アメリカ合衆国政府は」と書かれているが、連邦議会の議決を経ていない以上、これらの額の資金拠出には、全く裏付けがない。「米国政府」で予算の支出を決める権限は、連邦議会のみが持つ。行政府＝大統領─国務長官が、何を約束しようと、議会はそれに従わねばならない義務はない。米国は、議院内閣制の日本と異なる、権力分立をより徹底させた大統領制の政府を持つ。他方、日本ではこの協定を国会の決議で批准する。

ここに、両者の、この協定が持つ強制力への認識の大きな違いがあり、日本側のみがこの協定に縛られる形になり、また、その拘束力を認めようとしている。連邦議会では党議拘束もなく、大統領の政党に所属する議員が、議会において大統領の政策を支持する投票をする義務もない。例えば、オバマ大統領が就任直後に打ち出した経済復興法の下院議決で、オバマの民主党に所属する議員のうち一一人が反対票を投じている。民主党大統領の最重要法案であっても、個別議員の判断により、反対することは認められるのである。

米軍高官が、相次いでグアム移転を二〇一四年の期限内に実現することが困難であることを指摘する発言をしていることも、米側には、この協定が強制力を持つものであるとの認識がない事実を示している。

グアム移転協定は、連邦議会に諮られておらず、全く議決を経ていない行政協定である。憲法上、正式な条約を批准する権限を唯一有する上院の議決も、あるいは、貿易法に見られるような、国内に影響が大きい国際取り決めの場合に使われる、下院の議決も欠いている。日本が国会決議をしたことに比べて、その片務性、不平等性は明らかである。米国は、拘束されることを嫌ったために、議会に関与させなかったのである。二〇〇九年一二月に、米国連邦議会は、二〇一〇会計年度予算案に、グアム関連予算三億ドルを計上したが、これは、協定による米国側負担総額約四〇億ドルの一割以下の額である。二〇一四年までに完成させるために、残る負担額を連邦議会が計上するか否かは、全て来年度以降の審議にかかる。大統領には、それを強制する力はなく、アフガニスタンでの軍費が増大する中、重要度の低い支出を連邦議会が予算化する保証はどこにもない。

(2) オバマ政権にとっての辺野古・高江

オバマは、ブッシュの一国主義的な外交政策と、超憲法的国内政治の手法からの離反を実行してきた。特に、環境と人権は、オバマにとって政権の価値を決める政策分野になっている。名護市辺野古及び東村高江（ひがしそんたかえ）での基地建設は、そのようなオバマ政権にとり、むしろ大きな打撃になる性質の問題である。希少海洋生物の生息地を潰して、不要不急の軍事基地を造るという政策は、その実態が米国内で広く知られるようになれば、政権としての対応が変わる可能性はあると思われる。国務省内での沖縄基地問題に関する情報の流れは、省内の「沖縄通」が操っているために、正規のルートでは、辺野古の問題が上層部まで届いていない。政権上層部にとって、沖縄基地問題は、一九九五年当時と異なり、注意を払う必要のない瑣末な問題となっているからである。そこを変える可能性があるのは、ジュゴン訴訟であろう。米国内で上級審まで進むと、メディアの関心も呼ぶ可能性が高い。何よりも、米国における司法の強制力は、日本では想像できないほど強いため、沖縄での基地建設を止める契機になりえる。

そして、オバマにとり最大の懸案である経済・財政が、辺野古・高江の基地建設を止める要因になりえる。今後数年間の米国経済の先行きと、米国財政赤字の状況を考えれば、グアム移転への費用を連邦議会が予算化しない可能性が高い。連邦議会にとり、また、オバマ政権にとっても、軍事予算の中で必要性が低く、また正式の連邦議会議員を持たないために、政治的に予算を誘導する力が弱いグアムでの基地建設に、予算を優先的に配分することは考え難い。そうなると、外務省すら、衆議院外務委員会での答弁で認めたように、この協定の強制力はなくなる。

一方、日本政府の極度に従属的な傾向を考えれば、米国が日本の拠出割合の増大を強いてくる可能性もある。しかし、日本政府にも、それに応えられるような財政上の余裕はないであろう。日米両政府の財政悪化が、移設協定、辺野古・高江の基地建設を阻害する要因になるであろうし、それに向けて、建設阻止の新たな方策を案出することができるだろう。

(3) 鳩山政権の対応から見えるもの

二〇〇九年九月の鳩山連立政権誕生後、本稿脱稿の一二月中旬時点で、普天間移設問題の結論は出ていない。現時点で見通しを立てても意味はないが、この三カ月の対応から、政権交代後も、沖縄基地問題を含む日米関係の本質を規定してきた諸条件は変わらないままであることが明らかになった。

鳩山政権は、八月の総選挙における政権マニフェストで、「緊密で対等な日米関係を築く」ことを謳ったが、一方、沖縄政策である「沖縄ビジョン」に含めてきた、普天間飛行場の県外・国外移転は、マニフェストからは除外した。

政権発足後、鳩山首相は、県外移設を求める発言を維持してきたが、岡田外務大臣、北沢防衛大臣は、県外移設を不可能視する見解を述べ続け、政権内の不一致が明らかになり、最終的には辺野古新基地建設に落とし込むのではないかとの観測が強まっているのが現状である。

一方、米国側は、現在の「パッケージ」のみが実行可能であるとする「恫喝」を加え続けてきた。その中心は、国務省、国防総省の「知日派」「日本専門家」と目される、ＳＡＣＯや辺野古に関わり続けてきた、いわば当事者たちである。

なぜ鳩山政権は、海兵隊全面撤退を含む、米軍再編・グアム移転協定の根本的見直しを米国に働きかけられないのか。なぜ、緊密で対等な日米関係を作り出す作業ができないのか。それには以下の理由が考えられる。

(一)戦後日米関係の中で、米国への非合理的な恐怖が植えつけられてきた、(二)日米両国で、現状維持を志向する勢力が、政府内で実質的な政策形成・執行を仕切っている、(三)日本には、野党側が代替的政策を準備するための組織的支援機能が存在しない、(四)第二次世界大戦時の日系人強制収容の影響で、日系米国人が日本の利益を米国政治で代表する活動ができず、日本は米国政治を外側からしか見られない、(五)日本の指導者層中、米国で長期留学・就労した数が圧倒的に少ない、そして、(六)日米関係の矛盾と不満は、沖縄に集中させることで、全国的争点化を避ける構造が確立している。以下、各点について、考察したい。

自民党政権にとり、米国からの圧力は、政治生命を断たれるという個人的恐怖を呼び起こすものであり、それが組織的記憶として受け継がれていたのであろう。民主党の首脳も、多くは元自民党議員であり、その非合理的な恐怖が続いていると考えられる。今回、仮に鳩山首相の献金問題が深刻化し、政権が倒れる、あるいは首相が辞任に追い込まれることになれば、「米国に逆らうと総理大臣のクビが切られる」という、都市伝説とも呼ぶべき逸話が、一層の信憑性をもって語り継がれることになる。もし、それが真実であるならば、日本は、イラクやアフガニスタンの政府よりも、米国の直接支配が利いていることになる。陰謀説の前に冷静で客観的な分析が力を持たなくなれば、日米関係の病理は、もはや宿痾と呼ぶべきであろう。

外交・防衛政策において、米国には、代替政策を形成する能力が政権外に存在する。日本では、外務省、防衛省がそれを独占している。よって、政権が交代しても、実質を仕切るのは、同じ官僚機構である。

六〇年以上にわたり、米国を通じてしか世界と付き合ってこなかった外務省官僚機構にとり、政権交代があろうと、そのやり方を変えることはできない。あらたに政権に就いた政党には、外交・軍事分野における代替政策形成能力がない。結果として、最も「官僚支配の打破」が必要とされたはずの分野で、旧態依然とした官僚支配が、一層強固なものとなってしまったのである。政権交代実現後、三カ月の混乱の後に、「今から米軍再編に対する政策の基本方針を作り、米国に伝える」、という首相発言が出ること自体、いかに民主党が外交政策において準備がなかったかの明らかな証拠であり、それは、日本の外交政策分野の構造的問題である。

日系米国人を通じたロビー活動が一切できなかったこと、また、米国で長期的に生活した人材が少ないことで、日本は、旧共産圏諸国以外では異例に、米国国内政治に直接関わる経験を持っていない。つまり、米国政治を外からしか見ていないのである。

米国の政策形成過程は、良くも悪くも、外部から影響を与えることが可能である開いた過程であることを、実感をもって理解できないために、米国が一枚岩の巨人にしか見えない。実際には、外交分野においてすら、米国の政策は、多元的な利益の競争により影響を受けながら決まっていくのである。日本は、その「ゲーム」に参加できなかったために、また、米国追従を維持する限り参加する必要性を感じてこなかったために、必要以上に米国を強大に考えてしまう。結果的に、「貢物」さえ出せばよいという発想になるのである。

そして、こうした日米関係から生じる矛盾を沖縄に封じ込め、沖縄を「貢物」とすることで、沖縄以外の日本国民には矛盾が不可視化する。政権発足後三カ月間の、鳩山政権に対する「辺野古新基地建設を決めなければ、日米同盟が危機に瀕する」という、全国メディアの攻撃は、この矛盾を覆い隠す意図があるとしか考えられない。

全国紙、ＴＶニュースの取材ソースは、前出の「知日派」に限られており、彼等のみから取材した報道は、当事者の一方的宣伝を流している。それは、本来、取材・報道と呼ぶに値しない。言語能力を含めた取材能力の欠如と、米政府内でこの問題の重要性が低いために、他には取材できるだけの知識を持つ対象が容易に見付からないということが実情であろうが、報道機関の米国追従の度合いが明らかになった意味は大きい。

鳩山政権が辺野古新基地建設を強行するならば、旧態依然とした日米関係のあり方を守ろうとする意図であると結論付けざるをえず、それは政権交代の意義を自ら否定することであり、将来的に、建設的な、新たな外交政策を立てる可能性を潰すことに他ならない。

（１）Kosiak, Steve and Heeter, Elizabeth, "Post-Cold War Defense Spending Cuts: A Bipartisan Decision", Center for Strategic and Association, August 31, 2000.

（２）Department of Defense, "Quadrennial Defense Review Report", September 30, 2001.

（３）The Defense Secretary's Commission On Base Realignment and Closure, "Base Realignment and Closures, Report of the Defense Secretary's Commission", December, 1988, Department of Defense, "Base Closure and Realignment Report", March 1991, Department of Defense, "Base Closure and Realignment Report", March, 1993, Department of Defense, "Base Closure and Realignment Report", March 1995, Department of Defense, "Base Closure and Realignment Report", May, 2005.

（４）"QDR2001", p. 4.

（５）Department of Defense, "Quadrennial Defense Review Report", February 6, 2006, p. 31.

（６）江上能義、「下河辺淳氏オーラル・ヒストリー」、『平成一五年文部科学省科学研究費補助金基盤事業基礎研究（Ｂ）（２）自治基本条例の比較的・理論的・実践的総合研究　報告書４　沖縄の自治の新たな可能性』二〇〇四年、二〇一、二五一、二六二、三一一頁。例えば「（前略）米軍は移転したら四五メーターでいいって言うんすからね。だから、四五メーターで移転する以外は、米軍（は）考えなかったから、日本が延長したいなら、してもいいとは言ってたんですけどね。だけど、四五メーターのヘリコプターのセンターを作ればいいんじゃないすかね」（二〇一頁）。

(7) 「(前略)普天間の移転っていうことは、知事のテーマだし、移転してくれるのはありがたいことだし、そして、規模縮小案だったから、余計、知事はうれしかったんですね。ところが、名護の市長が併用案を出してから、小規模基地でなくなったんですね」(「下河辺淳氏オーラル・ヒストリー」三一一頁)。
(8) 米軍再編の軍事的政治的側面については、屋良朝博『砂上の同盟 米軍再編が明かすウソ』沖縄タイムス社、二〇〇九年、が重要である。なお、グアム移転に関する情報収集と開示は、沖縄県宜野湾市基地渉外課が、早い時期から、非常に綿密に行っている。
(9) Department of Treasury/Federal Reserve Board, "Major Foreign Holders of Treasury Securities", July 16, 2009.
(10) Bloomberg News, "China's Foreign-Exchange Reserve Surge, Exceeding $2 Trillion", July 15, 2009.
(11) 衆議院外務委員会第一七一回国会議事録第六号—第八号、二〇〇九年四月三日、八日、九日。参議院外交防衛委員会第一七一回国会議事録第一一号、二〇〇九年五月一二日。

第三章　基地維持財政政策の変貌と帰結

川瀬光義

はじめに

本章の課題は、普天間飛行場代替施設建設地として名護市辺野古地域が焦点となって以来、二〇〇七年通常国会で成立した米軍再編特措法で新たに設けられた交付金（以下「再編交付金」と略記）に至る基地維持財政政策の変貌を跡づけることによって、その意味するところを検証することにある。

各章で強調されているように、復帰三七周年を迎えても、復帰当時に課題とされていた経済的困難も異常な基地集中も何ら解決されずにいる。それどころか基地については、名護市辺野古および東村高江において、第四章で詳しく述べられているように環境影響評価の手続きもないがしろにしたまま、新たな基地建設が強行されようとしている。そして驚くべきことには、沖縄県知事や名護市長、東村長が、大枠ではこの新たな基地建設に「合意」しているのである。

無論、進んで基地を容認しているわけではない。日本政府が米軍基地維持を何より優先し、基地撤去政策を何ら有していない状況にあって、「苦渋の選択」として「合意」しているのである。政府がその「合意」を取り付けるに際して大きな威力を発揮してきたのが「振興策」という名の、政府資金を活用した事業である。

実は、一九九五年秋の少女暴行事件以来、ここ十数年の間に、日本政府による基地に関連する財政支出は、質量ともに重大な変化を遂げている。量的変化とは、従来沖縄における政府財政支出の中心を担ってきた内閣府沖縄総合事務局(旧沖縄開発庁)を通じた振興開発事業費が減少し、防衛省を通じた事業費の相対的比重が高まってきたことである。

質的な相違とは、従来の基地関連の財政支出は、沖縄の人々が合意して基地を引き受けているわけではないという点も考慮された、補償金的な性格が主であったのに対し、新たな基地負担の受け入れを前提とした見返りという性格が濃厚となってきたことである。もっとも、その性格が必ずしも明示的に示されているわけではない。日本政府が普天間飛行場代替施設の建設地を沖縄県内に求めようとした当初、当時の橋本首相が「地元の頭越しにはしない」と明言したことに示されるように、基地受け入れの見返りではないというのが、重要な建前であった。しかしそうした建前が次第に形骸化するなかで、新たに設けられた再編交付金は、その建前さえかなぐり捨てた強権的で露骨に利益誘導をはかるものとなっているのである。

ところで、この再編交付金は一九七四年に制定された「防衛施設周辺の生活環境の整備等に関する法律」(以下「環境整備法」と略記)第九条にもとづく「特定防衛施設周辺整備調整交付金」(以下「九条交付金」と略記)として一括して予算計上されている。(1) 実際、以下で詳しく述べるように九条交付金の配分方式を大枠で踏襲しており、また、近年の基地維持財政支出の増加は、この交付金の増加によるところが大きい。(2) そこで本章では、この九条交付金を中心に、近年における基地維持財政政策の変貌を検証することによって、新たな再編交付金の特質を明らかにすることとしたい。

一　分権の時代と沖縄の自治体財政

基地県内移設受け入れをめぐり沖縄県政がふりまわされることとなったこの一〇年余りの間は、地方分権が内政上の重要な課題の一つとしてすすめられた時期でもあった。一連の取組みにより、機関委任事務が廃止されるなど一定の成果はあげたものの、全体としては国の財政再建を優先した施策がすすめられることとなった。

例えば、自治体の自己決定権を拡充するという地方分権が本来めざすべき課題を実現するためには、機関委任事務廃止とともに最優先で取り組むべき補助負担金改革が十分におこなわれないまま、地方交付税交付金の削減が先行することとなった。このため、財政力が弱く、地方交付税への依存度が相対的に高い自治体の財政運営がいっそう困難に直面することとなった。詳細は省くが、島嶼県であり、離島など条件不利地域自治体が多い沖縄県内自治体にもこうした交付税削減は、大きな影響を及ぼしてきた。ところが、このように国から地方自治体への財政移転を縮小する施策が進められてきた中にあっても、第一章で詳しく述べられているように、一九七二年の復帰以来継続している内閣府沖縄総合事務局を通じた振興政策の枠組みは、変わることなく継続したのである。

このように、高率補助を中心とした施策の枠組みは維持されているものの、全国的な公共事業費削減の影響などにより、総事業量は減りつつある。図3-1は、一九九〇年度以降、最近までの沖縄振興開発事業費と沖縄県内での基地関係収入の推移を比較してみたものである。沖縄振興開発事業費は復帰以降、ほぼ毎年増加し、ピーク時の九八年度には補正後ベースで四四三〇億円に達した。しかし以後は減少が続き、二〇〇九年度当初予算では二一六六億円と、ピーク時の半分以下に減少している。そしてこれに代わって基地関係収入の相対的比重が増しつつある。それは沖縄振興開発事業費が減少に転じた九八年度以降も増加を続け、最近は微減傾向にあるものの、近年は二〇〇〇億円ほどで推移していることがわかる。基地関係収入の増加は、九〇年代半ば以降、次のような新たな基地維持財政政策が展開されたことによる。(3)

- 普通交付税の算定項目に基地補正を設ける（一九九七年度から）
  全国で一五〇億円、うち沖縄県二五億円、沖縄県内市町村五〇億円

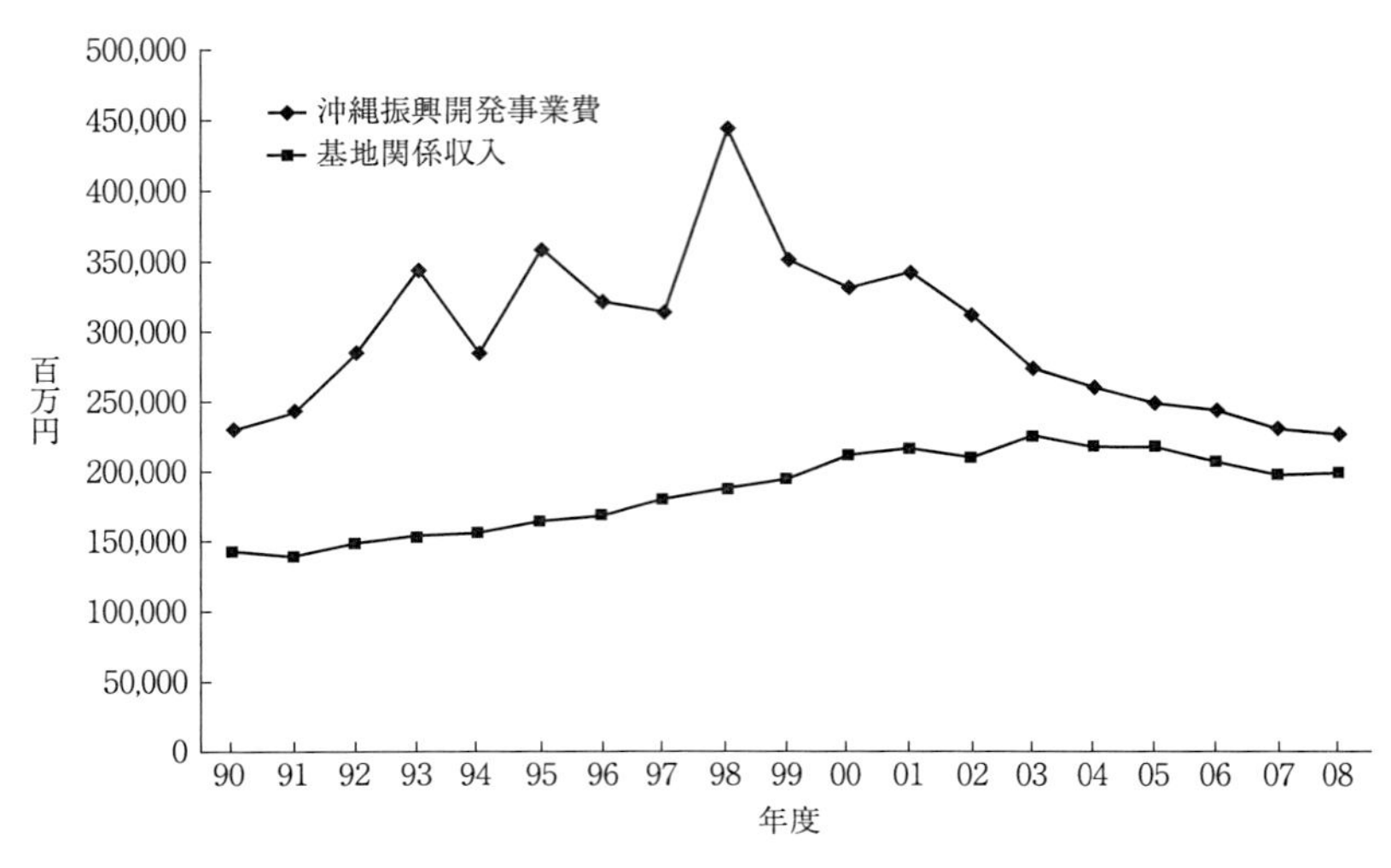

図 3-1　沖縄振興開発事業費と基地関係収入

（注）　基地関係収入には，防衛省所管のものの外，基地交付金，地方交付税の基地補正，島田懇談会事業費，北部振興事業費を含む．
（出所）　内閣府沖縄総合事務局『沖縄県経済の概況』各年，沖縄県知事公室基地対策課『沖縄の米軍及び自衛隊基地』各年，より作成．

・島田懇談会事業
　一九九七年度から総額一〇〇〇億円
・北部振興事業
　二〇〇〇年度から一〇年間で総額一〇〇〇億円
・SACO合意推進経費（九六年度から）

　これらのうち、基地補正と島田懇談会事業は、一九九五年の少女暴行事件を契機とした基地撤去を求める世論の高まりに対して、当時の政府が肝煎りですすめた施策で、既存の基地所在自治体を対象にしている。北部振興事業は、沖縄県知事と名護市長が普天間代替施設の建設受け入れを表明したことを受けた、一九九九年末の閣議決定にもとづく予算措置である。その経緯からして基地建設と無関係とはいえないのであるが、基地建設とは別であるというのが建前である。SACO経費のうち、自治体財政と関係が深いのは、環境整備法八条の特別分としての「SACO補助金」と同九条の特別分としての「SACO交付金」である。このうち、前者は日本政府がSACO事案との因果関係があると判断はしても、後に述べるように、名護市で活用された際には基地新設とは別というのが建前であったのに対し、後者は名実共に基地新設受け入れを前提としたものである。要するに、ＳＡＣＯ交付金以外は、基地新設受け入れとは別であるというのが、これら財政支出の重要な建前であったのである。

いずれにせよ、沖縄振興事業費の減少に追い打ちをかけるように、すでに述べた地方交付税削減などによって、県内自治体の財政運営は困難な状況が続いている。その一方で、基地所在自治体にはこれだけの資金が潤沢に提供されているのである。つまり、県内自治体の多くが振興事業費縮小と地方交付税削減によって財政運営に苦慮する一方で、沖縄本島北部地域の中心都市である名護市をはじめ、基地を受け入れた自治体は事業費が潤沢にあるという、いわば二極化の様相を呈しているのである。そして、大田昌秀元知事が敗れた一九九八年の知事選以降の沖縄における選挙では「基地か経済か」が争点となり、基地に批判的な候補者が敗れる事態が相次ぐなど、政府の財政資金を獲得するには、基地受け入れもやむを得ないという雰囲気が形成されてきた。こうした、沖縄における防衛省の発言力の高まりを象徴する出来事の一つが、内閣府の直轄事業である北部振興事業が、米軍再編の当初案に名護市が難色を示し修正を求めたため、防衛省の一存で二〇〇七年度途中に一時凍結されたことであった。ではこの間に、基地維持政策はどのような変貌を遂げたのであろうか。

二　再編交付金に至る基地維持財政政策の変貌

(1)　防衛関係費における基地維持のための財政支出

日本における軍事支出、つまり「防衛関係費」のうち基地維持のための経費は「基地対策経費」という。その二〇〇九年度予算額に四三九九億円で、防衛関係費総額四兆七〇二八億円の一割ほどである。その内訳をみると、基地所在自治体の環境整備や住宅防音工事などにあてる「基地周辺対策経費」一一五五億円、いわゆる思いやり予算などが含まれる「在日米軍駐留経費負担」一九二八億円、用地の借り上げや漁業補償等にあてる「施設の借料・補償経費等」一三一六億円に大別される。[4] このうち基地所在自治体の行財政運営に密接にかかわるのが、基地周辺対策経費と施設の借料・補償経費等である。

基地周辺対策経費とは、主に環境整備法にもとづく、住宅や公共施設への防音工事、自治体の公共施設の整備に関する事業などへの補助である。施設の借料・補償経費等で大きな比重を占めているのが、自治体所有地や民有地を基地として借り上げる際の借地料である。周知のごとく、沖縄以外の在日米軍基地は、もともと旧日本軍の基地であった場所をそのまま基地として使用している事例が多い。したがって所有形態では国有地が多くを占めている。ところが沖縄では、従前の使用状況にかかわらず米軍が欲するまま「銃剣とブルドーザー」[5] によって基地用地を収奪したため、自治体所有地や民有地の比重が高く、それぞれほぼ三分の一ずつをしめている。軍用地料といわれるこの収入は、自治体財政には財産収入として計上されるのである。

そして、これに加えて、総務省が所管する国有提供施設等所在市町村助成交付金（助成交付金）と施設等所在市町村調整交付金（調整交付金）も、基地所在自治体にとっては大きな意味を有する。これらは、米軍財産、米軍人の所得等に対する課税免除を定めた日米地位協定第一三条[6]を受けた「地位協定の実施に伴う所得税法等の臨時特例に関する法律」「地位協定の実施に伴う地方税法の臨時特例に関する法律」によって、米軍及びその関係者は、所得税、住民税、固定資産税などを免除されていることによる財政的損失を補塡するために設けられたものである。

要するに、軍用地料は基地として土地を占有していることに対する補償金的性格を、助成交付金・調整交付金は地方税収の欠如に対する補塡としての性格を有している。また、環境整備法にもとづく財政支出は直接・間接の基地被害対策という性格を有しているといってよい。図3-2は、沖縄におけるこれら基地関係収入の九三年度から最近までの推移をみたものである。この図で注目されるのが九八年度以降における環境整備法にもとづく財政支出が、増減を繰り返しつつも急激に増加していることである。さらに図3-3は、その環境整備法関係収入の内訳をみたものである。二〇〇〇年頃までは、八条・九条とともに三条（障害防止工事の助成）がほぼ同額で推移しているが、近年では

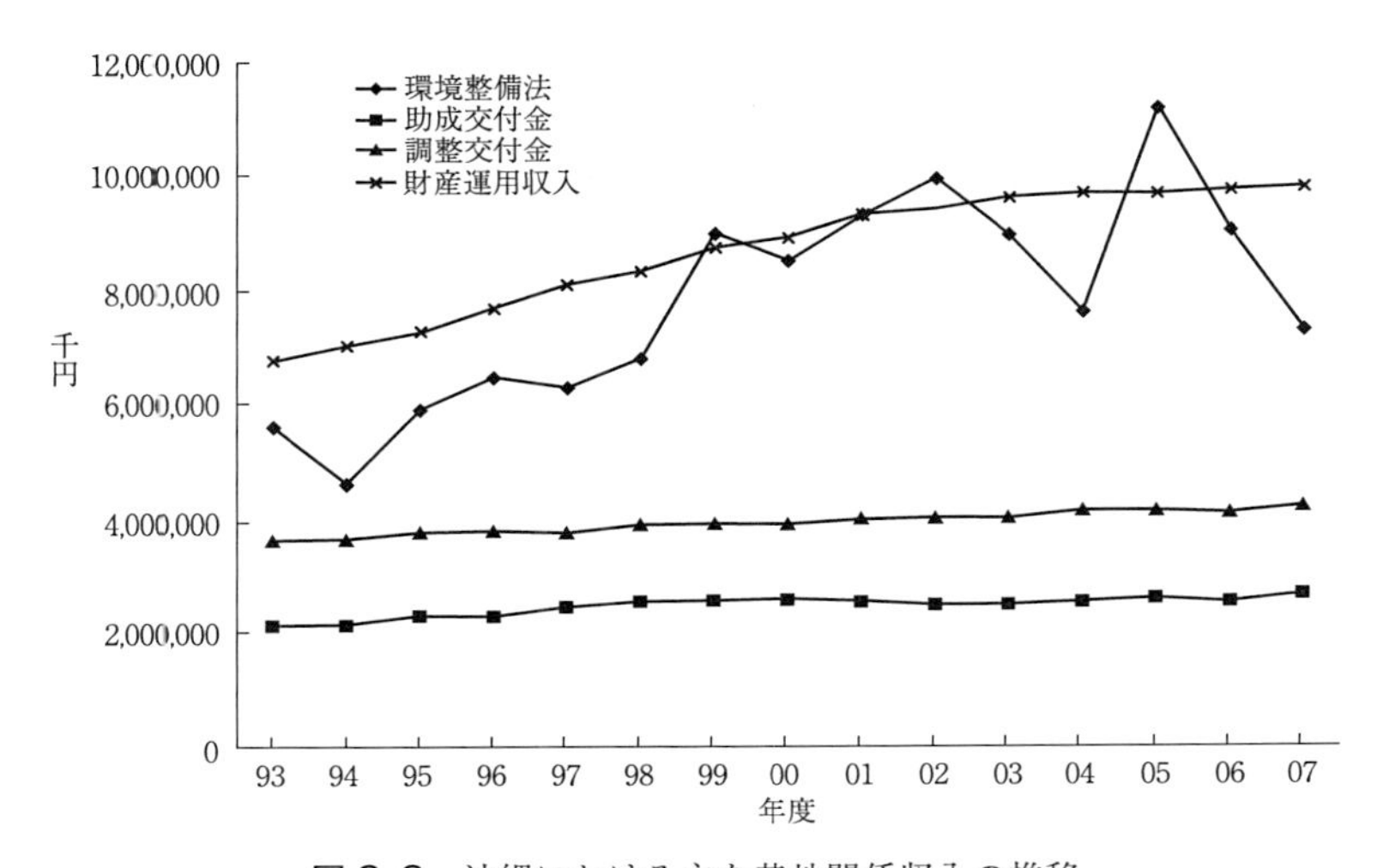

図 3-2　沖縄における主な基地関係収入の推移

（出所）　沖縄県知事公室基地対策課『沖縄の米軍及び自衛隊基地』各年，より作成.

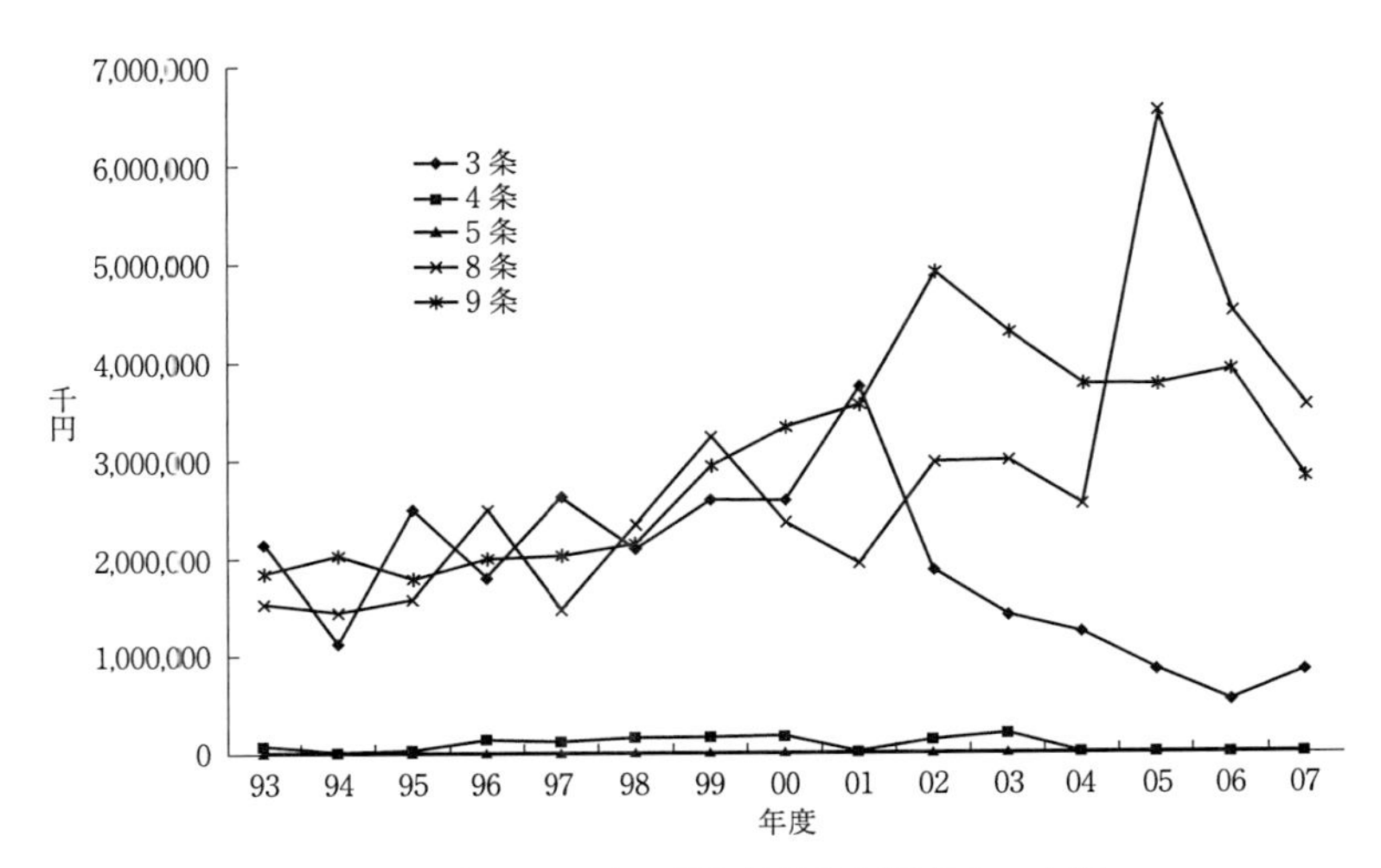

図 3-3　沖縄における環境整備法関係収入の内訳

（出所）　図 3-2 に同じ.

八条と九条、とくに基地新設受入れに関連する事業が本格化した二〇〇一・〇二年度において九条交付金が大幅に増えていることがわかる(〇五年度の八条の急増は、浦添市における前年度比八倍、宜野座村における六倍増という特殊要因による)。

この間の防衛関係費は全体として横ばいないしは微減傾向が続いている。ところが、一九九六年度補正予算から計上されたSACO関係経費、及び二〇〇七年度予算から計上された米軍再編経費は、防衛省所管経費でありながら、毎年の防衛関係費とは別枠で計上され、両者あわせると大幅な伸びを示している。(7) 九条交付金を中心とした環境整備法にもとづく財政支出の突出した伸びも、この経費の伸びと密接に関わっているのである。

(2) 九条交付金とSACO

日米政府は、少女暴行事件後まもない一九九五年一一月に、SACOを設置した。九六年四月のSACO中間報告合意を受け、同年一二月には最終報告がまとめられた。そこでは、普天間飛行場を初めとする一一施設の沖縄県内米軍基地の返還が盛り込まれたものの、ほとんどが県内への代替施設建設を前提としたものであった。そして、そのSACOで合意された施策を実施するために設けられた経費が九六年度補正予算から計上されている。

すでに述べたように、このSACO関連経費のうちSACO交付金は、SACO関連施設の移転先または訓練の移転先となることを受け入れた自治体を対象として、環境整備法第九条にもとづく特定防衛施設周辺整備調整交付金の特別交付分として創設されたものである。この交付金は、SACO合意の実施のため、新たな基地負担を受け入れる見返りであるという点で、これまでの各種基地関連財政支出とまったく質を異にするものである。(8)

そこでまず枠組みとして活用されている九条交付金が有する意味を改めて確認しておくこととしたい。環境整備法は、その前身を一九六六年に制定された「防衛施設周辺の整備等に関する法律」(以下「周辺整備法」と略記)という。これは、それまで予算措置で防衛施設庁がおこなってきた各種の施策を法制化して、制度的に保障したものである。

法制化の意義について、当時の担当者は次のように述べている。

「法案化の動機は何かと言われれば、やはり予算措置だけで周辺対策事業を行うのは「弱い」ということです。地元自治体にとっても単なる予算措置よりは法律に基づく措置の方が色々と心強い訳です」[9]と。

しかしながら、「防衛施設周辺の都市化の進展、防衛施設と地域開発計画との競合、公害問題及び生活環境保全に対する国民の意識の向上等の防衛施設周辺の整備等を取り巻く事情の変化があり、その結果、周辺整備法に基づく措置のみでは、防衛施設の設置・運用とその周辺地域社会との調和を保つことが困難となった」[10]。そこで「調和を保つ」ためにも、新たな措置が必要とされたのである。七四年に制定された環境整備法が、従前の周辺整備法とどう異なるかについては、次のように述べられている

「周辺整備法との違いと言えば「九条交付金」を盛り込んだことで、他の内容は周辺整備法を踏襲している……この「九条交付金」の制度化は画期的で、地元対策の幅もずいぶん広がったと思います」[11]（傍点は筆者）と。

「地元対策」の幅を広げるための九条交付金は、周辺整備法にもとづく各種財政支出とは異なり、次のような配分方法が採られているのである。[12]

第一に、対象となる防衛施設及び周辺市町村を防衛大臣が指定することである。[13] 従前のものは、すべての基地が対象となるのに対し、この九条交付金は対象施設と自治体を防衛大臣の裁量で選別し指定することとなっている。対象となる施設については、ジェット機が発着する飛行場、砲撃または航空機による射爆撃が実施される演習場、港湾、大規模な弾薬庫、市街地等に所在し、かつ市町村の面積に占める割合が著しく高い防衛施設となっており、二〇〇九年度において、特定防衛施設が六一、特定防衛施設関連市町村が一〇五指定されている。

第二に、その配分方法である。まず交付金の予算額の七〇％から一〇〇％の範囲内で防衛大臣が定める割合を乗じて得た額を普通交付額とする。その普通交付額について、四分の一を関連市町村にある特定防衛施設の面積及びその面積が当該市町村の面積に占める割合を基礎として定めた面積点数により、他の四分の一を関連市町村の人口等を基

礎として定めた人口点数により、残り二分の一を防衛施設の種類別に飛行機の種類及び飛行回数等の運用の態様を基礎として定めた運用点数により、それぞれ按分比例して各特定防衛施設関連市町村に配分するというのである。

第三に、対象となる事業については、交通施設など八種類の分野を明記するだけで柔軟な使途が可能となり、一〇割補助となっていることである。(14) これは八条の民生安定施設の助成が対象施設と補助率を明記しているのと比べると、受け入れ自治体にとって格段に使い勝手がよいといえる。(15) 実際、この九条の趣旨について、環境整備法を審議した当時の田代一正防衛施設庁長官は「第八条のような個別の障害対応というものの考え方では十分に押し切れないというために第九条を考えた(16)」と述べている。それ故、防衛施設庁の立場からみると、先に述べたように「地元対策の幅」が広がることとなるのである。

つまり、面積などの点数によって指定された自治体への配分額が決まる、その配分額の範囲内で八分野のなかから自治体が事業を選択するという、先に予算額ありという仕組みが、これまでとは決定的に異なるのである。

なぜこうした方式によることになったのかについて、環境整備法の国会審議においては次のように説明されている。その審議において、しばしば論点となったのが第一条において「設置若しくは運用により生ずる障害の防止等のため」と周辺整備法にはない「設置」という二文字が挿入されたことの意義をめぐってであった。これについて先に紹介した田代一正は次のように説明した。

「現在の周辺整備の諸施策の中で欠けている問題は、従来は基地の運用ということに主として着目してまいった。ところが現実には、基地が存在するということによっても、大きな不満、不平というものが残っているであろうということで、特に第九条でその考え方を出している……基地の運用に伴ういろいろなその他の公害的な現象のほかに、基地が存在する、たとえばある行政区画の中でその大半を基地が占めている、したがって、村づくり、町づくりということも意にまかせないことがある、そういったいろいろな苦情と申しますか、ご要望と申しましょうか、そういうことを踏まえて、この考え方を出した(17)」と。

基地の「存在」だけが根拠となっており、これまでのように運用によってもたらされる具体的な被害があるわけではない。そのため、人口などを要件として先に交付額を決めて、使途はその後に決めるというような配分方式をとったということであろう。

このように防衛大臣の裁量で指定すること、点数による評価で配分額が決まること、そして資金の使い勝手がよく、全額国庫負担であるという枠組みが、再編交付金にそのまま引き継がれることとなった。

(3)　再編交付金の特徴

米軍再編特措法に設けられた再編交付金も、環境整備法第九条にもとづく交付金と同じく、防衛大臣が対象となる「特定施設」や「特定市町村」を指定することとなっている。そのためすでに述べたように交付金の分類としては「特定防衛施設周辺整備調整交付金」つまり九条交付金に含めて計上されている。ただし、九条交付金とは異なって、次のような基準で指定・配分されることとなっている。

第一に、再編に関連する防衛施設ごとに、負担の増加と減少を点数に置き換えて足し引きし、負担がプラスとなった施設が指定される。

第二に、再編の内容が航空機部隊の移転や航空機の訓練移転の場合には、所在市町村に隣接する市町村及び隣々接市町村の範囲のうちから、負担の増加する市町村として、航空機による騒音が一定レベル（七五Ｗ）以上となる市町村が指定の候補となる。

そして第三に、以上は必要条件にすぎず、それらを満たしても自動的に指定されるわけではないのが、この交付金の核心をなす特徴である。すなわち、米軍再編特措法第五条によると、「当該市町村において再編関連特別事業（中略）を行うことが当該再編関連特定防衛施設における駐留軍等の再編の円滑かつ確実な実施に資するため必要であると認めるとき」（傍点は筆者）に、初めて指定されるのである。

第四に、新たに設けられた再編交付金は基地建設の進捗状況に応じて支給されることである。ここでいう進捗状況というのは、①政府案の受け入れ、②環境影響評価の着手、③施設の着工、④再編の実施、の四段階に分けられている。再編が実施された翌年度の交付額を上限として、再編の進捗状況に応じて①上限額の一〇%、②上限額の二五%、③上限額の六六・七%、④上限額の一〇〇%と、交付額を逓増させることとなっている。具体的な金額の算定は、SACO交付金における交付額を参考として、負担一点当たりの交付の基準となる額を算定し、これに各市町村の負担の点数を乗じて定めることとなっている。[18]

第三、第四の特徴に関連して、再編事業が遅延した場合、「その遅延が国の行為または自然現象以外の事由に起因するものであって、関係する再編関連特定周辺市町村の長がその事由の解消に努め、または協力していると認められないとき[19]」には、減額または零とすることもあるとされていることも強調しておきたい。要するに、「国の行為または自然現象以外の事由に起因するもの」、例えば、住民の反対によって事業が予定通り進まず、当該自治体が住民の反対を排除する努力をしていないとみなされると、交付金が減額もしくは零となる場合もあるということである。[20]

第五に、九条交付金は施設整備に限られていたのに対し、この交付金の使途については、施設整備に加えて「ソフト事業の双方を念頭において幅広く規定[21]」しており、九条交付金以上に使い勝手がよくなっている。また、九条交付金では対象となる公共施設が八分野であるのに対し、再編交付金の対象事業は一四分野に広げられているのである。[22]

そして第六に、特に負担が大きいとみなされた地域には、都道府県知事から提出された振興計画の案を国が決定して取り組み、その際、道路・港湾などの公共事業実施に際して、国の負担割合を上乗せする措置まで講じている。[23]

このように再編交付金は、九条交付金の枠組みを活用して、さらに対象事業を広げて「使い勝手」をよくしているが、対象自治体の決定において再編への政治的立場を考慮している点において決定的な相違があるといえる。要するに、国の施策に一切文句をつけず、唯々諾々と従って初めて満額交付されるということである。これは原子力発電所立地自治体への交付金を参考にして考案されたといわれている。しかし、原発交付金と決定的な違いがある。それは、原子力発電所の受け入れの是非については、当該自治体に選択権があるのに対し、再編交付金の場合には、米軍再編の受け入れについて自治体に選択権はないという点である。[24]

さて二〇〇七年一〇月三一日に、再編交付金の支給対象となる三三市町村、および対象外となった六市町村が発表された。それによると、岩国市のほかに、米陸軍第一軍団司令部の受け入れに反対する神奈川県座間市、そして沖縄県内では候補となっていた五市町村のうち名護市など四市町村が対象外となっている。岩国飛行場は再編関連特定防衛施設には指定された。ところが、当時の井原勝介岩国市長が再編に反対しており、米軍再編特措法第五条がいう「再編の円滑かつ確実な実施に資する」とは認められないために、岩国市は再編関連市町村には指定されなかったのである。他方、岩国市周辺の三市町は、再編に反対していないので支給対象に指定された。名護市の場合、基地建設そのものに反対しているのではない。滑走路を政府案より沖合に移すことを要望しているにすぎない。しかし政府案を予定通りにすすめることしか念頭にない政府は、この時点では名護市を対象外としたのである。

防衛省は、この時点で指定を受けていない自治体であっても、協力が得られれば交付対象に指定する考えであった。しかし、指定が来年度以降に遅れるとその分、交付額が減少することとなる。こうした脅しともいうべき手法が功を奏したのか、発表後ほどなく、沖縄県内では金武町など三町村が、陸上自衛隊の米軍キャンプ・ハンセンの共同使用を容認する方針に転換することとなった。そして岩国市においても、民意を踏まえて反対の姿勢を貫いた市長を辞任に追い込み、その後の市長選挙で再編を容認する候補が僅差で勝利するという絶大な〝効果〟を発揮することとなったのである。[25]

三　名護市財政にみる基地維持財政政策の実情

以上のような新たな基地維持政策に依存した自治体財政がどのような実情にあるのか。ここでは、SACOおよび米軍再編の最大の焦点である普天間飛行場代替施設の建設予定地を抱え、それ故にSACO交付金も再編交付金も、最も多く交付されている沖縄県名護市の実情を示しておくこととしよう。

(1) 名護市の地域特性

沖縄本島北部地域の中心都市である名護市は、復帰前の一九七〇年に名護町、屋部村、羽地村、屋我地村、久志村の一町四村が合併して誕生した市である(合併前の行政区域は図3-4を参照)。総面積は約二万一〇〇〇ヘクタールで、本島内市町村のなかでは最も広い行政区域を有している。名護市は復帰直後の一九七三年に、「逆格差論」に立脚した「名護市総合計画・基本構想」を発表した。「逆格差論」とは、この構想を作成したメンバーのひとりである地井昭夫によると、「沖縄県民のフロー経済としての名目所得には確かに大きな格差があるが、農漁業や種々の伝統に支えられてきたストック部門(自給的経済)を含めた、暮らしやコミュニティーの内実は逆にかなり豊かなものであり、その暮らしや地域の仕組みを守り発展させることが沖縄振興の基礎である」(26)という考えである。この考えに立脚して同構想では、所得格差論にもとづいて作成された沖縄振興開発計画を厳しく批判し、「沖縄における自立経済社会建設の戦略的課題は、その農村漁業や地場産業を正しく発展させることにある」と主張した。

ここで留意しておきたい名護市の地域特性の第一は、市域のほとんどが山林や農地など非市街地でしめられ、わずかの市街地は、主として西海岸の旧名護町(図3-4の名護地区)にあり、人口もそこに集中していることである。表3-1は、合併当時の人口と二〇〇八年の人口を旧町村別に比較したものである。この間、総人口は四万三一九一人から五万九六二八人へと合併時と比べ一万六四三七人、四〇%近く増加している。その増加人口のうち名護地区が一万三〇〇〇人をしめており、その結果、合併当時の名護地区の人口は総人口の半分ほどであったのが、今では六割ほどをしめていることがわかる。他方、名護地区から距離がある屋我地地区と久志地区の人口は減少しており、基地新設が計画されている辺野古を含む久志地区の人口は四八九七人、総人口の八%ほどでしかないことがわかる。

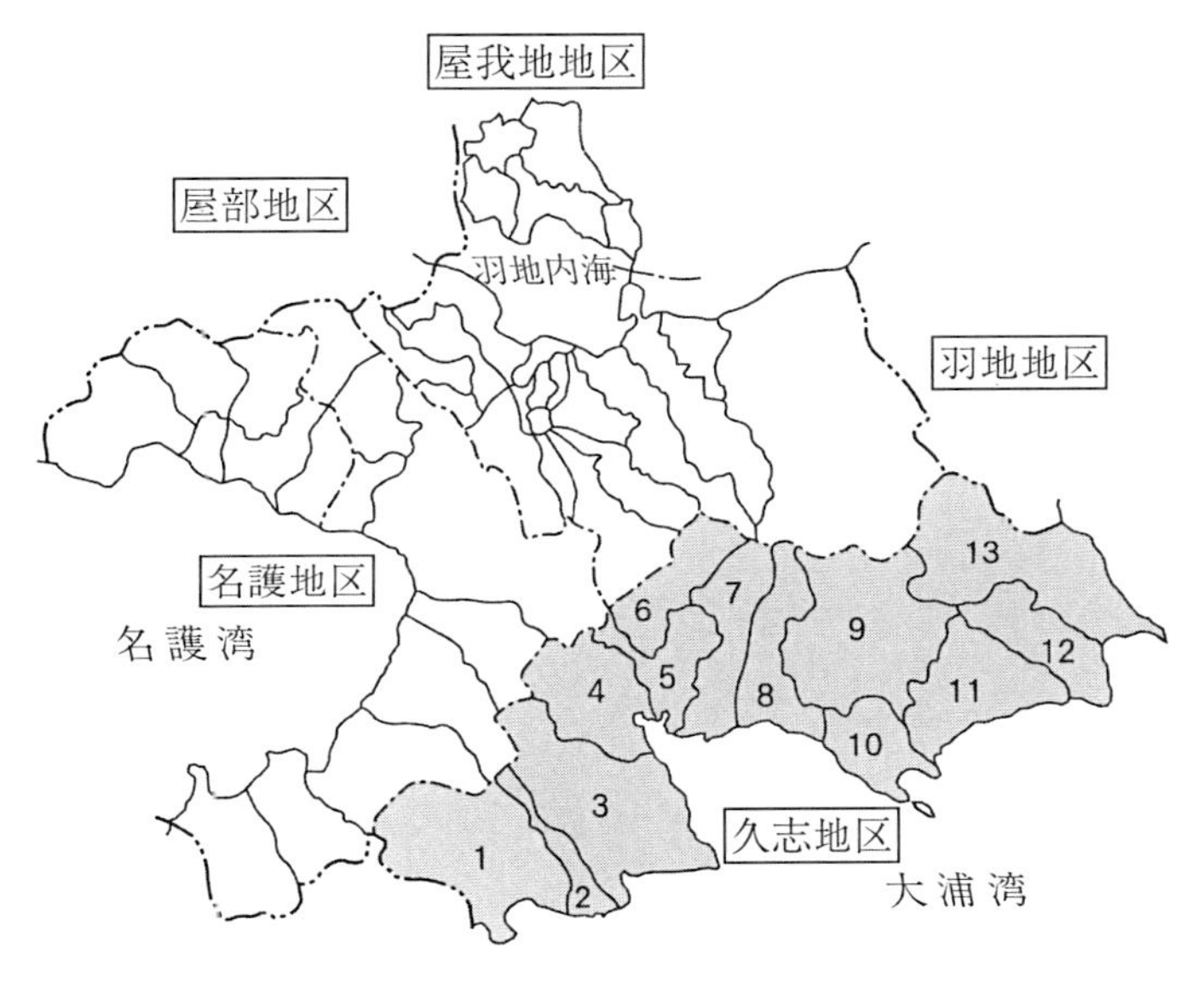

図 3-4　名護市の行政区域

(注)　1：久志，2：豊原，3：辺野古，4：二見，5：大浦，6：大川，7：瀬嵩，8：汀間，9：三原，10：安部，11：嘉陽，12：底仁屋，13：天仁屋

(出所)　若林敬子『沖縄の人口問題と社会的現実』東信堂，2009 年，115 頁，より引用.

第二に留意しておくべき点は、米軍基地分布の特性である。名護市の米軍基地面積は二三三五ヘクタールで、県内米軍基地所在自治体のなかでは国頭村(くにがみそん)、東村に次いで三番目の広さを有する。他方、すでに述べたように市域面積が広いため、基地がしめる割合は一一・一%と、行政区域面積にしめる米軍基地の割合が一割以上あり、いわば〝基地の街〟といわれる県内一四自治体のなかでは最も低いのである。[27] だが、行政区域の八割以上を嘉手納基地がしめている嘉手納町、市の中心部を普天間飛行場が占拠し、基地を取り囲むようにドーナツ型の市街地が形成されている宜野湾市などと異なり、圧倒的に多くの名護市民は日常的に基地と隣り合わせの生活をしているわけではないのである。というのは、すでに述べたように市人口のほとんどが西海岸沿いの市街地に集中する一方、基地は東

表 3-1　名護市旧町村別人口の推移

	1970 年	2008 年	増減
名護地区	22,107	35,199	13,092
屋部地区	3,980	8,436	4,456
羽地地区	8,080	9,247	1,167
久志地区	5,660	4,897	△763
屋我地地区	3,364	1,849	△1,515
合計	43,191	59,628	16,437

（出所）1970 年は『名護市統計書』，2008 年は名護市 HP より作成．

海岸の旧久志村などの非市街地に集中しているからである。そして、普天間飛行場代替施設の建設予定地は、米軍基地キャンプ・シュワブの海域と陸上部であり、旧久志村の辺野古、久志、豊原の三行政区が「地元」と位置づけられている。

第三の留意点は、名護市における基地関係収入の構造的特徴である。図3-5は、名護市における基地関係収入の推移をみたものである。まず島田懇談会事業、SACO関連事業などが本格化する九八年度以前をみると、財産運用収入の比重が圧倒的に高いことがわかる。名護市の基地関係収入に関連して留意しておくべき点は、この財産運用収入の使途についてである。実は、名護市をはじめとする北部地域における財産運用収入の比重が高い自治体では、その収入の多くが、地元の行政区に配分されている。これは、市有地の入会権にもとづいて軍用地料の一定割合を配分する「分収制度」にもとづくものである。(28) 名護市の二〇〇七年度軍用地料収入は一八億七七五六万円であるが、うち七億六九二四万円が行政区に配分されている。(29) つまり、残り一〇億円以上が市の実質的な収入源となるのである。多くの名護市民にとって米軍基地は、遠くにあるのに一〇億円もの財政収入をもたらす存在なのである。復帰前の合併を「久志は、軍用地料を持って名護に嫁入りした」とたとえる人も少なくないといわれる由縁がここにあるといえよう。(30)

さてこの名護市を中心とした本島北部地域は、区域の三分の二を森林がしめ、那覇から離れていることなどのため、復帰後の人口増、都市化の進展は本島中南部に及ばなかった。実は北部地域の人口は復帰前の一九五〇年の一四万五〇〇〇人をピークに減少が続き、七五年の海洋博を契機として若干増加したが、その後はほぼ横ばいで推移した。近年はやや増加傾向にあり、二〇〇五年国勢調査人口は一二万八〇〇〇人(県人口の九・四%)となっているが、その増加人口の大半は先の表3-1で示した名護市の中心部に集中しており、名護市のそれ以外の地域を含む北部地域全体としては過疎化が進んでいたのである。

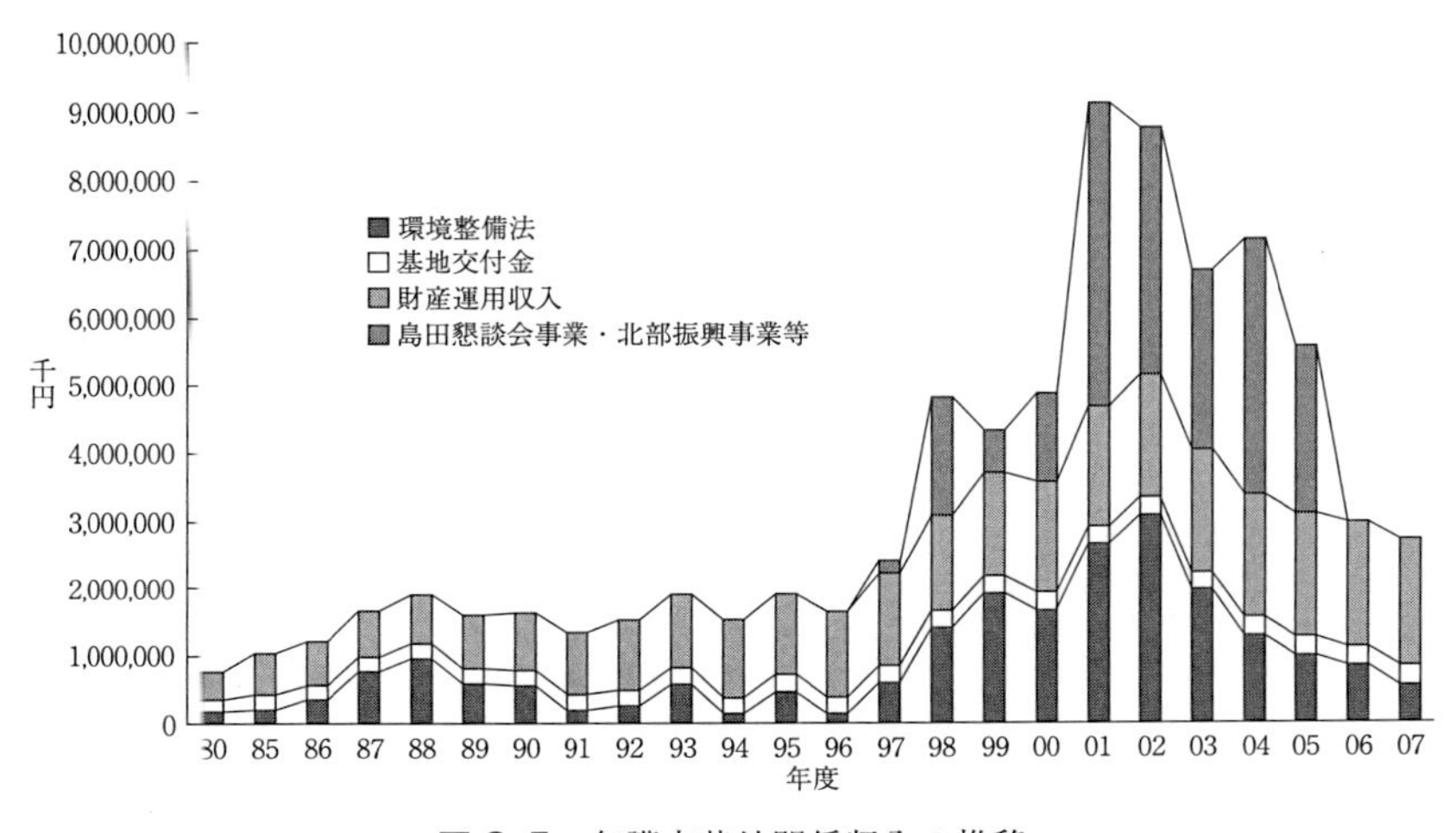

図3-5　名護市基地関係収入の推移

（出所）　名護市財政課「基地関係等収入決算額の状況」より作成.

こうした地域経済の衰退に歯止めをかけるべく、北部の中心都市名護市は、バブル経済期にはリゾート開発、バブル経済が崩壊した一九九〇年代には大学設置に取り組んできた。九四年に公設民営方式で開学した名桜大学創設に際しては、九二年度から九七年度まで総事業費六六億円余を要したが、うち五三億円を市財政で負担した。その五三億円の財源内訳をみると、起債が二九億円、一般財源が二三億円、残りが寄付金によってまかなわれている。旧名護町を中心に人口が増え続けている名護市は、増加する人口を吸収するための公共投資が必要である。加えて、各種開発事業に力をいれることにより、公共事業費に依存した地域経済構造が形成されることとなった。事実上、新基地建設の見返りである北部振興事業等を受け入れることとなった背景には、こうした事情もあることに留意しておく必要があるであろう。以上の特性を踏まえて、基地維持政策の変貌が名護市財政にどのような影響を与えているかを検証することとしよう。

(2)　基地新設が名護市財政にどのように現れているか

図3-6は、名護市一般会計の復帰以降の主な性質別歳出の推移をみたものである。復帰後しばらくは人件費と補助事業費

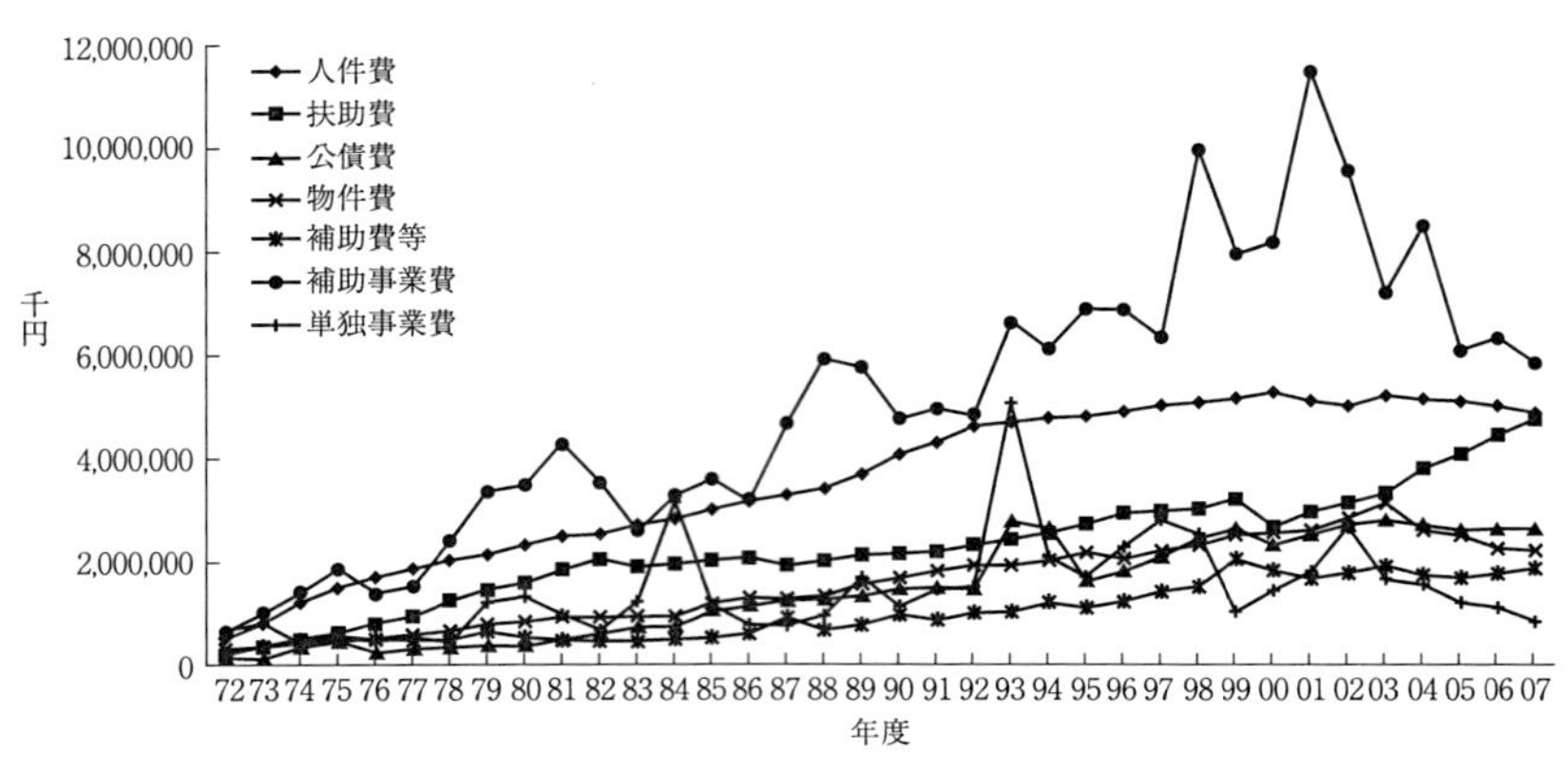

図 3-6　名護市主な性質別歳出の推移

（出所）　名護市決算カードより作成.

がほぼ同じ水準であるが、一九七八年度に補助事業費が人件費を上回ってからは、八三、八六、九二年度にほぼ同じ水準となっている以外は、補助事業費が人件費を上回っていること、なかでも九八年度ころからの補助事業費の増加が顕著であることがわかる。このように名護市財政の最大の特徴は、復帰当初はもとより今日なお補助金に依存した投資的経費の比重が高い状態が続いていることである。

復帰当初十数年間に補助事業費の比重が高いことは、県内自治体財政全般に共通する特徴である。しかし今日なお、復帰当初とかわらない高い比重を示しているのは、名護市固有の特徴である。それが何によって支えられているのか。名護市における基地関係収入の内訳の推移をしめした先の図3-5によると、九八年度から環境整備法や島田懇談会事業・北部振興事業を中心に急速に基地関係収入が増加していることがわかる。

名護市が新たな基地維持政策を活用してすすめた事業数、総事業費は次のとおりである。

- 島田懇談会事業（九七—〇七年度）　一三事業、九〇億五九五六万円
  財政措置：適債事業は九割補助、一割は起債で充当、償還財源は全額普通交付税および特別交付税措置
  非適債事業は九割補助、一割は特別交付税措置

- 北部振興事業(二〇〇〇―〇七年度)　二六事業、一七二億二七五万円
  財政措置：公共事業は沖縄振興開発事業と同じ(おおむね九割補助)
  　非公共事業は島田懇談会事業非適債事業と同じ
- SACO補助金事業(九八―〇六年度)　二一事業、三三億三四二三万円
  財政措置：九割補助
- SACO交付金事業(〇一―〇七年度)　六〇事業、四九億二三六五万円
  財政措置：一〇割補助

このように名護市は一〇年余の間に、新たな基地維持政策に依拠して一二〇事業、総額三四五億円もの事業を展開してきたのである。先に述べたように、リゾート開発に続く、名桜大学建設事業はおおむね一九九六年度で終了した。翌九七年度から島田懇談会事業が始まり、二一世紀になると北部振興事業、SACO関連と次々と新たな資金による事業が続いている。もはや名護市にとって、こうした資金による事業は、日常茶飯事のことになってしまっている。しかも、北部振興事業の公共事業とSACO補助金事業は九割補助、他は事実上一〇割補助という格段の優遇措置が講じられているのである。

またこれら事業は、九条交付金と同じく先に財源ありきという構造になっている。島田懇談会事業は、基地所在自治体を対象としているが、全体で概ね一〇〇〇億円という総予算が先に決められている。北部振興事業も、二〇〇〇年度から一〇年間、毎年一〇〇億円である。SACO関係も、毎年いわばつかみ金的に総予算が決まっており、それらについて防衛省の裁量で各自治体への配分額が決められている。

そして何より重大な問題は、財政運営におけるモラルハザードを助長する地域配分となっていることである。先に名護市では、人口が少ない東海岸に基地が集中していることを指摘した。他方、新たな資金は、事実上、その東海岸

ろうか。

に新たに基地を建設することを容認する見返りとしての性格が濃厚であった。ではそれがどこへ使われているのであ

まず島田懇談会事業には、二五基地所在市町村の三八事業が採択されているが、うち名護市が一三事業で、総事業費も九〇億円余と全体の一割近くをしめている。名護市の地域特性との関連で留意しておくべき点は、名護市で実施されている島田懇談会事業のうち、マルチメディア館を除くと、ほとんどが基地から離れた西部地域で行われていることである。「沖縄米軍基地所在市町村に関する懇談会提言」(九六年一一月)によると、この事業の趣旨は「基地の存在による閉塞感を緩和するため」であるという。嘉手納町や宜野湾市のように行政区域の多くを基地に占拠されている地域なら、基地の存在による「閉塞感」は明白であろう。しかし名護市西部地域に「閉塞感」があるとしても、基地の所在故のことでは決してない。にもかかわらず、東海岸の基地の存在を口実にこれだけの財政支出がおこなわれているのである。(31)

また、島田懇談会事業とほぼ同じ時期に環境整備法第八条民生安定事業の特別分であるSACO補助金事業も行われている。これは当初、旧久志村のうち、米軍基地がなく、軍用地料の分収金の配分の対象となっていない二見以北一〇区(図3-4の久志地区の行政区4から13)を対象とした公民館などの施設建設事業として始められ、以後もほとんどが東海岸を対象とした事業に活用されている。二見以北一〇区は、先に述べた基地新設の「地元」とは位置づけられていないが、基地が新設されると深刻な騒音被害が予想されるため、反対運動が熱心に展開されているところである。一九九七年、つまり基地新設の受け入れをめぐる住民投票がおこなわれているときに、防衛施設庁がこの事業を持ちかけてきた。市関係者によると「基地問題とは別」と繰り返し説明して区長を説得したという。(32) しかし、これは九割補助であり、一割の裏負担は、主に当該地域の寄付金によって賄われている。では、地元は一割だけとはいえ、みずから負担して公民館等の建設に同意したのであろうか?

実は、これら地域の行政区には、先に述べた九七年度から普通交付税の算定項目に加えられた基地補正にもとづき

名護市へ配分された資金を原資とする「地域振興補助金」が配分されている。名護市の「普通交付税における基地関連経費の傾斜配分に係る久志二見以北一〇区地域振興補助金交付要綱」第一条によると、その趣旨は「これまで本市における駐留軍用地賃貸借料の分収金の配当で還元を受けられなかった久志二見以北一〇区の地域振興を図ることを目的」としたものであるという。補助金額は、傾斜配分額の二〇%を上限として、九七年度から毎年六〇〇〇万円交付されている。先に述べた寄付金というのは、この「地域振興補助金」をあてにしたものなのである。ともあれ、基地とは別とはいえ、明確な政治的意図をもってこの事業はおこなわれたといってよい。

そしてこのＳＡＣＯ関連事業は、二〇〇一年一二月に開かれた名護市議会に提出された補正予算で、重大な質的変化を見せる。その補正予算には、ＳＡＣＯ交付金によるところの、公民館や公園などの建設事業が八億五〇〇〇万円ほど新たに計上されたのである。その財源内訳をみると、ＳＡＣＯ補助金による事業のような、名目だけとはいえ一割の地元負担もなく、全額この交付金でまかなわれているのである。重大な質的変化というのは、ＳＡＣＯ補助金による事業の場合は、日本政府が勝手に因果関係を認めているだけで、名護市としての建前は「基地問題とは別」と認識しているのに対し、ＳＡＣＯ交付金は名実ともに基地受け入れを前提としており、名護市もそれを承知していることを意味するからである。

ともあれ、「基地問題とは別」なはずのＳＡＣＯ補助金は久志地区で活用されているのに対し、基地受入れの見返りであることが明白なこのＳＡＣＯ交付金および北部振興事業は、名護市全域を対象として活用されている。このような資金散布構造は、日本における迷惑施設立地政策——迷惑施設を少数者に押し付けて、その犠牲の上に便益を多数者が享受するというモラルハザードをもたらす政策——の縮図ともいうべき状況を呈しているといってよい。こうした事業費配分の歪みにつけ込み、米軍再編による当初案を容認しない名護市と地元の分断を図ろうとしたのが、守屋武昌元防衛事務次官である。守屋が一連の振興策がいかに西海岸に集中しているかを示すデータを作成して、折に触れて地元に提示した資料によると、国の振興事業によって整備された施設の配置状況を図示し、九六年から〇五年の間に名護市に投下された国庫支出金八四六億円のうち「大規模事業はほとんど名護市西側に集中」、「基地が存在することによる事業にもかかわらず辺野古地区への事業はゼロ」、「普天間飛行場の移設に基づく事業であるにもかかわらず辺野古地区の割合はわずか六%」といった見出しを付け、地元区への配分の低さを強調した円グラフなどを掲載しているという(33)。

さて、このようにして一九八〇年代のリゾート開発以来、名護市をはじめとする北部地域に継続的に大量の財政支出をおこなうことによって、北部地域の経済状況は多少でもよい方向に向かっているだろうか(34)。まず人口についてみると、二〇〇五年国勢調査で北部地域の一五歳未満の人口占有率は一七・二%と、圏域別では最も数値が低い。また、年齢別階級人口を二〇〇〇年と比較すると、一五―一九歳、二〇―二四歳、七五歳以上の階級で、とりわけ二〇―二四歳階級での減少が著しいのである。さらに第一次産業の衰退も著しい。まず農業就業者数は一九九〇年から〇五年の一五年間で北部一二市町村すべてで減少が見られる。農業産出額は、〇五年二八二億円と二〇〇〇年二六九億円とを比べ若干の伸びとなった。これは果実類の著しい伸びによるものである。しかし、一九九〇年三二六億円と比べると一〇%もの減少である。他方、第二次産業の就業人口をみると、北部地域で〇五年八九五二人のうち、約七割、六三九九人が建設業でしめられている。もっとも、すでに述べたような沖縄振興事業費の大幅な減少の影響は北部地域にも現れており、建設業就業者数は二〇〇〇年八一五五人と比べると、二〇%以上の減少率を示している。そして異常な事業費投入による反動で、有力建設会社の破綻が二〇〇八年になって相次ぐという事態が生じているのである(35)。

まことに皮肉なことに、先の図3-5で名護市の基地関係収入が最大値を示した二〇〇一年度以降、北部地域の純生産は六年連続で減少している。純生産とは、各行政区域での生産活動によってもたらされた付加価値額から、建物・機械設備等の減耗分や生産・輸入品に課される税を除いたものである。市町村民所得統計では、資料の制約から付加価値を「生産」と「分配」の二面から把握し、「市町村内純生産」と「市町村民所得の分配」の二系列で表し、前者を属地主義、後者を属人主義で捉えている。したがって、純生産とは、当該自治体内での生産活動を示す指標といってよい。この純生産を二〇〇〇年度と〇六年度について比べると、県全体では二兆五五七六億円から二兆五八六八億円と二九二億円の増加となっている。この間、北部地域については、二五二三億円から二四四〇億円と八三億円の減少となっている。同期間、宮古地域は北部地域と同じく八七億円減少しているが、八重山地域は一七億円の増加を示しているのである。

また、名護市だけの純生産について一九九七年度から〇六年度までの増加率をみると、この一〇年間、名護市の純生産が増加したのは四回だけで、県全体の増加率を上回ったのも四回だけである。これは、長年にわたる膨大な資金投与にもかかわらず、県内の他地域と比べて目だつほどの経済力向上に必ずしも結びついていないことを示唆しているのではないだろうか[36]。

無論、情報通信関連などで一定の雇用が創出されるなど、いくつかの分野で一定の成果をあげていることは確かである。しかし、ここではそうした数値だけではかることのできない負の側面を二つ指摘しておきたい。第一に、万一、新たな米軍基地が建設されるならば、第四章で指摘されているように、ジュゴンが生息する沖縄本島に残された貴重な海域が埋め立てられるという、甚大な〝不可逆的損失〟が発生するということである。さらに、先に述べたリゾート開発に際して建設された名護市を代表するリゾートホテルからの景観は台無しになってしまうことも、指摘しておきたい。

第二に、基地受け入れをめぐり、地域社会の中で深刻な対立が生じていることである。二〇〇二年と〇六年の名護市長選挙を取材した松元剛は、「長く続く基地問題は地域社会の中で深刻な軋轢を生み続けている。夫婦、隣近所、そして親友同士が仲違いしたケースは無数に」あり、ある市民の体験として「市長選を重ねる度に、基地受け入れの是非や、だれに投票するかという話題を避けるようになった。一人ひとりの身近な所で基地をめぐる対立を抱えているから[37]」と述べている。

貴重な自然環境、そして人と人とのつながりという、いずれも数値では測れない、しかしかけがえのない〝資産〟

を破壊しかねないこと、そして現に破壊しつつあること、これこそどんなに振興策が積まれようとも埋め合わせのできない重大な〝損失〟ではないだろうか？

そして島田懇談会事業はすでに終了し、〇七年度にいったん凍結された後復活した北部振興事業も、〇九年度で終了するはずである。[38] ＳＡＣＯ事案のほとんどが米軍再編事案となったために、ＳＡＣＯ交付金等も今後は見込めない。もし今後もこれまでと同様に事業予算を確保するには、再編交付金に依拠せざるを得ない状況にあるといえる。

すでに述べたように、名護市は普天間飛行場代替施設の建設そのものには反対していなかったものの、建設位置の変更を求めていたため当初は再編交付金の対象外であった。しかし沖縄防衛局の環境アセスメントの本調査が二〇〇八年三月一七日に始まり、名護市もアセス調査を許可したことなどから、三月三一日に交付指定されることとなった。[39] そして普天間飛行場の移設に関係する名護市及び宜野座村には、一三年間で約三〇〇億円が支給される見込みで、その配分率は、新基地がしめる面積などで按分され、おおむね五対一になるという。[40] そうであるなら、名護市には約二五〇億円支給されることとなる。これは名護市の年間予算額にほぼ匹敵する規模なのであるが、これも時限措置であることに留意しておかなければならない。

おわりに

一九七二年の復帰以降の沖縄には、内閣府沖縄総合事務局（旧沖縄開発庁）を経由した振興開発事業費と並んで、防衛省（旧防衛施設庁）・総務省（旧自治省）を所管とする基地維持のための財政資金が潤沢に供給されてきた。前者が九八年度をピークに減少する一方、後者、とくに防衛省によるそれは着実に増加し、総額では遜色ないほどの規模となった。

基地維持のための財政支出が増加したことの背景には、新たな基地建設について地元の「合意」を得るための「振興策」が必要となったことがある。従前の基地維持のための財政支出は、地権者や自治体が望んで基地を引き受けているわけではないという点も考慮された、補償金的な性格が濃厚であった。したがって、基地政策にどのような政治的姿勢を有しているかどうかについては、基本的に問題とならなかった。

しかし普天間飛行場の代替施設など、新基地建設が必要となってからの財政支出には、新たな負担を引き受けることへの見返り的な性格が次第に濃厚となってきたのである。こうした選別的な配分を進める上で、環境整備法第九条の枠組み、すなわち防衛大臣の裁量で対象施設と自治体を指定し、被害・負担の程度を点数化して交付額を決定する、その交付額の範囲内で自治体がメニューを選ぶという枠組みが活用されたのである。

それでも、当初は見返りではないというのが建前であった。しかしその建前が形骸化するなかで、米軍再編を進めるために設けられた再編交付金はその建前すらかなぐり捨てたものであった。これは、原発交付金をモデルとして考案されたものであるという。しかし、原発交付金については、受け入れるかどうかについては当該自治体に選択権があるのに対し、再編交付金についてはそうした選択権はない。有無を言わさず新たな基地負担を強制しておきながら、自治体の政治的姿勢によって交付するかどうかを差別するなどということが、はたして、民主主義社会において容認されるものなのであろうか。

このように明らかに問題の多い資金であるにもかかわらず、名護市をはじめとする地元自治体は、みずからすすんで受け入れようとしている。かつて九条交付金を新たに盛り込んだ環境整備法の審議において、ある野党議員は「基地が従来以上に固定化し定着化され、そして基地を新設する場合にも、それがいわば防衛庁側のほうの一つの武器になって、この設置にあたって、スムーズに施設ができ上がっていくというような試みを盛った法律である」[41]という懸念を表明した。これに対し政府側は、決して取得のためのものでないことを繰り返し強調した。しかし三五年を経た今日の状況は、「新設する場合にも、それがいわば防衛庁側のほうの一つの武器に」なるという指摘が、正鵠を得ていると言わざるをえないのである。

ここ一〇年余の間、見返りとしての性格が濃厚な政府資金を活用して多くの事業を展開してきた名護市などにとって、それらが期限切れを迎える今、この再編交付金は渡りに船かもしれない。だが、従来の北部振興事業等は、基地受け入れの見返りではないというのが建前であったので、結果的に基地建設がすすまなくても、批判を受ける筋合いはない。しかし、再編交付金では、そういういわば〝食い逃げ〟は許されないのである。

一九九七年の名護市での住民投票以来、県内に新たに基地を設けることについて、たびたびマスコミによる世論調査がおこなわれているが、いずれにおいても反対が圧倒的多数をしめている。そうであるなら、基地受け入れの対価であることが明確で、自治とは相容れないこうした資金の受け入れはもう打ち止めにすべきではないか。これを断っても、この一〇年余り続いたバブル的な資金がなくなるだけであって、自治体財政が成り立たないなどということは決してない。

そこで本章を結ぶにあたり、米軍再編特措法の廃止を提案したい。二〇〇九年九月に発足した鳩山内閣の閣僚は、これまでのような基地受け入れとリンクした財政支出を否定する発言を繰り返している。そうであるなら、そのリンクの最たるものである米軍再編特措法は直ちに廃止されるべきである。また、たとえ廃止に至らずとも、基地新設と明白にリンクし、自治を破壊する再編交付金を、沖縄の自治体は拒否すべきであろう。基地に関連して国に要求すべき財政支援は、第五章で詳細に述べられる返還にともない発生する現状復帰などに要する莫大な費用負担に限るべきではないだろうか。

＊本稿は、二〇〇九年度日本学術振興会科学研究費補助金基盤研究(C)による成果である。

(1)『二〇〇八年度補助金総覧』日本電算企画。
(2) 基地維持財政政策の仕組みと実態を明らかにした先駆的業績は、佐藤昌一郎『地方自治体と軍事基地』新日本出版社、一九八一年、である。同書において九条交付金については、配分の仕組みをめぐる諸問題の指摘にとどまっており、この交付金が自治体財政にどのような影響を及ぼしているかについての解明はなされていない。

(3) これら事業の詳細は、拙著『幻想の自治体財政改革』日本経済評論社、二〇〇七年、参照。

(4) 防衛省ＨＰより。日本の米軍基地維持経費の国際的にみた特異性については、Kent E. Calder, *Embattled Garrisons*, Princeton University Press, 2007(武井楊一訳『米軍再編の政治学』日本経済新聞出版社、二〇〇八年)を参照。

(5) 二〇〇八年三月末現在、沖縄をのぞく在日米軍基地の八七・二%が国有地であるが、沖縄の場合、国有地三四・四%、自治体所有地三二・七%、民有地三一・八%となっている(沖縄県知事公室基地対策課『沖縄の米軍及び自衛隊基地(統計資料集)』二〇〇九年)。

(6) 以下はその一部である。

一　合衆国軍隊は、合衆国軍隊が日本国において保有し、使用し、又は移転する財産について租税又は類似の公課を課されない。

二　合衆国軍隊の構成員及び軍属並びにそれらの家族は、これらの者が合衆国軍隊に勤務し、又は合衆国軍隊若しくは第十五条に定める諸機関に雇用された結果受ける所得について、日本国政府又は日本国にあるその他の課税権者に日本の租税を納付する義務を負わない。

(7) ＳＡＣＯ関係経費は、〇四年度二六六億円をピークに減少し、〇九年度予算では一一四億円となっている。他方、米軍再編関係経費は初めて計上された〇七年度は七二億円だったが、〇八年度一九一億円、そして〇九年度は九六四億円と急激な伸びを示している。

(8) 正式には「特別行動委員会関係特定防衛施設周辺整備調整交付金」といわれ、〇七年度予算額は二〇億五八〇〇万円である(『二〇〇七年度補助金総覧』による)。なお、『二〇〇八年度補助金総覧』には特別行動委員会関係分は別途計上されていない。

(9) 防衛施設庁史編纂委員会編『防衛施設庁史』防衛施設庁、二〇〇七年、六一頁。

(10) 同右書、一二七頁。当時防衛施設庁が直面していた課題は、東富士・北富士演習場の使用転換問題及び関東平野空軍施設整理統合計画などであった。環境整備法の国会審議において、横路孝弘議員は「北富士と、この話の中で出てくるのは、横田ですけれど、使用転換、つまり米軍の基地が日本側に返還される、その跡地をめぐって、やはり基地の確保という観点からこれは出されてきた」と指摘している。これに対し、長坂強政府委員は、その指摘を否定しつつも「横田の問題というものが、この法律のいわゆる牽引車になったことは事実」と、横路議員の指摘を事実上認めている。以上は、『第七二回国会衆議院内閣委員会議録第二九号』一九七四年五月一〇日、による。

(11) 同右書、六一頁。

(12) 環境整備法の特徴については、吉岡幹夫「基地対策と法――防衛施設周辺生活環境整備法の構造と本質」静岡大学法経短期大学『法経論集』第三六・三七号、一九七六年三月、を参照。

(13) かつては内閣総理大臣が指定していたが、防衛省の発足にともない、防衛大臣が指定することとなった。

(14) 「防衛施設周辺の生活環境の整備等に関する法律施行令」第一四条によると、交通施設及び通信施設、スポーツ又はレクリエーションに関する施設、環境衛生施設、教育文化施設、医療施設、社会福祉施設、消防に関する施設、産業の振興に寄与する施設が対象となる。

(15) 「防衛施設周辺の生活環境の整備等に関する法律施行令」第一二条には、第八条の対象施設として、有線ラジオ放送の業務をおこなうための施設、道路など二六種類をあげ、それぞれに補助割合が規定されている。なお、環境整備法附則第七項に「第八条の規定の沖縄県の区域における適用については、当分の間、同条中「一部」とあるのは「全部又は一部」とする」と明記されている。これは事実上、沖縄については高率補助を適用することを意味している。

(16) 『第七二回国会衆議院内閣委員会議録第三〇号』一九七四年五月一六日。

(17) 『第七二回国会衆議院内閣委員会議録第三〇号』一九七四年五月一六日。

(18) 岩国市の試算によると、岩国市が指定された場合の再編点数は四・六二〇八〇、二〇〇七年度の計画点数は〇・一四一四六であった。再編点数は一点あたり約二九億円であることからして、岩国市への交付総額は約一三四億円、〇七年度の交付額は約四億一〇〇〇万円であるという(岩国市総合政策部基地対策課が公表した、二〇〇七年一一月一日付の報道資料「再編関連特定防衛施設及び再編関連特定周辺市町村の指定の説明について」)。

(19) 「駐留軍等の再編の円滑な実施に関する特別措置法施行規則」第八条の六。

(20) 二〇〇七年八月三一日に那覇防衛施設局が行った説明会では、新たな米軍施設に関する使用協定が締結された場合、米軍の運用が制限された際には、「再編の目的が達成されないことになる」として交付金が減額されるという方針が示された(「琉球新報」二〇〇七年八月三一日付)。

(21) 防衛省『再編交付金の概要について』二〇〇七年八月。この資料は、〇七年八月三〇日に、岩国市が広島防衛施設局から米軍再編特措法省令の説明を受けた際に配付されたものである。
(22) 米軍再編特措法施行令第二条によると、住民に対する広報に関する事業、武力攻撃事態等における国民の保護のための措置に関する法律に規定する国民の保護のための措置に関する事業、防災に関する事業、住民の生活の安全の向上に関する事業、情報通信の高度化に関する事業、教育、スポーツ及び文化の振興に関する事業、福祉の増進及び医療の確保に関する事業、環境衛生の向上に関する事業、交通の発達及び改善に関する事業、公園及び緑地の整備に関する事業、環境の保全に関する事業、良好な景観の形成に関する事業、企業の育成及び発展並びにその経営の向上を図る事業、前各号に掲げるもののほか生活環境の整備に関する事業で防衛施設庁長官が定めて告示するもの、が対象となる。
(23) 道路の場合、通常の補助率は二分の一だが、再編関連振興特別地域に指定された沖縄の自治体は一〇分の九・五、沖縄以外の自治体では一〇分の五・五となる。
(24) この点については、米軍再編特措法を審議した衆議院安全保障委員会において平岡秀夫議員が指摘している(二〇〇七年三月二九日付議事録)。
(25) 岩国市における米軍再編に関しては、『週刊金曜日』編『岩国は負けない』金曜日、二〇〇八年、同『基地を持つ自治体の闘い』金曜日、二〇〇八年、参照。
(26) 地井昭夫「沖縄振興のもう一つの視点」『朝日新聞』一九九七年九月一七日付。
(27) 前掲『沖縄の米軍及び自衛隊基地(統計資料集)』二〇〇九年。
(28) 分収制度については、沖縄タイムス社編『一二七万人の実験』沖縄タイムス社、一九九七年、宜野座村『村政五〇周年記念誌』一九九六年、等を参照した。
(29) 名護市財政課『二〇〇七年度地方財政状況調査検収調書』。
(30) 沖縄タイムス社編『民意と決断』沖縄タイムス社、一九九八年、五一頁。
(31) 名護市における島田懇談会事業の総事業費約九〇億円のうち三割をしめる「ネオパーク国際種保全研究センター」という事業がある。ネオパークの前身となる施設は、一九八七年に県や市が出資し、第三セクターとしてオープンした。用地を借り受けて運営したが、経営に行き詰まり九二年に解散した。その運営資金として、金融機関から借地を抵当に入れた借入金が返済されないままだったため、別の第三セクターが引き継いで営業を再開したものの、土地は競売にかけられそうになった。そこで島田懇談会事業でこの土地を買い取る、つまり金融機関の不良債権を公的資金で救済することになってどうにか息を吹き返したのである。この経緯については、宮城康博『沖縄ラプソディ』御茶ノ水書房、二〇〇八年、を参照。島田懇談会事業の実績報告書として内閣府より『沖縄米軍基地所在市町村活性化特別事業に係る実績調査報告書』が二〇〇八年一一月に発表されている。また、同事業で予算総額の四分の一近い二〇〇億円余の配分を受けた嘉手納町の再開発事業の実態を解明したものに、渡辺豪『国策のまちおこし』凱風社、二〇〇九年、がある。

(32) 「沖縄タイムス」一九九九年一一月四日付。

(33) 以上は、渡辺豪『「アメとムチ」の構図』沖縄タイムス社、二〇〇八年、五四頁、を参照。

(34) 以下は、北部広域市町村圏事務組合『北部地域産業振興基本構想策定事業素案』二〇〇九年、による。

(35) 与那嶺明彦「変調沖縄経済二一　建設業の不振深刻」「琉球新報」二〇〇八年一一月一一日付。

(36) 以上は、沖縄県企画統計部『二〇〇六年度市町村民所得の概要』二〇〇九年、による。

(37) 松元剛「偏頭痛にさいなまされる市民」『世界』二〇〇六年四月号。

(38) 二〇〇九年八月一一日、仲井眞知事と北部広域市町村圏事務組合理事長の島袋名護市長は、防衛相と内閣府沖縄担当相に、北部振興事業を一〇年度以降も継続するように要請した(「琉球新報」二〇〇九年八月一二日付)。そして政権交代後、初めての沖縄関係予算の概算要求では、北部振興事業は「北部活性化特別振興事業費」と名称を変えて、三〇億円減の七〇億円を盛り込んだ。二〇一一年度で沖縄振興計画が終了するまでの暫定的な措置であるという(「琉球新報」二〇〇九年一〇月一七日付)。

(39) 年度末での指定であるため、〇七年度の交付分は〇八年度に二年度分まとめて交付されることとなった。〇八年度交付額は、一次内定額が九億七〇〇〇万円であるが、最終的な限度額は一三億九〇〇〇万円ほどが予定されているという(二〇〇八年九月一二日の名護市財政課での聞き取り調査による)。

(40) 「普天間代替交付金　名護・宜野座最大三〇〇億円」「琉球新報」二〇〇八年二月九日付。

(41) 『第七二回国会衆議院内閣委員会議録第二六号』一九七四年五月七日、における和田貞夫議員の発言。

第二部　鍵としての環境問題

第四章　環境問題から看た沖縄

桜井国俊

はじめに

沖縄県は、日本の国土面積のわずか〇・六％を占めるに過ぎない。しかしそれが広がる海域は広大であり、沖縄島周辺から、宮古、八重山、南北大東、尖閣諸島まで、四八の有人島を含む約一六〇の島々からなる亜熱帯島嶼県である。鹿児島県の奄美諸島を含めて琉球諸島と総称するが、その山と川と海には、島のおいたちに起因して、豊かな亜熱帯の自然が展開している。数多くの固有種が存在する生物多様性に富む島々である。

しかし、「東洋のガラパゴス」とまで呼ばれるほど豊かで貴重な自然が、いま急速に消えつつある。ノグチゲラやヤンバルクイナが暮らすやんばるの森には、全国平均の二倍の密度で林道建設が行われて彼らの棲み処が奪われ、また台風の度に赤土が流出してサンゴに壊滅的な影響を与えている。本土復帰以降、在日米軍基地の七五％を狭隘な県土に集中させる見返りとして本土政府から提供される高率補助で、道路・港湾・土地改良などの各種公共土木事業が大量に実施されてきた。それらは、亜熱帯の風土にそぐわない本土基準によるものであり、亜熱帯の脆い環境が取り返しのつかないまでに損壊した。このため、かつて沖縄島周辺に連なっていた豊かなサンゴ礁がいまではほとんど見られなくなった。石垣島と西表島の間に広がる日本最大のサンゴの海の石西礁湖も、二〇〇三年から二〇〇八年のわずか五年の間に三分の二が死滅したと報じられている（「朝日新聞」二〇〇八年九月一〇日）。こうした自然環境の損壊には、地球温暖化による海水温の上昇がもたらしたサンゴの白化など、その原因を地球社会全体に帰すべきものもあるが、直接的な原因は、軍事基地容認の見返りとして県下で集中豪雨的に実施されてきた公共土木事業である。

二〇〇九年は薩摩侵攻（一六〇九年）から四〇〇年、明治政府の琉球処分の終了（一八七九年）から一三〇年の節目の年に当たる。薩摩侵攻も琉球処分も、外部の強大な力によって沖縄の運命が捻じ曲げられたものとして琉球・沖縄史に深く刻まれた事件であるが、今また新たなる琉球処分が行われようとしている。二〇〇九年二月一七日に締結されたグアム移転協定がそれである。地元沖縄の人々に一言の相談もなく日米両政府によって締結されたこの協定は、沖縄を永久軍事基地化する恐れが極めて強いものであり、それと一体となったがまん料・沈黙料としての高率補助による公共土木事業が、手を変え品を変えて提供され続け、沖縄の山と川と海を破壊し続けることとなると危惧されるのである。アメ（高率補助）とムチ（基地受け入れ）の関係は、二〇〇七年五月の米軍再編特措法によっていわゆる出来高払い制となり、今まで以上に分かりやすい剝き出しのものとなった。このことから、環境ばかりか、沖縄の自治も誇りも押しつぶされようとしている。また沖縄の環境を守るためにこれまで一定程度機能していた環境影響評価法などの国内法が、法体系上より上位のものとされる外交取り決めによって、無視され蹴散らかされる恐れも出てきている。

どうしてこの時期に新たなる琉球処分なのか。本土復帰後の沖縄では、一方では平和憲法の支配する基地なき沖縄を目指して基地問題を争点化しようとする民衆の動きと、他方では日米安保体制のもとで必要とされる基地負担を沖縄に集約しようとする本土政府並びに沖縄でのその協力者達による基地問題を非争点化しようとする動きがあって、両者が拮抗してきた。三次三〇年にわたる沖縄振興開発計画と現在実施中の沖縄振興計画は、本土政府による非争点化のための経済的手法であり、環境破壊をもたらしつつ政治的には一定程度機能してきた。それは、一九九五年の米兵による少女暴行事件を契機に二期八年にわたる大田県政が争点化を進めたのに対し、その後の二期八年にわたる稲嶺県政と現在の仲井眞県政が非争点化を進めていることに端的に表れている。しかし、基地がもたらす人権侵害と環境破壊のゆえに、普天間飛行場代替施設としての辺野古基地建設や高江へリパッド建設などに反対する民衆の非暴力抵抗運動は終わることがなく、「県内移設反対」への県民の支持には広範なものがある。それが示されたのが、二〇〇八年六月の県議会選挙での野党の勝利であり、同年七月一八日の県議会での野党提案による「名護市辺野古沿岸域への新基地建設に反対する意見書案・決議案」の賛成多数での議決であった。国政においても政権交代の可能性が取り沙汰されるようになり、県内移設という日米両政府の描いたシナリオを脅かす状況が生まれてきたことがグアム移転協定締結の最大の契機であろう。

日米両政府の危惧は二〇〇九年八月三〇日の総選挙で的中した。「県外を模索、国外を目指す」とマニフェストに明記した民主党が地滑り的な勝利をおさめ、同党を主軸とする鳩山政権が誕生したのである。特に沖縄では、小選挙区、比例区のすべてにおいて辺野古移設反対の候補が当選するという形で、民意が明確に示された。しかし、戦後六四年にわたって沖縄に築いてきた既得権益に固執し民主党マニフェストに反発する米国からの圧力は極めて強く、鳩山政権の担当大臣の外相、防衛相、さらには首相の姿勢はぐらつきにぐらついている。その一方で沖縄では、従来、辺野古への移設を苦渋の選択として容認してきた首長・議会においても、ベストは県外と主張する声が日に日に高まっている。

いま沖縄の環境は危機的な状況にあるが、基地問題を引き続き非争点化し、沖縄を永久軍事基地化しようとする新たな動きの先には、沖縄の環境のみならず社会や文化の破局が待ち構えている。かつて琉球王朝時代に蔡温(さいおん)が行ったように、沖縄の生き方の根源的な変革が今こそ求められている。沖縄の自然環境とそこで作り上げられてきた生活と文化を守り、維持可能な沖縄社会を作り上げることが求められている。そうした認識に基づきこの章では、まず沖縄の本土復帰後の振興開発計画が沖縄の山と川と海に何をもたらしたかを概観し、ついで山についてはやんばるの森、海については沖縄島東海岸の泡瀬干潟と辺野古の海を取り上げ、そこで何が起こっているかを詳述する。しかる後に、開発による環境影響を未然に防止する手段としての環境影響評価(環境アセス)がいかに機能していないかを、泡瀬、新石垣、高江、辺野古の環境アセスの検討を通じて明らかにする。沖縄で進むアセスの形骸化は、いずれブーメランとなって、本土における開発事業の健全な事前評価にも負の影響をもたらす恐れがある。現況についてのそうした分析を踏まえて、最後に、維持可能な沖縄社会の実現に向けた変化の胎動について報告する。

一　沖縄振興開発計画と沖縄の環境

一九七二年の沖縄の祖国復帰に伴って沖縄開発庁がつくられて開発政策の主体となり、三次にわたって沖縄振興開発計画が進められた。その後沖縄開発庁は、二〇〇一年の中央省庁の再編に伴って、内閣府の一部局(沖縄総合事務局)となる。二〇〇二年には沖縄振興特別措置法が制定され、内閣府沖縄総合事務局の手で、二〇一二年までの一〇年間の沖縄振興計画が策定された。四次四〇年にわたって中央政府主導で進められた計画は、あと数年で終わりを迎えるが、およそ九兆円の国費が主として公共土木事業に注入されることとなり、その実施が沖縄の環境に及ぼした影響には極めて著しいものがある。宮本憲一は、第三次沖縄振興開発計画が終わろうとする二〇〇〇年に、沖縄振興開発計画の本質とそれが沖縄の自治や環境にもたらした影響を、八点にまとめているが、その第六点として次のように指摘している(1)。

「国庫補助負担金による公共事業は、全国画一的で地域の実情にあわない。本土と同じ基準で行うと、沖縄の風土に合わない。道路や農業基盤整備によって赤土が流出し、海を汚染しサンゴを死滅させたことは、その象徴的な例である。沖縄の自然に合わない公共事業が、環境破壊という社会的損失を生み出すこととなった」

宮本のこの指摘は、沖縄振興計画を含めた四次四〇年の総括としても当を得ている。それを裏付ける事例を一、二あげておく。

日本は亜寒帯の北海道から亜熱帯の沖縄まで南北に長く、その気候風土は大きく異なるにもかかわらず、霞が関の中央省庁によって設定された画一的な基準を満たすことが補助金支給の条件とされてきた。中央集権の弊害である。やんばるの森は亜熱帯の森であるが、高い気温のゆえに腐植化が早く、表土は本土の温帯の森の表土に比べ薄いという特徴がある。従って、皆伐して亜熱帯の強い日射と雨に曝すと、短時間のうちに乾燥化や表土の流出を招き、森の再生の障害となる。やんばるでは、全国平均の二倍という高密度で林道開発がなされ、皆伐が進められているが、沖縄の風土に合わない基準で林道開発がなされることから斜面崩壊が頻発し、赤土流出による海の汚染も著しい。やんばるには林業者が少ないことから、公共土木事業としての林道開発が自己目的化しているとの指摘もある。斜面崩壊は限りなく補修工事を生み、環境を犠牲にし、血税を浪費することで地域のフロー経済が回っていくという構造が生まれている。この点について関根孝道は、「山奥に林道をつくると、大規模であるほど災害が発生し、山が荒れる。山が荒れると、今度は、治山事業という別の公共事業ができる」と述べている。[2] しかしこの構造が維持不可能であることは、環境というストックがなくなれば、三K(基地、公共事業、観光)と言われる沖縄経済の三本柱の一つの観光が成り立たなくなることから明らかである。

全国一律の基準は、日本がいまだ貧しく、最低限の生活水準を全国のあらゆる地域で実現する政策の重要性がことのほか高かった時代には、それなりの合理性と存在意義があった。しかし、日本が高度工業化し、高齢社会化してくると、医療・福祉などに振り向けるべき予算が増大し、公共土木事業の費用対効果がより厳密に評価される必要性が高まってきた。こうした状況の変化を踏まえれば、全国一律の基準がもたらすムダについて厳しい目が向けられる必要がある。

沖縄の亜熱帯の気候は、都市下水や畜産排水などの有機性の汚水処理を行う上では有利な条件であり、高い水温のゆえに汚水処理で活躍する微生物の活動が活発であり、また水の粘性が低くなるため汚れ(有機物質)を食べて増えた微生物と浄化された水との沈殿分離がより円滑に進むという二重に恵まれた条件下にある。従って、寒冷の地でも排水基準を満たすように設定された全国一律の設計基準で建設すると、亜熱帯の沖縄では、必要以上に綺麗な処理水が得られるという結果になる。綺麗な処理水が得られることは、もし他の行政ニーズが全て満たされているならば望ましいことであるだろう。しかし、失業率が高く、日本で最も所得水準が低く、それでいて県民間の所得格差が大きいと言われる沖縄県では、満たされない行政ニーズが多々ある。そうした中で下水処理施設に過剰投資がなされている現状は、全国一律の基準がもたらすムダとして厳しく指摘される必要があろう。宮本憲一がかねてから主張していたように、もし復興資金が一括贈与され沖縄の自治に任せられていたならば、沖縄県や市町村の職員は知恵を絞り、沖縄の特質を生かして、このようなムダを避けることが出来ていたに違いない。二〇〇九年九月に歴史的な政権交代で発足した鳩山政権の原口総務相は、「二〇一一年度から補助金を地方が自由に使える一括交付金に変えていく。沖縄では試行的に二〇一〇年度から実施することも検討する」と発言している。この絶好の機に地方行政の発想を根本的に変えていくことが必要であり、行政及び市民の力量が問われる場面が訪れたと言えよう。

二　急速に失われるやんばるの森

「やんばるの森は、太古の昔から亜熱帯照葉樹林と無数の渓流が固有で多種多様な生物をはぐくみ、世界に類を見ない貴重な自然生態系を形成してきた。やんばるの森には単位面積当たり全国の平均種数の動物が約五一倍、植物が約四五倍生息しているといわれ、「東洋のガラパゴス」とも呼ばれ、世界自然遺産候補地の中核をなしている」(伊波義安「沖縄タイムス」二〇〇九年二月二七日論壇)。ノグチゲラやヤンバルクイナが生息するやんばるの森で今行われている林業は、山を丸裸にする皆伐方式の乱暴なものであり、イスノキ、イジュなどに樹種転換して将来みどりが回復したとしても、樹齢三〇―四〇年以上のイタジイに好んで巣穴をつくるノグチゲラにとっては、生態系破壊以外の何物でもない。また伐採されたイタジイなどの樹木は、極めて商業価値の低いチップとしてしか利用されていない。

そして今や極めて少数となった林業従事者(一九九五年における国頭村の林業就業者数は三〇名、一方建設業就業者数は四二九名）を支えるためと称して、全国平均の約二倍という高密度で林道開発が行われている。車道幅員四メートル以上、工事区間二キロメートル以上の林道建設には、県の環境アセスメント条例に基づく環境アセスが必要であるが、やんばるの林道はほとんどが二キロメートル以下で造られ、工期をずらしてつなげていくので、一工期期間で二キロメートル以下であれば全長が何キロであろうとアセスの対象としないというアセス逃れが横行している。このためやんばるの林道建設では、一度もアセスは実施されていない。こうした県のアセス逃れの林道建設を批判して、二〇〇七年五月三〇日には、国頭の林道建設事業への公金支出差し止めとすでに支払われた分の返還を求める住民監査請求が行われている。それを受けて同年七月一九日には、県監査委員による伊江原線（工事区間一・九九キロメートル）などの現地調査が行われた。

林道建設が自然環境保全上もたらす問題点について、関根孝道は次の四点を指摘する。(2)

「広域基幹林道（大国線と奥与那線）のような大規模林道は、野生生物の生息域を分断し、小さな島に孤立させて、絶滅を加速させる」

「大規模林道は、全面舗装され、両サイドには排水溝が設置される。一方、既存林道は、未舗装で幅員も狭かったから、樹冠が地表を覆い、生き物も自由に往来できた。いわば緑のトンネルであった。大規模林道は、とりわけ小動物にとって、致死的な構造である」

「南北に走る大規模林道が、東西に注ぐ渓流を分断枯渇させ、水棲生物の存続を危うくする」

「大規模林道には、マイカー族や採集マニアがおしよせ、飼いイヌやネコの捨て場とされ、マングースが北上するという問題もある。密猟や移入動物も種絶滅の要因である」

関根孝道は、いわゆる沖縄やんばる訴訟、すなわち広域基幹林道奥与那線事業に関する公金支出差止等をもとめた住民訴訟事件の原告代理人の一人である。第一審では、原告住民の請求をほぼ全面的に許容した判決が出されたが、二〇〇四年一〇月に出された控訴審判決は、一審判決を破棄し、その請求をすべて棄却した。この控訴審判決は、住民訴訟が適法に提起されても当該事業がすでに完成してしまった以上、たとえ事業が違法であって原状回復が問題となる場合であっても、住民訴訟による責任追及はできないとした。言い換えれば、住民訴訟による違法な公金支出の責任追及がなされても、事業を強行して完成させれば免責されうることになる。これは、後述する泡瀬干潟の埋立事業について住民が沖縄県と沖縄市に対して公金支出の差止請求を行ったのに対し、那覇地裁が二〇〇八年一一月一九日に「経済的に合理性なし」としてその請求を認めたにもかかわらず、二〇〇九年一月一五日に国が中城（なかぐすく）湾港新港地区の浚渫土砂による埋め立てを開始したことと二重写しとなり、控訴審の判決に影響するのではと危惧されていた。しかし、後述するように、二〇〇九年一〇月一五日の福岡地裁那覇支部控訴審判決は、一審那覇地裁判決を支持し、公金支出を認めなかった。関根は、「住民訴訟には時間を要することを考えると、この判決（筆者註：沖縄やんばる訴訟の控訴審判決）が投げかけた波紋は大きい。今後、公共事業の中止を求める住民訴訟が提起された場合、事業完成という逃げ道に救いをもとめて、事業の完成が急がれるかも知れない。これは違法な行為を奨励するものでしかない」と述べている。司法の行政追随が、環境破壊への抑止力を奪っている。

こうした中で、二〇〇八年六月の県議会選挙での野党勝利によって生じた県政における行政と議会のネジレ現象は、いま新しい事態を生み出している。二〇〇九年三月沖縄県議会において野党五会派は、「工事手法や皆伐方式は自然破壊そのもの」と指摘し、国頭村内での林道二路線を新たに建設する県予算約一億二八〇〇万円を削除する修正案の提出に合意したのである。このため、一方では国頭村長、東村長らの地元首長、国頭村森林組合、知事を先頭とする沖縄県、そして森林政策学を専門とする大学研究者などが県営林道の開設の重要性を訴え、他方では自然保護団体がここぞとばかりに林道建設の問題を指摘し、林業を根底から問い直し、自然を守る林業を振興することを訴えている。いま進められているのは、国庫補助率八〇％の県営林道建設、九〇％の村営林道建設、そして皆伐を進める補助率九五％の森林整備事業である。「一本一本の木の様子を見極めて切り出し（択伐）、職人と提携して製材し、商品化されれば、高価で取引されるはずの木、家の柱となり、家族が集うテーブルとなり、くつろぎの椅子となったはずの木が、皆伐で一律に切り出され、チップとして安価に売りに出されている現状は、果たして補助に見合うだけの産業を興してきたと言えるだろうか」(岡本由希子「琉球新報」二〇〇九年三月一五日論壇)。

その後、二〇〇九年七月には、国際自然保護連合(IUCN)の生態系管理委員会委員長がやんばるの森林伐採の現状を視察し、「皆伐は経済的にもナンセンスであり、このような開発をやめない限り自然遺産への道はない」と述べている。また、北部地域で県が進めている林道開設工事への公金支出差し止めなどを求めている沖縄命の森やんばる訴訟の九月一八日の口頭弁論では、県が、事業の費用対効果を算出する基礎資料を所有していないことが明らかになり、さらに一〇月の県議会では、費用対効果の計算の際に、県は、費用として計上すべき林道の維持管理費を除外して算出していることも判明し、林道建設事業への信頼は地に堕ちることとなったのである。

やんばるには、国頭村と東村の二村にまたがって七七九五ヘクタールの広大な地域を占める米軍の北部訓練場があり、ジャングル戦闘訓練が行われている。米軍が有する米国外で唯一のジャングル戦闘訓練場である。一九九六年のSACO最終合意により、この北部訓練場の北半分が返還されることとなり、返還地の利用が一躍脚光を浴びることとなった。なぜなら、やんばるは、世界自然遺産候補地とされる琉球諸島の中でも最も自然度の高い地域であるが、ここに巨大な米軍基地が存在し、自然保護のための日本の各種規制・制度が及ばないことが、世界自然遺産指定への大きな障害となっていた。訓練場の北半分の返還は、この障害を一部取り除くことになるからである。

環境省は、訓練場返還後、返還地を核とする優れた自然環境を有する地域を国立公園として適切に保護するとともに、地域活性化が図られるよう調整を図っていくこととし、二〇〇七年度に「やんばる地域の国立公園に関する検討会」を設置した。一方、林野庁でも、返還地の活用についての検討が加えられてきた。北部訓練場は国有林であることから、一九九六年のSACO合意最終報告で北部訓練場の過半の返還が合意されたことを受け、一九九七年に「沖縄北部国有林の取り扱いに関する検討委員会」が林野庁九州森林管理局の手で設置され、二〇〇九年三月三日に最終回の検討委員会が開催され、最終報告書が答申されている。

このように、SACO合意に基づく返還基地の活用についての議論が進む一方で、今後も残る南半分の訓練場については、新たな問題が浮上している。一つは、北部訓練場の他国軍使用の危険性が生じてきていることであり、あと一つは、返還される北半分からヘリパッドが高江地区周辺に移設され、すでに存在するヘリパッドと相まって地区住民に大きな犠牲を強いようとしていることである。

二〇〇八年五月二一日にドイツ、オランダ、イスラエルなどの軍連絡官が訓練計画の検討を前提に米軍北部訓練場を視察していたことが明らかになり、「日米地位協定や日米安保条約の枠組みを逸脱し、法的根拠がない」、「安保の根幹が揺らいでいる」、「基地の整理縮小の流れに逆行する」など危惧する声が次々と関係者から上がった。米軍の戦略に詳しい我部政明琉球大学教授は、「米軍と共同して行動できるようにするための事前の調整ではないか。相互運用性を高めようとしているのかも知れない。沖縄の基地を世界の米軍の行動に寄与する形にしようと考えている」と米軍側の意図を推測している(「琉球新報」二〇〇八年七月三日)。また、「日米地位協定改定を実現するNGO」事務局長の新垣勉弁護士は、「安保条約が極東条項をなくし、世界に展開できる条約に再定義された象徴のような出来事だ。わが国の安全のため結んでいる安保条約が米国に都合よく使われてしまっている点は批判されなければならない。安保の根幹が揺らいでいる」と指摘している(「琉球新報」二〇〇八年七月二日)。

次に東村高江の米軍ヘリパッド建設問題について見てみよう。日米両政府は一九九六年のSACO合意において、二〇〇二年度末までをめどに北部訓練場の過半を返還するものとする一方、その条件の一つとして、返還される地域のヘリコプター着陸帯を北部訓練場の残余の部分に移設することを決めた。このヘリコプター着陸帯の移設先が、現在国が工事を進めようとしている東村高江である。高江には既存のヘリパッドがあり、住民はこれまでもヘリコプターの騒音や墜落の危険にさらされてきたが、新たなヘリパッド建設は、住民に対しさらなる基地負担を押し付けるものである。また高江付近は、貴重なやんばるの自然が残る地域である。そこで国は、沖縄県のアセス条例に準じて自主アセスなるものを行ったが、これは後述するように環境アセスと呼べるような代物ではなかった。

高江地区自治会では、これまで二度にわたってヘリパッド建設反対を決議し、また住民有志は、沖縄防衛局への抗議行動や、さらに国が工事に着手した後は、現地において説明を求めたり、非暴力の座り込みを行うなど様々な活動を展開してきた。これに対し国は、二〇〇八年一一月二五日、高江住民らを相手方として、裁判所に対して「通行妨害禁止仮処分」の申立を行ったのである。今回の国の申立は、新たな基地負担に反対する住民らの活動を封じるために、国が積極的に司法を利用したおそらく初めてのケースであり、極めて問題が多いものと言わなければならない。この点について金高望弁護士は、「これまで国は、自衛隊や米軍基地の存在が裁判上問題になった際には、「政治問題に司法は積極的に口出しすべきではない」とのスタンスで臨んできたはずである。ところが今回、国は、司法を積極的に利用して住民運動を排除しようとしている。なりふり構わず反対運動を封じ込めようというものであり、住民に対する一種の恫喝である」と述べている(「沖縄タイムス」二〇〇九年三月一六日)。

三　消えゆくサンゴの海

沖縄の島々を飛行機から眺めると、沖合のほどよい距離に島を囲むように白い波が見える。そこは方言でヒシ(干瀬)と呼ばれる礁原であり、その内側はイノーと呼ばれる波静かな礁湖である。ヒシは台風銀座沖縄を自然の災厄から守る天然の防波堤であり、またイノーは、地域の人々が季節ごとの海藻を採ったり、貝やタコ、そして魚などの蛋白を補給したりした天然の貯蔵庫である。沖縄戦後の食糧難の時期に人々が命をつないだのは、サンゴ礁がつくるこのイノーの生き物たちによってであった。そして現在は、このサンゴの海の豊かさが、沖縄の基幹産業である観光業の魅力の源泉となっている。しかし、三次三〇年にわたる沖縄振興開発と現在進行中の沖縄振興計画が進める公共土木事業によって、沖縄のサンゴの海は急速に消えつつある。その変貌の様子は、吉嶺全二が、崩れゆくサンゴの写真で雄弁に示している。吉嶺によれば、「「本土並み」を掲げて祖国復帰してから、サンゴの海の中は劇的に変わってしまった。色鮮やかだったサンゴが次々に死に絶え、白骨化し、ほどなく黒灰色に変わりサンゴ礁は廃墟と化したのである。透明度の高かった海水も濁ってきた。それとともに、サンゴ礁の生きものたちの姿も激減した」のである。[3]

沖縄の海を破壊してきたのは、本土との「格差是正」のスローガンのもと、すさまじいまでの速度で実施されてきた埋立事業である。国土地理院の二〇〇〇年調査によると、同年の面積増加は沖縄県が全国一で、全国埋立面積の実に四分の一が沖縄県におけるものだった。この報道に接して環境保護に取り組む市民団体は、「面積増は埋め立てによるもので、失われた自然は戻らない」とコメントしている(「沖縄タイムス」二〇〇一年一月三〇日)。復帰後三五年間の沖縄県における埋立面積は、実に与那国島の面積を超える。埋め立て自体が自己目的化し、埋立地の多くが有効利用されずに放置されているのも沖縄の特色である。今さえよければ良いという刹那主義そのものであり、到底将来世代に説明可能なものではない。かくして沖縄では、自然のままの海岸線や湿地はいまや極めて希少なものとなった。そして今、沖縄島に残された貴重なサンゴの海が、新たな埋立事業により泡瀬と辺野古で消えようとしている。

泡瀬干潟は、日本の代表的なサンゴ礁干潟であり、ムツゴロウそっくりのトカゲハゼ(方言名トントンミー)など、絶滅危惧種も数多い。シギ、チドリなどの渡り鳥たちにとって、安心して休息でき十分なエサをとることが出来る重要な中継地となっている。レッドデータブックに記載されている絶滅危惧種のみで一七七種(環境省)、あるいは一八八種(沖縄県)が生息するという、生物多様性の面で日本一と言える貴重な干潟である。再生事業が進められている東京湾の三番瀬に生息する絶滅危惧種が一一種であることと比べれば、いかに泡瀬干潟が生物多様性に富む干潟か明らかである。このため、泡瀬干潟をラムサール条約に登録させようとの運動も地元住民の手で展開されており、二〇〇二年四月五日には、同条約の事務局長から、川口順子環境大臣(当時)宛てに貴重な泡瀬干潟を埋め立てせずに保全して欲しいとの文書が送られているほどである。

泡瀬では、この干潟を含む一八七ヘクタールを埋め立てて人工島をつくりホテルやビーチ、マリーナなどのリゾート施設を整備する大規模海浜開発事業がバブル期に計画されたが、国の支援が得られず進まなかった。当初国は、経済性に乏しいとして、この事業に否定的だったのである。ところが国は、隣接するうるま市の中城湾港新港地区の浚渫土砂の処分に困って態度を一変させ、泡瀬の埋立事業を浚渫土の捨て場として利用するため、推進の側に回ったのである。

二〇〇八年一一月一九日、埋立開発に反対する沖縄市民らが起こしていた沖縄市長と県知事に事業への公金支出の差し止めを求めた裁判の判決が、那覇地裁によって出された。判決は、「この事業は現時点で具体的な土地利用計画が定まっておらず、経済的合理性を欠き、公金の支出は地方自治法などに反し違法である。沖縄県と沖縄市は、判決が確定するまで一切公金を支出してはならない」と述べた。無駄な公共事業への警鐘と言うべきものであった。ところが国は、二〇〇九年一月一五日、中城湾港新港地区で航路の浚渫を行い、浚渫土砂の泡瀬への搬入を開始したのである。前述の沖縄やんばる訴訟の控訴審判決が、悪しき前例となっているのではと思われる。これに対し二〇〇九年一〇月一五日の福岡地裁那覇支部控訴審判決は、一審那覇地裁判決を支持し、公金支出を認めなかった。沖縄市と沖縄県は上告せず、この判決は確定した。しかし市と県は、経済的合理性ありと評価されるように事業計画を見直して埋立等免許の変更許可を求め、その上で事業を再開することを追求するとしている。

二〇一〇年一〇月には、名古屋で「生物多様性条約締約国会議」が開催されるが、開催国日本の環境省は、やんばるの林道開発や泡瀬干潟の埋め立てについて、一切ノーコメントである。これでは、生物多様性の保全に向けた国際世論に対して、議長国として説明責任を果たすことは不可能であろう。このように泡瀬干潟の埋め立ては、環境面から見て極めて問題の多い事業であるが、地方財政の観点から見ても重大な問題がある。この事業は、国、県、沖縄市が財政負担をして進めるものであるが、沖縄市は新たに三〇〇億円以上の負担を求められることになる。隣接する中城湾港新港地区でも土地が売れず空地が広がっている中、果たしてこの事業が沖縄市にとって将来重い負担とならないか、大いに疑問である。

先に述べたように、二〇〇八年六月の県議会議員選挙で与野党が逆転したことにより、沖縄県政は行政と議会との間でネジレが生じている。その結果、二〇〇九年三月議会において野党会派は、県の二〇〇九年度一般会計予算案から、国頭村の県営林道開設費関連予算と並んで泡瀬沖合埋立事業関連予算を削除する修正案の提出にこぎつけた。予算委員会では野党の賛成多数で可決されたが、三月二五日の最終本会議では、与党と野党の一部が反対し修正案は否決された。否決はされたものの、前例踏襲主義の公共事業の実施はもはや限界にきていることを知らしめる論戦が、議会で展開されることとなったのである。

次に、泡瀬から北東四〇キロメートルほどのところに位置する沖縄島東海岸の辺野古の海を見てみよう。辺野古沿岸域は、沖縄県の「自然環境の保全に関する指針」で、「評価ランクI」(厳正な保護を図る区域)に分類されている特別の保護の必要がある地域である。それは裏返せば、特別に価値がある地域であるということであり、二〇〇七年九月には辺野古地先の大浦湾北側でアオサンゴの大群落が発見されており、白保のアオサンゴ大群落に匹敵する貴重なものであることがわかった。また辺野古周辺海域を中心とする沖縄島東海岸は、ジュゴン生息の北限であり、二〇〇八年一〇月一四日にスペイン・バルセロナで開催された国際自然保護連合(IUCN)第四回世界自然保護会議において、「ジュゴン保護の推進勧告」が採択されている。普天間飛行場代替施設建設で絶滅する恐れもあることから、ジュゴンを原告の一員に加えたいわゆる沖縄ジュゴン訴訟が米国のサンフランシスコ連邦地裁で争われ、国家歴史保護法に基づき、原告勝訴の判決が二〇〇八年一月二四日に出ている。

これに対し、「ジュゴンよりも人間が大事」として反発する見方がある。代替施設受け入れで地元自治体に交付される再編交付金や、施設建設で地元土木業界に生ずると思われる経済的利益を重視する考え方である。しかし、これらの経済的利益は一時的なものであり、維持可能なものではない。むしろ、第一級の自然を保護し、将来世代に残すことこそが、彼らが健全に生きていく可能性を高めるのではないだろうか。こうしたことから辺野古は、基地を沖縄に置き続けようとする日米両政府の動き並びにそれに迎合して目先の利益を得ようとする動きと、平和・環境・自治を守ろうとする動きが、まさに対峙する場となっている。従来、沖縄では、平和運動と環境運動が十分な連携なしに個別に展開されることが少なくなかったが、辺野古においては、新たな軍事基地を作らせないという平和運動とジュゴンの棲む清ら（美ら）海を守ろうという環境運動が、融合して展開されていることが特筆に値する。

真喜志好一によれば、辺野古に基地を作ろうとする米軍の計画は、既に一九六〇年代にあった。(4) 海兵隊が辺野古の海を埋めて三〇〇〇メートルの飛行場を作り、海軍が大浦湾に軍港をつくるという米国海軍のマスタープランが、一九六六年一二月に作られていたのである。昔のプランが急浮上することとなったのは、一九九五年の少女暴行事件を契機としたSACO合意によってである。普天間基地を辺野古に移設して、日本国民の税金で普天間にはない軍港付きの最新鋭の基地に作り替えるものであり、米軍とすればまさに焼け太りの案であった。当初はヘリポートであるとか、一五年という期限付きの基地でその後は返還されて北部の開発に寄与するものとする案とか、あるいは軍民共用であるとか、過疎化に苦しむ沖縄島北部の弱みをつく話であった。それが、いつのまにか本格的な恒久基地建設案に変身し、辺野古沖リーフ案での建設が住民の非暴力の抵抗運動で行き詰まると、今度はキャンプ・シュワブへの提供水域なので立ち入りは出来ず反対運動がしにくいからという理由で辺野古沿岸案となり、そしてV字型案へと肥大化を遂げたのである。

辺野古沖リーフ案であればリーフの外の深い海を埋めなければならず、技術力の乏しい地元土建業者が出る幕はあまりないが、沿岸案であれば浅いイノーの埋め立てであり、地元業者の出番がある。そこで住民への騒音被害や危険を軽減するという大義名分のもとに、少し沖合に移動させて地元業者のうま味を増やそうというのが知事や名護市長の沖合移動案である。一方、国や米軍は、沖合に移動させると反対運動が展開しやすくなるとしてあくまでも沿岸案にこだわっている。そして本土マスコミは、あたかもこの違いこそが国と地元の意見のずれであると錯覚させる報道を行っている。それでは知事案に多少なりとも歩み寄れば、地元の意向が受け入れられたとの誤ったメッセージが国民に送られることになる。県民世論は、圧倒的に新たな基地建設を許さないというものであるにもかかわらず。

四　沖縄から始まる環境アセスメントの形骸化

前述したように本土復帰後の沖縄では、基地問題を争点化しようとする民衆の動きと、非争点化しようとする本土政府並びに沖縄でのその協力者達による動きがあって、両者が拮抗してきた。三次三〇年にわたる沖縄振興開発計画と現在実施中の沖縄振興計画は、本土政府による非争点化のための経済的手法であり、環境破壊をもたらしつつ政治的には一定程度機能してきた。そうした背景のもとに、基地問題を争点化しようとする動きの中で、環境を保全することを目的として、あるいは基地建設や基地受容の見返りとして実施される公共事業を阻止するための手段として重視されることとなったのが環境アセスメントである。一九九七年六月に法制定され、一九九九年六月から施行された環境影響評価法にもとづく環境アセスメントが、維持可能な沖縄を実現することを目的として、あるいは基地なき沖縄を実現する手段としてクローズアップされるようになったのである。

しかし日本政府が、日本の平和を日米安保という二国間の安全保障でしか構想しえず、在日米軍がその守備範囲を極東から不安定の弧へと限りなく拡大させようとするのに無原則に従う中で、こうした国策(外交や防衛)と環境とがぶつかりあう場面が、特に沖縄で集中的に発生することとなった。それは、軍事基地の新設と軍事基地容認の見返りとして実施される環境破壊型の大型公共土木工事とが沖縄に集中したからである。その結果、国や県などの事業者は、手を変え品を変えてアセス法で定められた手続きを無視し、環境アセスメントの理念の形骸化を図ってきた。その究極の姿が、沖縄の意思を問うことなく、日米両政府が二〇〇九年二月一七日に締結したグアム移転協定締結である。

環境影響評価法や公有水面埋立法(辺野古に新基地を建設するには、公有水面埋め立てについて知事の免許が必要である。すなわち、現行国内法では、知事が許可しなければ埋め立ては不可能となる)などの国内法は、上位法としての外交取決めによって拘束されるとの解釈が押しつけられることは、火を見るよりも明らかである。外務省の北米局長は、同年二月二八日の衆院予算委員会でグアム協定は国内法と競合しないと答弁しているが、にわかに信じがたい。二〇〇八年七月には、県議会で辺野古新基地建設反対決議が採択され、また二〇〇九年八月三〇日の総選挙を通じて国政でも政権交代が起き得ると予測される中で、日米両政府が結託して沖縄の永久軍事基地化を既定路線化しようとしたものと言えよう。

以下には、沖縄でいかにアセス手続きが無視され、理念の形骸化が進められてきたかを、泡瀬、新石垣、高江、辺野古の四つのアセス事例を通じて明らかにする。

(1)　泡瀬干潟埋立事業の環境アセス

泡瀬の干潟一八六・五ヘクタールを埋め立てる「中城湾港(泡瀬地区)公有水面埋立事業」(事業者は国の出先機関である沖縄総合事務局)のアセスは、環境影響評価法に基づくアセスではなく、いわゆる「閣議アセス」に基づくものである。アセス法では、事業者はアセスの開始にあたって、まず調査・予測・評価の手法を明らかにした方法書を作成公表し、地元自治体、地域住民、有識者等から提出される意見書を踏まえて手法をより妥当で手戻りの少ないものとし、その上で調査・予測・評価の作業に入ることとなっている。しかるに閣議アセスでは、この手続きがなく、調査・予測・評価の作業の結果が準備書という形で公表され、そこで初めて関係者の目に曝されることとなる。すでに多くの費用と時間が費やされた後であることから、準備書に対して出された意見書は時すでに遅しとして無視されることが多く、メリハリの利かない最終アセス文書の評価書となっていく。泡瀬のアセスはその典型であった。

泡瀬アセス準備書は、アセス法施行日よりわずか二カ月前に公告縦覧に供されたが、これはアセス法の適用を避ける駆け込みであった。経過措置として、準備書の公告縦覧が施行日以降であれば、アセス法に基づき方法書手続きに戻ることが義務付けられていたからである。その結果、泡瀬アセスは、方法書手続きが取られていたならば考えられなかったほどの欠陥アセスとなっている。泡瀬では、これまでも市民団体や研究者の調査でクビレミドロやトカゲハゼ、ウミヒルモなどの存在が知られていたが、それに加えて新種や日本新産種を含む様々の希少種の生息がアセス後に次々と確認されたのである。泡瀬アセスの杜撰さを示す以外の何物でもない。方法書手続きを通じて関係者の意見をていねいに聞いていれば、このような事態には至らなかったはずである。

加えて問題なのは、代償措置として提案された海草の移植に関する実験の杜撰さである。泡瀬では「クビレミドロの移植」などが提案され、移植実験が行われた。しかし準備書にはクビレミドロの生息についての記載がなく、準備書に対する知事意見でクビレミドロの生息・生育調査の必要性を指摘された。評価書(補正前)でも引き続き記載がなかった。そこで中城湾港港湾管理者の長である沖縄県知事は、「クビレミドロの確認調査を行い、専門家等の指導・助言を得て、その対処について、環境影響評価書に記載されたい」との意見を出すに至った。

そこで事業者は、クビレミドロについて、一九九九年一二月二二日に一回目の調査を行ったが、その際には確認することはできず、二〇〇〇年一月二〇日、二一日に二回目、二月二一日に三回目の調査を行い、埋立予定地内でようやくクビレミドロを確認したとされている。そして同年三月一日から縦覧に供された評価書(補正後)で、「クビレミドロの環境保全措置として移植試験を実施した結果、技術的にも移植することが可能であると判断される」との事業者の見解が示されるのである。しかし、「環境影響評価書(補正後)」では、「移植試験」とはどのような試験であって、当該試験においてどのようなデータが得られ、どのように「技術的にも移植することが可能である」との結論に至ったかの判断の過程は、全く示されていない。クビレミドロ確認から評価書(補正後)の縦覧まで、僅か三八日程度の期間しか存しない。そのようなわずかな期間に「移植試験」が行われ、その結果をもとに科学的な見地に基づく考察を行い、「移植試験を実施した結果、技術的にも移植することが可能である」との判断をすることができるのか、極めて疑わしい。

(2) 新石垣空港整備事業の環境アセス

次いで、新石垣空港整備事業(事業者は沖縄県)に係る環境アセスについて見てみよう。[5] ジェット機が離着陸できる空港の建設は八重山郡民の悲願であり、復帰当初は、現空港拡張案が最有力の案であった。ところが当該事業は、一九七二年の沖縄の本土復帰を境に可能となった沖縄振興開発計画による国庫補助率九割という高率補助の対象事業であることから、いかに最大限の国費を獲得できる事業に導いていくかという方向に徐々に変質していく。様々な経緯をへて沖縄県は、一九七九年に新石垣空港建設地を白保海浜先と決定するが、地元白保地区の反対や国際自然保護連合(IUCN)総会での二度(一九八八年コスタリカ・サンホセおよび一九九〇年オーストラリア・パース)の「白保サンゴ礁保全決議」などをはさみながら、一九八九年に白保海上案を断念するに至る。その後も様々な経緯を経て、一九九九年六月に新石垣空港建設位置選定委員会が設置され、仕切り直しがなされるが、この委員会は用地候補の代替案を四案に絞るに際して、復帰当初の有力代替案であり環境への負荷が最小となる可能性が高い現空港拡張案を外してしまったのである。これが、最終的に選定された用地が、自然環境への配慮をした結果決定された場所といえるのかを疑問視する自然保護団体や市民等の不信感を生む最大の原因であった。環境保全の観点からは最有力代替案となるはずの現空港拡張案を外す中で、二〇〇〇年四月に

上　調査船にしがみつき抗議活動を行う反対派メンバーら(沖縄タイムス社提供)
下　調査機器設置によるサンゴの損傷(棚原盛秀氏提供)

はカラ岳陸上案に決定し、沖縄県条例に基づく条例アセスの作業を開始する（新石垣空港は滑走路長が二〇〇〇メートルのため国のアセス法に基づくアセスが義務付けられた第一種事業ではなく、県のアセス条例の対象となる）。

こうして始まった新石垣アセスの問題点は、大きく四つある。第一は、二億円を超える大掛かりな事前調査が方法書手続きを経ずに実施されたこと、第二は、方法書に対して出された住民や有識者の意見が無視され、評価書の段階で主務大臣の国土交通大臣から同様の指摘を受けそこで初めて対応がなされたことにより、時間と経費の大幅な無駄が生じたこと、第三は、ＰＩ（パブリックインボルブメント）が極めて中途半端な形で形式的住民参加として実施され、開発行為を追認するために使われたこと、そして第四は、アセスメント図書の縦覧方法が、人々に見てもらおうという配慮が全く感じられないものだったという点である。これらの問題の多くは、同一の業者がアセス作業に携わったこともあってその後に続く辺野古アセスで拡大深刻化しており、悪しき前例となっている。

第一の大掛かりな事前調査が持つ問題は、事前調査それ自体が環境に取り返しのつかない大きなマイナス影響を与える恐れがあるという自覚が事業者になく、事業実施を早めるため、方法書手続きに先行してデータ収集を行おうとした点にある。後述の辺野古アセスでは、事前調査が二十数億円とさらに大掛かりとなり、ジュゴンやサンゴ礁調査のための機材を海上自衛隊の掃海母艦まで繰り出し、非暴力で反対活動を展開する市民を威圧しつつ夜間にダイバーが設置することまで行った。そのような無理な作業の当然の結果として、機器の設置でサンゴの損傷が生ずることともなったのである。

第二の点は、方法書に対する意見書を通じて、多くの人々が、事業によって生ずる赤土流出が白保サンゴ礁海域に及ぼす影響について調査・予測・評価するように求めたにもかかわらず、事業者の沖縄県は、降雨については地下にほとんど浸透できると予測し、浸透しない地域については機械式の除去装置で対応するので赤土流出は起きないとして、準備書、評価書では無視し、許認可を行う国土交通大臣の意見を受けて出しなおした補正評価書で初めてこの点についての検討を行ったのである。住民には、評価書にも補正評価書にも、ともに意見書提出の機会はない。方法書で出された意見を無視したことにより、膨大な経費と時間をかけて補正評価書が作られることとなったという無駄もさることながら、この事業に関心を有する人々の意見表明の機会が奪われたということは、手続法としてのアセス法の精神を踏みにじるものであった。二〇〇八年六月七日未明に八重山地方に集中的な降雨があり、新空港建設予定地にも相当量の雨が降った。この雨により、工事現場から場外に赤土まじりの濁水が溢れ出た。皮肉なことにこの日の降雨量は、当該環境アセスで想定していた一〇年確率降雨量よりも少なかった。にもかかわらず工事現場内の浸透ゾーンでの処理ができず、調整池、沈砂池などから溢れ出した水が周囲の民間の畑を池にしたのである。事業者は、想定外の雨であったと説明したが、降雨に対する予測・評価がいかに甘かったかが立証されたのである。

第三の点は、国土交通省が公共事業にＰＩを導入したことに伴い、極めて中途半端な形でＰＩが形式的住民参加として沖縄県の手で実施され、開発行為を追認するために使われたことである。ＰＩとは、事業の構想・計画段階から住民等が意見を表明できる場を設け、事業計画に反映させる手法であり、二〇〇三年に策定された「国土交通省所管の公共事業の構想段階における住民参加手続きガイドライン」は、「基本となる住民参加手続きは、複数案の作成、公表で、当該事業を行わないこととする案を含めることが適切な場合は、当該事業を行わないこととする案を含めることとする。住民等の意見を把握するための措置として、複数案についてホームページへの掲載等インターネットの利用、説明会・公聴会の開催、意見書の受付等により住民の意見や提案を十分に把握する」としている。また二〇〇三年四月に同省が示した「一般空港における新たな空港整備プロセスの在り方（案）」によれば、ＰＩには構想段階と施設計画段階の二段階が含まれるとされる。

事業者の沖縄県は、数多くの意見書が指摘したような杜撰な方法書の公告・縦覧を、通常の役所の業務から考えると異例とも言える暮れも押し詰まった二〇〇二年一二月二四日に行ったが、これにはＰＩが大きく影響したと考えられる。ＰＩが正式導入されれば、ＰＩの趣旨からいっても用地選定のプロセスをもう一度なぞることになる。事業者にとって現空港拡張案の再検討問題は絶対に触れたくない事項であり、そのために杜撰なまま方法書の提出を急いだものと思われる。

このように方法書提出を先行させた上で沖縄県は、国土交通省のPIを先取りする形で翌年二〇〇三年一月二一日に「新石垣空港整備事業基本計画(案)」を公表・縦覧し、新石垣空港整備事業基本計画協議会を設置し、疑似PIを開始する。しかしこの協議会において、沖縄県は、すでに用地選定は終了しており構想段階のPIは終わっているとして施設計画段階のPIに議論を限定し、構想段階に関連する質問・意見等は、すべて切り捨てていく。しかも、施設の基本計画についての議論がなされる以前に方法書が出されており、事業内容が固まらないままアセスの手続きに入っているという根本的な矛盾が生じている。先に見た「一般空港における新たな空港整備プロセスの在り方(案)」においても、構想段階・施設計画段階を経たあとに行うものとしてアセスの法手続きを位置付けている。こうした無理をしたことが、誘導灯や航空障害灯など空港にとって不可欠の施設が方法書では示されず、後に追加された時には、住民等には意見を述べる機会が与えられないという手続上の大きな問題を生じさせることとなったのである。

第四は、事業者の県がとったアセスメント図書の縦覧方法には、多くの人々に見てもらおうという配慮が全く感じられないという点である。これは、沖縄防衛局が事業者となって実施している辺野古アセスの場合には一段と酷いものとなっている。那覇防衛施設局(当時)でしか閲覧できない、コピーも認められない、情報公開請求の手続きを取ってようやく借り出し、市民団体が複製印刷し、それを市民が購入して意見書を提出するという、インターネットの時代におよそそぐわない縦覧方法が辺野古アセスではとられたのである。関係者で情報共有し、衆知を結集し、環境を保全しつつ開発を進めるという、アセス法の手続法としての精神を踏みにじるものと言える。新石垣アセスの場合にも、県庁の当該事業担当課の暗い廊下のテーブルに置かれたアセス図書を閲覧するのは、行きかう職員や不特定多数の来訪者の目に曝されながらのものであり、極めて苦痛を伴うものであった。

(3) 高江ヘリパッド建設事業の環境アセス

すでに述べたように、やんばるの豊かな森に囲まれた東村高江地区では、SACO合意に基づき返還される北部訓練場の北半分からヘリパッドが移設され、すでに存在するヘリパッドと相まって地区住民に大きな犠牲が強いられようとしている。アセスとは言えないアセスを免罪符として工事が強行され、事業者の国（沖縄防衛局）は非暴力で反対する住民に対し「通行妨害禁止仮処分」の申し立てを那覇地裁に対して行っている。新たな基地負担に反対する住民らの活動を封じるために、国が積極的に司法を利用したおそらく初めてのケースである。

この申し立ては、一五〇名そこそこの小さな集落に暮らす者すべてに向けられた国からのメッセージであり、国にたてつくと容赦しないという恫喝である。意見表明という人権の行使を封殺しようとするものであり、断じて容認できない。米軍基地は国の防衛には必要であるが、それがもたらす様々な問題ゆえに自分の所には置きたくないとして、本土から沖縄に押しやられ、沖縄の中では人口密集地の沖縄島中南部から辺野古などの北部に押しやられ、さらには北部でもわずかな住民しかいない高江へと犠牲がしわ寄せされる。そして押しつけた本土政府、本土マスコミ、そして多くの本土国民や沖縄島南部の居住者たちは無関心を決め込む。これは民主主義の退廃以外の何ものでもない。

さて、高江の環境アセスであるが、沖縄防衛局は、県アセス条例と照らし合わせるとアセスが必要とされない事業であるが、高江付近には貴重なやんばるの自然が残るとしていわゆる「自主アセス」なるものを行ったと言うが、これは詭弁である。県条例は、滑走路長三〇メートル以上（特別配慮地域では一五メートル以上）のヘリポートを建設する際には、アセスが必要としている。沖縄防衛局は、「ヘリポート」は誘導路やエプロン等の施設を含むもので、「ヘリパッド」（直径七〇メートル）は着陸帯だけであり、両者は異なると主張するのだが、説得力ある主張とは言い難い。それでも、「自主アセス」なるものがアセスの要件を満たして適切に実施されるならば問題はない。ところが、方法書にあたる「北部訓練場ヘリコプター着陸帯移設に係る継続環境調査検討書」（二〇〇二年六月、那覇防衛施設局）には、六カ所のヘリパッドの位置も大きさも、またそこで訓練を行うこととなるヘリコプターの機種も飛行経路も飛行時間帯も、何ら示されていないのである。

事業内容を全く示さない方法書は、方法書ではあり得ない。辺野古のアセスでもそうであるが、基地を建設するのは日本政府、使用するのは米軍という米軍基地の場合、基地をどう使用するかは米軍の運用であり日本政府は関知しないとして、方法書の欠陥を指摘する市民の声に対し木で鼻をくくったような答弁を日本政府は行う。そうであるならば、日本政府が米軍に提供する軍事基地の環境アセスは原理的にありえない。これには、あと一つ日本政府の事情がある。米軍とすれば、普天間や辺野古、高江には、次期主力機となる垂直離着陸機MV-オスプレイ22を配備するのは一九九六年以来の既定路線であり、同年一二月のSACO最終報告書草案にオスプレイ配備と明記したが、オスプレイが墜落を繰り返す悪名高い機種であることから、地元住民の反発を恐れた日本政府の反対でこの部分が削除されたのである。その意味で、これは日米両政府の密約であり、公然の秘密であった。辺野古のアセス手続きが進み、準備書に対する住民意見も出されて日本政府とも阿吽の呼吸で調整し時期を窺っていたのであろう。在沖海兵隊は、二〇〇九年八月一二日、時期は未定であるが沖縄でも古いヘリコプターをオスプレイに交代させる計画であることを認めたのである。

高江アセスのあと一つの問題は、この地区は福地ダム、新川ダムという沖縄島住民、特に中南部地区住民にとって大事な水ガメがあるという点である。その水源地域でジャングル戦闘訓練が行われ、ペイント弾という模擬弾が大量に使用され、余った模擬弾がダムに大量に廃棄されている。このため、那覇市長は、二〇〇七年三月二〇日付で米国ブッシュ大統領(当時)宛てに「飲料水が汚染される可能性が常態的に存在することは、私たちの身体、生命の安全が常に脅かされているということであり、到底受け入れられない」とし、「米国民の生活や米国内の自然環境に対する配慮と同じような思いを持って対処していただきたい」との文書を送っている。こうした問題や、昆虫や野草を食べることまで行うジャングルでのサバイバル訓練と貴重生物の保護との間で生ずる問題など、高江アセスが扱うべき事項が全く取り上げられていないアセスはアセスとは言い難いものである。

⑷　辺野古の普天間代替施設建設事業の環境アセス

少女暴行事件が発端となり、沖縄の負担の軽減という名目でなされたＳＡＣＯ合意に基づき辺野古に作られようとしている基地は、「普天間飛行場代替施設」と呼ばれる。しかしこれを代替施設と呼ぶのは適切ではない。人口稠密な都市に包囲され使い勝手が悪い旧式の普天間飛行場を返還し、かわりに人口密度の低い地域に日本国民の血税で普天間にはない軍港付きの最新鋭の施設を作ってもらうというものであり、米軍から見れば、これはまさに焼け太りだからである。

辺野古基地建設の事業者は国（防衛省沖縄防衛局）であるが、彼らが現在実施中の環境アセスには、数々の問題がある。先に指摘したように、アセスメント図書縦覧方法は極めて閉鎖的であり、建設された基地の運用は米軍が行い日本政府は関知していないとの弁解のもと、方法書に記載された事業内容は実質的にはゼロに近く、方法書の洗礼なしに二十数億円ともいわれる巨費を投じて大がかりな事前調査を行いサンゴを傷つけるなど、数えだせばその欠陥にはきりがない。また二〇〇七年八月一四日に出された方法書は杜撰極まりないもので、事業内容の説明にわずか七ページしか割り当てられていなかった。使用される軍用機の機種についても、「米軍回転翼機および短距離で離発着できる航空機」とわずか一行の記述しかなかった。そこで県環境影響評価審査会は、事業内容がもっと固まってからやり直すべきだとの厳しい指摘をおこなった。それもあって事業者は、二〇〇八年一月一一日に一五〇ページもの追加資料を出すなど事業内容の情報を小出しにする。このため、アセス法第二八条に基づき、方法書にもどって手続きを一からやり直すべきだとの議論が審査会で強くなる。この事態に危機感を覚えた県は、スタートに戻っての「やり直し」ではなく、「書き直し」で収めていく。この経過には、審査会にアセス法の専門家がおらず、アセス法の解釈を専ら県環境政策課が牛耳っていたということに一つの原因がある。

知事は、審査会の答申を踏まえて、二〇〇七年一二月（県アセス条例に基づく滑走路部分）と二〇〇八年一月（アセス法にもとづく埋立部分）の二回に分けて知事意見を事業者に提出する。そして事業者は、この知事意見を丸呑みにして、二〇〇八年二月五日と三月一四日の二回にわたって「書き直し」方法書を提出する。すなわち、方法書は、二度にわたって追加・修正が行われたのである。しかし、住民たちが意見書を提出できたのは当初の方法書に対してのみであり、その後の二つの「書き直し」に対しては、アセス法が保障する質問し注文する権利が奪われたのである。三月の「書き直し」方法書は、本当に実施し得るのか問い質さずにはいられないほどの無責任さで県知事意見を丸呑みにしたものであるが、問い質す機会はついぞ与えられなかった。審査会の意見を丸呑みして、例えば「ジュゴン個体群維持への影響を予測・評価する」としているが、ジュゴンについてはわからないことだらけであり、事業者が予定している単年の調査では、基地を作らなければ彼らがどうなり、作ったらどうなるかを予測・評価することが出来るとは到底思えないのである。案の定、〇九年四月に出された準備書は、現存するジュゴン個体への影響の議論に終始し、「ジュゴン個体群維持への影響を予測・評価する」ものには全くなっていなかった。

この他にも、埋め立てのための土砂をどこから持ってくるか、それがもたらす環境影響はどうかという問題がある。当初沖縄防衛局は、沖縄近海で採取された一七〇〇万立方メートルの海砂を民間業者から購入するとしていた。これは、沖縄県での二〇〇六年度の海砂採取量の一二・四年分に相当するという膨大な量であり、沖縄の沿岸・海浜環境に及ぼす影響には、計り知れないものがあると考えられる。沖合いの海砂採取で砂浜がやせ細るのを、沖縄の人々は経験的に知っているからである。ところが沖縄防衛局は、民間業者が合法的に採取した海砂を購入するのだから問題はないし、アセスの対象とする必要はないとしたのである。その後、湧き上がる懸念の声に押されて、県外からも購入するとの軌道修正がなされたが、大きな不安材料として残っている。

さらに問題なのは、二〇〇六年五月の日米両政府による在日米軍再編ロードマップの合意により、二〇一四年供用開始というゴールがあらかじめ設定され、アセス手続きが無理やりそれに従わせられていることである。自然現象には揺らぎがあり、ジュゴンなどの生態の把握なども必要なことから、この事業に関心ある市民、有識者、そして県知事も複数年の調査を要求していた。しかし、まず二〇一四年というゴールありきと考えている沖縄防衛局は、複数年調査を実施するともしないとも明言せずに調査を開始したのである。そして二〇〇八年三月の「書き直し」方法書提出と調査開始から一年が経過した二〇〇九年三月一四日、調査終了を宣言したのである。しかし、皮肉なことにこの一年は、台風がまったくなかった一年であった。沖縄防衛局自らが必要と認めた台風時の調査が欠落した準備書が、二〇〇九年四月に出されたのである。

このように辺野古アセスは、在日米軍再編のロードマップに示された二〇一四年供用開始という期限ありきの「アワセメント」として強引に進められ、アセス法の精神が徹底的に踏みにじられてきた。このことに危機感を覚えた県内外の市民ら三四四名は、二〇〇九年八月一九日、アセス手続きのやり直しを求める行政訴訟を那覇地裁に起こした。アセス手続きが進行中にアセスの違法性を争う裁判はこれが初めてのケースである。

以上の四つの事例に見たように、本土復帰後の沖縄は、米軍基地が集約され、その見返りとして公共土木事業が集中的に展開される構造にあり、環境への深刻な影響が予測されたことから、時には免罪符として利用されるという側面を持ちつつ環境アセスが実施されてきた。アセスのラッシュ状態が生じていたのである。そして、県内の多くのアセスが、限られたアセス専門会社の手で実施されたことから、負の連鎖が生じ、アセス法の精神に反するような手法が拡大し蔓延してきたのである。日本社会の維持可能な発展を実現する上で欠かせない仕組みの一つであるアセス制度に、沖縄で大きな穴が開き、その欠陥が日本社会全体にブーメランとなって帰っていこうとしている。沖縄への無関心は、日本社会を大きく蝕むことになろう。

おわりに――未来に向けた動き

本土復帰後の沖縄では、一方では平和憲法のもとで基地なき沖縄を目指して基地問題を争点化しようとする民衆の動きと、他方では日米安保体制のもとで必要とされる基地負担を沖縄に集約しようとする本土政府並びに沖縄でのその協力者達による基地問題を非争点化しようとする動きがあって、両者が相拮抗してきた。やがて四〇年になろうとしているその間に、特に冷戦終結後、日米安全保障条約が変質し、在日米軍が従来の極東を対象としたものから、不安定の弧と呼ばれる極東から中東までの広大な領域において対テロ戦争などの非対称の戦争をも対象に新たな展開を目指すようになった。それに自衛隊が指揮系統まで含めて限りなく一体化をすすめる日米両軍の再編が、沖縄の基地負担の軽減という大義名分の下に進んできた。しかしそれは、沖縄の基地負担を一層強化し、恒久化するものとなることから、二〇〇四年八月の普天間基地所属海兵隊ヘリコプターの沖縄国際大学への墜落や、二〇〇七年九月の集団自決「軍命」削除の教科書検定などの際に、民衆の怒りのマグマが爆発することとなる。そうした怒りを鎮静化するために、二〇〇七年五月に制定されたのが二〇一七年までの時限立法の米軍再編特措法であるが、これは第三章で詳しく紹介しているように剝き出しのアメとムチの政策である。軍事基地とその見返りとしての公共土木事業とによって、すでに危機的な状況にある沖縄の山と川と海が、取り返しがつかない所にまで破壊されようとしているのである。

しかし、そうした中にあっても、沖縄の自然環境と社会・文化を守る、維持可能な沖縄の実現を目指す取り組みが、多くの人々によって地道に展開されている。最後に、そうした取り組みを一、二紹介して、この小論を終わりにしたい。

沖縄では、基地、公共事業とならんで観光が、三Kと呼ばれる地域経済を支える産業の三本柱の重要な柱の一つとなっている。九・一一後の落ち込み等を経験しつつも、入域観光客数は年々右肩上がりで増加し、二〇〇八年には六〇〇万人が目前にまで迫った。こうしたことから県は、観光客数一〇〇〇万人を目標として標榜している。しかしこうしたマスツーリズムの発想は、貴重な沖縄の自然資源を浪費するものであり、例えば既に限界にきている水資源が逼迫することは火を見るよりも明らかである。しかもこうしたマスツーリズムは、沖縄の自然・歴史・文化などの観光資源が消費されるだけでなく、利益のほとんどが本土観光資本に吸い取られ、地域内に生まれる雇用は周縁的なものにとどまり、維持可能な沖縄の実現につながるものではない。

こうしたことから、沖縄の農の再生、海の再生と観光を結び付けるグリーンツーリズム、ブルーツーリズムの取り組みが、沖縄島北部地域の東村、南部地域の南城市(旧玉城村(たまぐすくそん))、離島の伊江島、座間味島、西表島などで始まっている。沖縄は、本土以上に食糧自給率が低く、夏野菜などは、ほぼ全面的に本土からの移入に頼っている。米国統治時代の影響もあってファーストフード店密度は全国一であり、鉄軌道を欠くクルマ社会であることから、かつての長寿県沖縄のイメージは急速に崩れ、いまや全国一の肥満県となっている。こうした背景のもとに進められている多品種栽培を基調とする近郊型無農薬有機農業による農の再生は、地元産の夏野菜の開発などを通じて一次産業の振興となるだけでなく、地産地消を通じて県民の健康増進につながる。長寿食のイメージのある沖縄郷土料理に欠かせない沖縄伝統野菜の育成を観光業との連携のもとに進め、域内経済連関を高めていく取り組みが始まっている。

また沖縄には高校のない離島が少なくないが、そうした離島や僻地を中心に、子弟の高校進学後に空いた子供部屋を活用して修学旅行生を民泊で受け入れ、農業体験・漁業体験の機会を提供する試みが着実に拡大している。これは農家所得の増加のみならず、高齢化した地域に若者を迎えることで地域の活性化にもつながっている。県内各地のエコツーリズムにかかわっている民間業者、団体、行政などをつなぐ沖縄県エコツーリズム推進協議会などの組織も生まれ、環境保全型の観光の推進に向け、県内での横のネットワーク作りも着実に進みつつある。

農の再生という観点からは、宮古総合実業高校の取り組みが注目に値する。宮古島は島のなりたちから河川がなく、都市用水・農業用水はもっぱら地下水に依存している。しかし、地下帯水層の真上で都市活動や農業・畜産業が展開されているため、特に硝酸性窒素による地下水の汚染が深刻で、飲料水基準、環境基準の一〇ｐｐｍを超える事態も発生するほどである。そこで、農業を学ぶ高校生たちが、島の大切な水資源である地下水を守るという観点から、サトウキビ栽培や畜産などの進め方に様々な工夫を積み重ね、地域の農業・畜産業のあり方に大きな影響を与えている。維持可能な沖縄づくりを、島ごとの地域特性を踏まえつつ展開している好事例といえる。

こうした足元での小さな取り組みを無数に展開しつないでいくことが、沖縄の自然環境の再生と保全につながり、維持可能な沖縄を実現していくこととなるのではなかろうか。

（1） 宮本憲一・佐々木雅幸編『沖縄 21世紀への挑戦』岩波書店、二〇〇〇年。

（2） やんばるの林道建設をめぐる環境訴訟については、関根孝道『南の島の自然破壊と現代環境訴訟』関西学院大学出版会、二〇〇七年、を参考にした。

（3） 復帰後、急速に進む「開発」によって沖縄のサンゴの海が急速に破壊される様子は、写真家の故吉嶺全二の『沖縄 海は泣いている――「赤土汚染」とサンゴの海』高文研、一九九一年、が写真を通じて明らかにしている。また、沖縄県教育文化資料センター・環境・公害研究委員会編『環境読本(新編)消えゆく沖縄の山・川・海』沖縄時事出版、二〇〇三年、における吉嶺の記述も参考になる。

（4） 辺野古海上基地が、ベトナム戦争当時の一九六六年に米軍によって構想されていたことについては、真喜志好一「辺野古の海上基地は古い計画の夢と終わらせよう」高文研編『沖縄は基地を拒絶する』高文研、二〇〇五年、に詳しく紹介されている。

（5） 新石垣空港整備事業の環境アセスの問題点については、沖縄大学研究生の鷲尾真由美の報告「新石垣空港整備事業における環境影響評価手続の実態と今後のあるべきアセスメント手続き」(二〇〇九年二月二日)が詳細な検討を行っている。

第五章　米軍基地跡地利用の阻害要因

林　公則

はじめに

「米軍基地があることによって沖縄の発展が歪められてきた」、「自らの土地を早期に返還して欲しい」という意識は、特に米軍占領下の沖縄の人々がもっていた強い意識だったはずである。このことは一九五〇年代の「島ぐるみの土地闘争」における要求からも明らかであるし、復帰後に沖縄県がまとめた冊子『軍用地転用の現状と課題』(一九七七年)からもうかがえる。冊子の中で県は「軍用地が本県の社会経済に及ぼしている影響や障害は極めて大きく、これらの除去なくして本県の振興開発と県民生活の向上はありえないのが本県の実情である」と述べるなど、米軍基地の早期返還を求めていた。そして返還に備えて県は、跡地利用の促進や返還後の補償に適切に対処するための法律を日本政府に求め続けてきた。ところが、軍転特措法が施行されたのはようやく一九九五年六月のことだった。このように、米軍基地返還後の跡地利用の制度が整えられてきたのは最近十数年のことにすぎない(1)。

沖縄において跡地利用に関する措置が具体化していくのは、一九九六年一二月のＳＡＣＯ最終報告の中で大規模基地である普天間飛行場の条件付き返還が合意されて以降のことである。さらに基地返還に関するもう一つの重大な出来事が在日米軍再編である。その合意内容の一つに嘉手納飛行場以南の相当規模の土地返還がある。米軍基地の返還は長い間沖縄県民の望みであったが、現在においては再編を進めたいという米軍の意図にも合致したものとなっている。普天間飛行場の場合にみられるように移設条件付き返還合意が沖縄では多いために返還が新たな基地強化につながる可能性もあるが、米軍基地の返還と跡地利用とが今後の沖縄で重大な課題となっていくことは間違いないだろう。

ところで、普天間飛行場をはじめとする本島中南部所在基地の場合、表5-1に示されているように、民有地の割合が約七七%もしめている。この膨大な民有地の地権者の同意を得て、米軍基地返還地の跡地利用を円滑にすすめるには、様々な課題を解決していかなければならないと予想される。軍転特措法などの現行制度が、諸課題を解決する上で果たしてどれほど有効に機能しているのであろうか。結論を先取りするならば、制定後の日が浅い現行制度では、制度上・運用上不十分な点が多々あり、跡地利用を円滑に進める上での阻害要因を解消しきれていない。

表5-1　所有形態別在沖米軍基地面積

(単位：ha)

	国有地	県有地	市町村有地	民有地	総計
北部地区	7573.4	806.3	5704.0	2266.5	16350.2
中部地区	423.8	9.0	1077.2	5149.4	6659.4
南部地区	21.0	3.5	30.4	145.0	200.0
宮古・八重山地区	4.1	—	—	87.4	91.5
合計	8022.5	818.9	6811.7	7648.4	23301.5

(注)　2006年度末現在.
(出所)　沖縄県知事公室基地対策課『沖縄の米軍基地』2008年.

そこで本稿では、SACO及び在日米軍再編の最大の課題である宜野湾市の普天間飛行場の跡地利用を主として念頭に置きながら、今後避けられない跡地利用という課題に対して、その阻害要因を明らかにし、それらを解消していくための基本的な考え方を提示することとしたい。そのために以下では、筆者が跡地利用を阻害しているとみなす四つの要因——①土壌・水質汚染、②軍用地料、③行財政上の特別措置の欠如、④跡地利用の推進主体の不在——について、それぞれ詳述していくこととする。

一　土壌・水質汚染

二〇〇九年三月五日、普天間飛行場で燃料漏出事故が生じたとの連絡が沖縄防衛局環境対策室から宜野湾市に入った。基地内で生じた燃料漏出事故が宜野湾市に通知されたのは、初めてのことだった。三月三日、燃料貯蔵所からホットピットタンクへの燃料補給時に約二〇〇ガロン（約七五〇リットル）のジェット燃料が漏れ、その内の約一〇〇ガロンが土壌を汚染したという。米軍側の説明では、三月一八日までに約八〇立方メートルの汚染土壌が掘削除去されたため、地下水などの環境中への放出はないだろうとのことである。[2] この事故を通して、市への通知が事故発生の二日後であったこと、汚染現場への立入に際して撮影や土壌サンプル採取が禁じられたこと、汚染除去の実施を日本側が確認する術がないことなどの問題点が浮き彫りになった。

沖縄の米軍基地でジェット燃料をはじめとする有害物質が使用されていることは復帰前からよく知られていた。一九六七年五月には嘉手納飛行場外へ大量のジェット燃料および洗剤が流出する事故が生じ、「燃える井戸」が重大な問題として取り上げられた。以降、同種の基地外油流出事故は、嘉手納飛行場では一九九四年三月までに二〇件にのぼっている。[3] 日米地位協定第三条で米軍に基地内の「排他的使用権」が事実上認められているため、日本側は基地外に流出した場合にしか、汚染を把握できなかった。そのため、米軍基地の汚染問題といえば、水質汚染を指すことが多かった。

沖縄の米軍基地における土壌汚染が注目されるようになったのはここ十数年のことである。その理由の一つとして、一九九六年三月に米軍恩納通信所跡地からＰＣＢなどの有害物質が検出されて以降、米軍基地返還地から次々と土壌汚染が発見されていることがあげられる。沖縄防衛局によって二〇〇九年四月に提供された資料によれば、これまでに五件の土壌汚染が発見され、約八億七七〇〇万円の返還跡地土壌汚染などの除去費用が日本政府によって負担されている（表５-２）。日米地位協定第四条で米軍の原状回復義務が免除されると判断されているため返還地の汚染除去費用を全額日本政府が負担することになっているが、この点は大きな問題である。[4] 土壌汚染が注目されるようになったもう一つの理由として、ＳＡＣＯ合意を契機としてこれまでになかった大規模な基地の返還が現実味を帯び、跡地利

表 5-2　返還跡地における土壌汚染に係る除去費用

施設名	返還年月日	除去費(千円)	汚染物質と除去状況
キャンプ瑞慶覧メイ・モスカラー地区	1981.12.31	84,000	2002 年 1 月にドラム缶に入ったタール状物質発見．県内処理場で除去．
恩納通信所[1]	1995.11.30	—	PCB，カドミウム等．県外で除去予定．
キャンプ桑江北側地区[2]	2003. 3.31	477,000	砒素，六価クロム等．県内処理場は逼迫しているため，県外処理場で除去．
瀬名波通信施設	2006. 9.30	12,000	鉛，油分．鉛は県内処理場で除去．油分は現場で攪拌除去．
読谷補助飛行場	2006.12.31	304,000	鉛，フッ素，油分．県外処理場で除去．油分は現場で攪拌除去．

（注 1）　発見された PCB 汚泥は約 304 トンにのぼり，2007 年 12 月現在，航空自衛隊恩納分屯地内にそのほとんどが保管されている．北九州市の事業所に除去を委託することが決まっているが，実際に除去が開始されていないため除去費がいくらになるかは現状では不明である．
（注 2）　2006 年度末までに要した費用．汚染除去は 2008 年度末現在，2 カ所で続けられている．
（出所）　沖縄防衛局提供資料．

用に対する関心が高まったことがあげられる。(5) 二〇〇六年五月の在日米軍再編最終報告によって嘉手納基地以南の相当規模の土地返還が合意されたことから、土壌汚染の問題は今後さらに注目を浴びることになるだろう。

米軍基地への立入調査がきわめて制限されているため、返還前に土壌汚染の状況を知ることは困難である。SACO合意で返還が決められている普天間飛行場では、一九七二年から二〇〇〇年まで汚水流出事故三件が宜野湾市によって把握されていただけであり、基地汚染の状況はまさにベールに包まれていた。(6) その汚染状況の一端が米情報自由法を通じて公開された資料によって明らかにされたが、(7) 基地内の汚染状況が包括的に把握されたとは到底言えない。

一般的に言って、普天間飛行場内に存在する消火訓練場、燃料貯蔵タンク、燃料補給場、洗機場、有害廃棄物貯蔵施設は、揮発性有機化合物、殺虫剤、重金属、ジェット燃料といった有害物質で汚染されていることが疑われる。また基地内の建築物で使用されているアスベストも問題である。汚染区域はそれらの施設だけに留まらず全域に散在していることがあり、地下水を汚染している場合もしばしばある。深土や地下水の汚染除去には莫大な費用や時間を要することが知られており、現在のように最高の水準で日本政府が汚染を除去しようとすれば、一〇年以上の時間を要することもありうる。

普天間飛行場の汚染がどの程度深刻なのかを知ることはきわめて困難となっている。しかし、嘉手納飛行場と同様に普天間飛行場も頻繁に使用されてきたことから考えて、普天間飛行場も深刻に汚染されていると考えておいたほうがよいだろう。九〇年代に入って米軍も以前に比べて環境に配慮するようになったが、それ以前の汚染は放置されたままとみられる[8]。また、沖縄県内の処理場が逼迫しているため、普天間飛行場のような大規模基地で大量の汚染土が発生した場合、その汚染除去をどこでどのように実施するか前もって検討しておく必要があろう。このように、深刻な汚染は、早期の跡地利用を妨げる最大の要因になる可能性がある。

米軍基地における土壌・地下水汚染は、日本側の自治権が最も剝奪されている問題である。跡地利用を早急に進めるためには、日米地位協定を改定するなどして、少なくとも基地返還前に日本側が汚染状況を把握できる体制を確立する必要がある。

二　軍用地料

沖縄独特の問題であり、跡地利用促進にとって足かせになってしまっているのが軍用地料である。まず沖縄における軍用地料の問題を歴史的に簡単に振り返る[9]。

よく知られているように、沖縄戦以後に民有地は米軍によって強制的に接収され、基地として使用されることとなった。しかも一九五二年のサンフランシスコ講和条約発効まで軍用地料の支払いはなく、基地内の地権者は生活の糧を奪われたまま耐えて生きていくしかなかった。一九五二年一一月に米国が出した布令「契約権」は、契約期間が二〇年と長期なことと軍用地料の水準があまりに低いこととから、地権者に拒否された。これに対し米軍は契約に応じなければ土地を強制収用し、新たに接収する土地については武力に訴えても取得するとし、「銃剣とブルドーザー」による接収が強行されることとなった。米軍の横暴なやり方に対し「島ぐるみの土地闘争」が起き、その結果、軍用地料が大幅に引き上げられることとなった。

軍用地料が跡地利用促進にとって足かせとなっていくのは、復帰後に日本政府が米軍基地維持のために意図的に軍用地料を引き上げたためである。復帰にあたって沖縄が日本の法体系に入ることで、これまでのように地権者の了解を得ることなく強制的に土地を利用し続けることが米軍はできなくなった。そこで、契約に応じない地権者を説得するための有力な手段として軍用地料が日本政府によって利用され、復帰時に約六倍にも引き上げられた。しかも、その後も軍用地料は一貫して上昇し続け、二〇〇五年度で七七五億円もの軍用地料が沖縄へ支払われている。これは同年度の沖縄の農林水産業純生産額を二〇〇億円も上回る額となっている[10]。

一九九八年の軍用地地権者へのアンケート調査結果を見ると、軍用地料が地権者の生活にとって不可欠なものとなっている実態がわかる[11]。調査結果によると、約七六％の地権者が軍用地料を生活費に充てており、ほぼ同じ割合の地権者が軍用地料がなくなった場合の生活に不安を抱いている。一方で、三〇から五〇代の働き盛りの中に約二〇％の無職者がいることから、地権者によっては働かなくても多額の軍用地料によって生活が成り立つ者もいることがわかる。軍用地料が政策的に引き上げられてきたことによって、地権者たちは、部分的にせよ全面的にせよ軍用地料に依存した生活を送ることとなってしまっている。そのため、地権者の中には返還に反対する者もいる。

米軍に土地を強制的に接収され低額の軍用地料で苦しみ土地返還を求めてきた地権者が、返還後に高騰した軍用地料に頼るようになり、生活のために土地返還に反対するようになってきたのである。しかしここで留意しなければならないのは、米軍が基地を返還するかどうかは地権者の都合によって決められるわけではなく、あくまで米国の軍事戦略次第だということである。このことは返還に地権者が強力に反対していた瀬名波通信施設が二〇〇六年九月末に一方的に返還されたことからも明らかである。このように不安定な軍用地料に生活を依存するよりも、跡地利用によって自立した生活を成り立つようにすることが望ましいのはいうまでもない。そのためには、軍用地料依存から抜け出すためのクッションとなる政策が必要である。その一つが、返還地で収入が得られるようになるまでの補填措置としての給付金制度である。

軍用地料は土地が米軍によって返還されてしまえば打ち切られる。しかし、返還日の直前に米側から通知があった場合や跡地利用計画に関する合意形成などに時間を要する場合などには、返還翌日以降すぐに地権者が返還地から使用収益をあげることは不可能である。このため、跡地の有効利用が図れず遊休期間が長期化した場合には、地権者に対して最長三年間の給付金を支給することが軍転特措法で定められた。また、汚染除去に予想以上に時間を要したことなどから、沖縄振興特別措置法で給付期間延長のための措置がとられ、大規模跡地と特定跡地の指定を受けた返還地の地権者に対して、軍転特措法で定められた三年間をすぎても一定期間給付金が交付されることとなった。

給付金の実態を、キャンプ桑江北側地区を例としてみることとしよう。北谷町（ちゃたんちょう）のキャンプ桑江北側地区は、二〇〇三年三月に米軍から返還された。しかし、返還後の環境調査で、土壌から環境基準値の二〇倍の鉛をはじめ砒素、六価クロム、PCBが検出された。原状回復が終了したとして、日本政府から地権者へ土地が引き渡されたのは二〇〇四年九月だった。ところが、原状回復が終了したとして引き渡された後も、土地区画整理事業の最中に土壌汚染、不発弾の発見が相次いだ。二〇〇四年一一月から二〇〇八年二月までの期間で、三六件もの新たな汚染などが発見された。特に二〇〇六年一二月に発見された燃料タンクによる油汚染や、二〇〇七年三月に発見された送油管による油汚染では、汚染範囲が確定されておらず、汚染除去作業が二〇〇八年度末になっても完了していない(12)。

返還前の二〇〇二年度にキャンプ桑江北側地区の地権者に支払われた軍用地料は、約四億四〇〇〇万円である。返還後の三年間で支払われた給付金は合計約一三億円であるので、ほぼ軍用地料と同額の給付金が支払われた。これに加えて、キャンプ桑江北側地区には特定跡地給付金が支払われた。これは原状回復に要した期間について給付金を延長するという措置であったため、地権者へ土地が引き渡されるまでの原状回復に要した一年六カ月分、約六億一〇〇〇万円が支払われた(13)。しかし、使用収益が得られるような状況になっていないにもかかわらず、その後は給付金が打ち切られている。二〇〇七年九月三〇日までの四年六カ月の間に総額約一九億円が約三〇〇人の地権者に支払われたことからして、一人当たり年平均約一四一万円、月平均約一一万七〇〇〇円の収入がなくなったことになる。

今後返還が見込まれる普天間飛行場における二〇〇六年度の軍用地料は約六五億円である。地権者は約三〇〇〇人であるので、一人当たり年平均約二一七万円、月平均約一八万円の軍用地料収入となる。普天間飛行場の軍用地料は、キャンプ桑江北側地区にも増して高額である。この軍用地料が入らなくなればこれまでの生活に支障をきたす可能性が大きい。

軍転特措法や沖縄振興特別措置法で給付金制度が整えられてきたとはいえ、給付金は期限付きであり返還後の生活に対する不安を払拭しきれるものとなっていない。将来の不安が解消されなければ、地権者は跡地利用に消極的にならざるをえない。跡地利用による使用収益まで給付金を保証するなどの措置が必要ではないだろうか。

三　行財政上の特別措置（国有財産の譲与・譲渡）の欠如

沖縄県内において跡地利用を望む声が大きくなった一九七〇年以来、県はことあるごとに日本政府に行財政上の特別措置を求めてきた。たとえば、一九七五年一二月末に県が策定した「沖縄県軍用地転用基本方針」もその一つである。そこでは、すべての軍用地を縮小・撤去させ、その跡地の平和利用を目的としつつ、跡地利用問題における日本政府の責任の所在を明らかにし、戦後処理や戦災復興として、日本政府が行財政上の特別措置を沖縄に適用すべきだとの主張がなされている。[14] しかし、跡地利用事業費の国庫負担が、次節で取り上げる大規模駐留軍用地等跡地利用推進費補助金（以下、跡地利用推進補助金）という形で結実したのはようやく二〇〇一年のことである。また、国有財産の無償譲与や公共用地取得のための行財政措置は未だにほとんど実現していない。このため、跡地利用の困難が増している。

民有地が全体の約九一％を占める普天間飛行場では、計画的なまちづくりを実現するために、公共公益施設用地の確保が跡地利用において決定的に重要になる（表5-3）。そこで宜野湾市では公共公益施設用地確保のために普天間飛行場内の軍用地の買取を進めている。一般会計から年一億円を目処に予算化していたが、財政状況の悪化のため二〇〇六年度では約二三〇〇万円しか予算化されなかった。市としては約二一ヘクタールの取得を目標としているが、二〇〇七年度末時点で達成された買取面積は約一・九ヘクタールにすぎない(表5-4)。民主党に政権がかわった二〇〇九年一〇月現在でも代替基地建設の目処が立たないため普天間飛行場が返還される時期は不明であるが、年間〇・一ヘクタール程度しか買取が進まない状況では、目標とする規模の用地取得はいつまで経っても不可能である。市では、沖縄振興開発金融公庫からの無利子及び低利子での資金の借り入れや日本政府による土地の無償譲与を期待している。日本政府による無償譲与が実現しなければ、市はこれまでに要した費用の一〇倍にあたる七〇億円をこえる費用を負担しなければならなくなる。これまでに軍転特措法や沖縄振興特別措置法の規定によって日本政府による財政措置がなされたことはないが、普天間飛行場に存在する三五・九ヘクタールの国有地の一部を市場価格以下で譲渡もしくは無償で譲与することによって、市の負担を減らすことが必要ではないだろうか。

表5-3　普天間飛行場の土地所有区分別面積(2006年度末現在)

(単位：ha)

	国有地	県有地	市町村有地	民有地	合計
普天間飛行場	35.9	0	6.8	437.8	480.5

(出所)　沖縄県知事公室基地対策課『沖縄の米軍及び自衛隊基地(統計資料集)』2008年.

表5-4　普天間飛行場における公共公益施設用地の取得状況

年度	2001	2002	2003	2004	2005	2006	2007	合計
買取面積(ha)	0.9	0.2	0.4	0.2	0.1	0.1	0.1	1.9
契約金額(100万円)	311	75	144	67	44	23	27	692

(注)　四捨五入によるため，合計数が符合していない.
(出所)　宜野湾市役所提供資料.

実は、戦後間もない時期に、旧軍港市転換法(横須賀、舞鶴、呉、佐世保)という日本国憲法第九五条の規定に基づく特別法が制定され、基地経済から脱却するための行財政上の特例措置が講じられたことがある。

軍港都市として発展してきた横須賀市などは、終戦の海軍廃止に伴い、大きな経済的打撃を受けた。横須賀市は、各旧軍港市を平和産業港湾都市として転換再建することを市の発展の指針とし、巨額の国有財産と長い年月を費やして設置された旧軍用財産とを活用するために、日本政府による特別の経済的援助を可能に

表5-5 旧軍用地財産転用概況（横須賀市）

項目	面積(ha)	割合(%)
公共施設	602.3	31.9
横須賀市関係	426.1	22.6
譲与財産	292.3	15.5
譲渡財産	24.4	1.3
借受財産	109.4	5.8
神奈川関係	81.1	4.3
官庁関係	95.2	5.0
民間関係施設	375.7	19.9
譲渡財産	336.6	17.8
譲渡財産(法前)	17.5	0.9
借受財産	21.6	1.1
米軍関係	337.2	17.8
自衛隊関係	281.4	14.9
農地所管換	223.9	11.9
未利用その他	68.7	3.6
合計	1889.3	100.0

（注） 2004年10月31日現在．譲与は無償で，譲渡は時価の5割以内において減額した対価で引き渡すことをいう．
（出所） 横須賀市企画調整部基地対策課『横須賀市と基地』2009年．

する特別法を制定させた。横須賀市の場合、公共用地だけでなく、民間関係施設にも土地が譲渡されており、合計一〇〇〇ヘクタール近い土地が手厚く譲与・譲渡されてきた（表5-5）。市に譲与された財産の内訳をみると、公園緑地施設約九〇ヘクタール、上水道施設約八四ヘクタール、学校教育施設約六〇ヘクタール、道路施設約三二ヘクタールなどとなっており、地域経済の回復に重要な役割を演じたとみられる。

基地経済依存からの脱却というよりは戦災復興という観点から制定された特別法だが、沖縄にとってもう一つ参考になるのが広島平和記念都市建設法である。この法律は被爆によって課税すべき人も物も失われ税収の激減した広島市のために制定された。日本政府からの特別措置（軍用地など約三五ヘクタールの無償譲与）によりそれまで停滞していた戦災復興事業が大きく前進し、広島市は平和記念都市として発展していくこととなったのである。[15]

沖縄戦で長崎、広島に匹敵する被害を受け、しかもその後も米軍によって「植民地」以下の扱いを受け、復帰後も日米安保の犠牲とされ続けてきた沖縄に対しても、広島市に対してなされた特別法と同様の行財政上の措置が導入されるべき理由が存在する。また、基地経済からの脱却のためには横須賀市に対してなされたような手厚い行財政上の特別措置が必要である。そして、民有地の多い沖縄の米軍基地で跡地利用を促進していく上で行財政上の措置が不可欠であることが宜野湾市の事例からも明らかになっている。行財政上の措置が導入される理由も必要もあるにもかかわらず、これまでその措置がほとんど実現してこなかったことが沖縄における跡地利用の大きな阻害要因となっているのである。

四　跡地利用の推進主体の不在

民有地が圧倒的に多くを占める普天間飛行場の場合、跡地利用計画の作成に際しては、地権者が積極かつ主体的な役割をはたすことが決定的に重要である。ところが、沖縄の場合、高額の軍用地料の存在によって、跡地利用にあたって中心的な役割を担うべき地権者の自主性が特に損なわれてきたため、跡地利用の推進主体をどのように育成していくかが重大な課題となっている。

跡地利用の推進主体の育成に関して注目すべき取り組みをしているのが宜野湾市である。具体的には地権者懇談会や情報誌の発送、「普天間飛行場の跡地を考える若手の会」(以下、若手の会)の活動支援、市民組織「ねたてのまちべースミーティング」(以下、NBミーティング)の活動支援などを市が実施している。若手の会は地権者の団体で、今後のまちづくりを担う若い世代の参加や人材育成を継続的に行っていくための第一歩として二〇〇二年度から組織化されている。月一回の勉強会、先進地への視察会などの継続的な実施を通して、跡地利用に関する提言を行う力を養うにいたっている。NBミーティングは市民側の意見を取りまとめる検討組織として二〇〇六年から組織化されている。二〇〇八年度にはNBミーティング発足後初めて会としての考えが成果として取りまとめられた。今後の方針としては二〇一一年に「(仮)普天間飛行場まちづくり協議会」の立ち上げが目指されている。この協議会は、跡地利用に関する地権者と市民の意見を集約し、地域の意見として日本政府・県・市に発信していく役割を担うものである。将来的には、分野別の部会も設定し、専門的な検討・提言も行えるように地権者・市民の組織を育成していく予定である。(15)

跡地利用の推進主体の育成を宜野湾市が積極的に進められるようになったのは、二〇〇一年度以降、跡地利用推進補助金が日本政府によって交付されるようになったからである。表5-6は、二〇〇一年度から二〇〇七年度までに

表 5-6　跡地利用推進補助金一覧（普天間飛行場分）

（単位：千円）

	2001年度	2002	2003	2004	2005	2006	2007	合計
跡地利用関連調査	—	—	13,832	18,950	20,890	19,212	15,695	88,579
地権者意向関連調査	12,181	15,036	20,675	18,598	19,625	18,448	22,423	126,986
自然環境調査	6,146	34,063	35,330	25,318	11,403	14,258	10,443	136,961
都市計画関連調査	11,327	19,378	17,413	—	—	—	—	48,118
文化財関連調査	24,246	20,926	16,551	20,007	16,558	—	—	98,288
合　　計	53,900	89,403	103,801	82,873	68,476	51,918	48,561	498,932

（注）上記の事業費に対して，日本政府から補助率 90％ の補助金が交付されている．跡地利用関連調査は沖縄県と宜野湾市との共同事業．
（出所）宜野湾市役所提供資料．

おいて、日本政府から補助金を受けて宜野湾市において実施された跡地利用推進事業を示したものである。七年間に総額で五億円近い調査事業が実施されているが、跡地利用の推進主体の育成に関する「地権者意向関連調査」が約一億二七〇〇万円と、全体の四分の一ほどを占めていることがわかる。宜野湾市は、地権者意向関連調査の事業費を利用して、二〇〇一年度に「普天間飛行場関係地権者等意向全体計画」を策定し、二〇〇二年度以降、合意形成に向けた場づくり、人づくり、組織づくりなどの活動を進めている。

跡地利用推進補助金の交付要綱によれば、当該補助金は「大規模駐留軍用地跡地等の利用推進を図るために沖縄県、市町村が行う跡地利用計画の策定及びその具体化を進めるために実施する事業に対して助成することを目的と」している。この補助金の特色は、日本政府が提示したメニューの中から事業を実施するのではなく、跡地利用計画の策定やその具体化に向けた調査で、かつ、日本政府に申請が採用されれば、県や市町村が自身で提案した調査を実施できる点にある。そのため、ある程度の自主性を調査に反映させることができる。また、自主財源だけでは実施困難だった自然環境調査や文化財関連調査を含めた様々な取り組みを実施できるようになった点、地権者や市民の合意形成を補助金導入前より格段に進められるようになった点で、この補助金は宜野湾市にとって非常に意義深いものとなっている。

まちづくりや地域開発においては周辺住民の自主性が欠かせないといわれているが、沖縄の地権者や市民は長い間自主性を奪われ続けてきた。このため、跡地利用を推進する主体の不在が、跡地利用の阻害要因であった。宜野湾市の事例にみられるような取り組みがどれだけ成功するかが，跡地利用の成否を握る重要な鍵となるだろう。

おわりに

以上，①土壌・水質汚染，②軍用地料，③行財政上の特別措置の欠如，④跡地利用の推進主体の不在の四点について，跡地利用を進める上での課題を述べてきた。最後に，これらの阻害要因を解消していくための政策を進める上で考慮すべき四つの原則を示しておく。

第一に，沖縄の歴史を踏まえたうえで，跡地利用の阻害要因の解消は戦後処理という観点からなされるべきである。これは，沖縄戦の悲惨な被害への補償であるし，米軍基地を長年集中的に押し付けてきたことへの補償でもある。沖縄戦も米軍基地も沖縄の人々が自ら望んだものではない。むしろ沖縄の人々は古来平和を尊重してきた。沖縄の人々が米軍基地の跡地利用を成功させ平和な島へ転換していくために日本政府が特別な措置を積極的にとることは，戦後処理という観点からみれば当然のことである。少なくとも，本稿で明らかにしたように，横須賀や広島などで講じられた措置が採用されるべきであろう。

第二に，周辺住民，すなわち軍用地の地権者や市民の生活への不安を取り除くことが重要である。多くの地権者が軍用地料で生活を成り立たせている以上，返還後も代わりに生計をたてる術ができるまでは給付金を支給し続ける必要がある。このことは，返還される基地や時期が本質的には米軍の都合で決定されることからも正当化される。市民の不安を取り除くには，可能な限り早期に跡地利用を実現させることが必要である。なぜなら，跡地利用が遅れれば遅れるほど市民は経済的な悪影響を受けるが，地権者のように給付金を受け取ることができないからである。早期の跡地利用のためには，基地返還前に汚染状況を包括的に把握しておくことや，地権者や市民が納得して進められる跡地利用計画を作成しておくことなどが必要とされる。しかし，前述したように日米地位協定が早期の跡地利用を妨げている。汚染除去を遅らせ市民の生活を脅かす異常な日米地位協定は、改定されなければならない。また、基地返還後の地域経済の落ち込みに対する市民の不安を拭うためには、日米地位協定の改定などにくわえて、地域経済を支える商工業の成長と雇用の維持・創出といった分野への日本政府による一時的な財政措置が望まれる。

第三に、沖縄の人々の自己決定権を尊重したものでなければならない。復帰後に沖縄に対してなされた日本政府による特別措置は、第一章などで述べられているように、メニューが決められた高率補助金制度であり、公共事業依存型の経済を生み出すこととなった。一方で、国有財産の譲与・譲渡や一括贈与金といった自由な地域開発を許すような措置は講じられてこなかった。しかし、高率補助金が沖縄経済を歪めてきた実態や跡地利用という課題から考えたとき、自己決定権を尊重する環境をどのようにつくりだせるかが重要になる。日本政府による行財政上の特別措置はこの点を考慮して行われなければならない。この点からして、本章で紹介した跡地利用推進補助金は、周辺住民の自主性向上に一定の役割をはたしていると評価できる。

第四に、米軍に跡地利用に係る費用を部分的にでも負担させるべきである。四大公害裁判などを通じて認められてきた汚染原因者負担原則という基本原則からすれば、汚染除去費用も、その後の地域再生のための費用も、汚染原因者である米軍が負担するべきである。しかし、米軍は地位協定の規定によって、跡地利用に係る費用負担を免除されている。米軍が本来負担すべき費用は、日本政府に関しては今後さらに増大していくだろう多大な汚染除去費用の負担、宜野湾市をはじめとする関係市町村に関しては公共公益施設用地の買取費用の過剰な負担、地権者に関しては給付金の打ち切りに伴う経済的な損失などという形で現れてくる。市町村や周辺住民は米軍基地による被害者であるにもかかわらず、不必要な費用負担を強いられている。この点からも市町村や周辺住民には手厚い措置が必要と言える。日本政府の費用負担に関しては、沖縄の基地問題が日本政府と米軍とによって引き起こされた点から考えて、一定程度の負担は仕方がないだろう。しかし、日本政府が米軍の費用を肩代わりすることが汚染を抑制するインセンティブを米軍から奪っている上、米軍の財政的な負担を軽減し、米軍の駐留を助けていることを考えれば、日本政府が税金を使って過剰な負担を続けることは許されないと言うべきである。

跡地利用は、基地維持政策から基地転換政策へとこれまでの政策を急転回させなければならない点で象徴的な課題である。基地維持政策が跡地利用の阻害要因を生み出してしまったことを認識し、これまでの責任を認めた上で、日本政府は地域の自己決定権を尊重し跡地利用を促進させる行財政上の措置を積極的に打ち出すと同時に、米軍に対してしかるべき負担を求めていくべきである。

＊本研究は、日本学術振興会特別研究員奨励金(二一・四〇六六)の助成を受けたものである。

(1)　跡地利用促進制度については、林公則「在沖米軍基地における汚染除去と跡地利用促進政策」『環境と公害』三六巻二号、二〇〇六年、を参照されたい。
(2)　宜野湾市提供資料。
(3)　福地曠昭『基地と環境破壊』同時代社、一九九六年。
(4)　林公則「在日米軍再編と沖縄の軍事環境問題」『環境と公害』三七巻三号、二〇〇八年。
(5)　ＳＡＣＯ最終合意による返還面積が約五〇〇〇ヘクタールだったのに対し、復帰からＳＡＣＯ最終合意までの間の返還面積は約四三〇〇ヘクタールにとどまっていた。
(6)　宜野湾市基地政策部基地渉外課『宜野湾市と基地』二〇〇九年。
(7)　詳しくは、林前掲論文(二〇〇八年)を参照されたい。なお、この問題は二〇〇九年三月二四日の参院内閣委員会や四月二三日の参院外交防衛委員会で取り上げられている。
(8)　詳しくは、林公則「基地汚染の被害、原因、責任論──横田基地を事例に」一橋大学大学院経済学研究科ディスカッションペーパー二〇〇七―三号、二〇〇七年、を参照されたい。
(9)　詳しくは、来間泰男『沖縄経済の幻想と現実』日本経済評論社、一九九八年、を参照されたい。
(10)　沖縄県知事公室基地対策課『沖縄の米軍及び自衛隊基地(統計資料集)』二〇〇八年。
(11)　沖縄県『沖縄県駐留軍用地等地権者意向調査報告書』一九九九年。

(12) 北谷町提供資料。
(13) 同右。
(14) 沖縄県企画調整部『軍用地転用の現状と課題』一九七七年。
(15) 広島市役所ホームページ「広島平和記念都市建設計画のコーナー」。なお、広島平和記念都市建設法の制定過程については、石丸紀興「「広島平和記念都市建設法」の制定過程とその特質」『紀要』第一一号、広島市公文書館、一九八八年、が詳しい。
(16) 宜野湾市『関係地権者等の意向醸成・活動推進調査報告書』二〇〇九年。さらに詳しい情報については、宜野湾市役所ホームページを参照されたい。

第六章　米軍基地の跡地利用開発の検証

真喜屋美樹

はじめに

本章の課題は、基地跡地利用の典型事例を批判的に検証することにある。取り上げる事例は、那覇市の新都心地区、北谷町の美浜アメリカンビレッジを中心とする美浜地区の跡地利用である。

ＳＡＣＯ合意や米軍再編に伴う基地返還計画に関して注目されるのは、計画実現の時期や施設の移設、代替地の選定だけではない。返還後、沖縄本島中南部の人口・産業が集積する地域に出現する広大な基地跡地をどのように活用するかという点も、同様に重要な課題となるであろう。しかし、前章で指摘されているように、返還地の跡地利用を阻害する要因は幾重にもなって構造的に存在しており、その解決は容易ではない。

これまでの本島中南部の跡地では、都市的土地利用をめざして再開発する例が六二％と圧倒的に多かった。[1] 今や沖縄県の二大商業地となった那覇市の新都心地区や北谷町の美浜地区で行われた跡地利用開発は、その代表的な例と言えよう。

都市圏の返還跡地の検証については、北谷町の跡地利用が先駆的事例として知られている。[2] 一方で、那覇市の新都心地区については、返還が予測されている普天間飛行場など中南部都市圏に所在する大規模な基地跡地利用開発を担うモデルケースとして注目されていたにもかかわらず、開発後の経済波及効果について言及されることはあっても、どのような過程を経て現在の姿になり、果たしてモデルケースとなり得るかについて十分な検証はなされていない。

そこで、すでに一定の成果をあげているこの二事例において、住民(地主)の意向は跡地利用開発にどのような影響を及ぼしたのか、また地方自治体はその過程でどのような役割をはたしたのかなどの諸点を中心に、比較検証することによって、今後の基地返還跡地利用のあるべき方向を探ることとしたい。

一　那覇市の新都心型跡地利用開発

(1) 那覇市と基地

復帰前の那覇市は、総面積三七・一五平方キロメートルのうち約三〇%が軍用地であった。米軍占領にともなう占領接収と基地建設のための強制接収によって集落の土地を収奪され、生活拠点の移動を余儀なくされた人々は、軍雇用員の仕事や生活の場を求めて基地周辺の都市となった那覇市に短期間に集中した。戦後、土地容量に比して急速に人口が増加し過密化した旧那覇市は、首里市、小禄村と合併し、さらに一九五七年に真和志市と合併するも人口は一八万七二五六人と膨張し、一九八五年には三〇万四四六六人となった。核家族化による世帯数増加もあり、住宅需要に応えるには、基地の存在は大きな障害となっていた。基地は都市問題解決の最大の阻害要因であったのである。

新都心地区は、総面積二一四ヘクタールで那覇市の六%に及ぶ(うち返還地は一九二・六ヘクタール)。那覇市の北部に位置し、県庁や市役所が立地する中心市街地から約二キロである。返還前は、米軍の牧港住宅地区として、将校や下士官・軍属の家族用平屋住宅一一八一戸と関連施設が建てられていた。

復帰後まもない一九七三、七四年の日米安全保障協議会の返還合意を経て、翌七五年に〇・六ヘクタールが、合意後最初に部分返還された。以後、小規模な細切れ返還を経て、一九八七年に残りの八七%(一六六・六ヘクタール)が全面返還されるまで、実に一二年間を要した。現在、那覇市内にある米軍基地のほとんどは、港湾施設である。しかし自衛隊基地も存在するため、なおも市面積の九％を軍事施設がしめている。

(2)　開発の特徴――公団と地主が推進した那覇新都心開発

①　なぜ公団主体の開発となったか

最初に、新都心地区における開発整備の経緯を概観する。開発には、那覇市(行政)、地主(市民)、地域振興整備公団(企業)の三者が主要なアクターとして関わっている。このうち、土地区画整理事業施行者となった公団と土地の所有者である地主が本地区の開発整備に与えた影響が特に大きかった。

那覇市と沖縄県は、返還合意を受け、一九七四年一二月「軍用地跡地利用プロジェクトチーム」を設置した。七六年に「那覇市軍用地跡地利用審議会」が設置され、同審議会が七八年に策定した「那覇市軍用地跡地利用基本計画」で、牧港住宅地区の跡地利用基本方針は「文化の香り高い緑豊かな居住地として建設する」とされた。当時の開発整備の基本方向は、「利用密度を抑える」、「住宅地供給が主な役割」、「貴重なオープンスペースを生かした大規模公園の配置」であった[3]。那覇市は、返還直後の都市計画決定で、本地区全体に第一種住居専用地域の用途地域の網を被せており、その後も住宅地には第一種住居専用地域の規制をかけ、低層戸建住宅中心の低密度な住宅地形成を計画していた。

一九八五年策定の「那覇新都心地区開発整備構想」によると、区画整理事業に必要な公共公益用地、商業業務地、総合公園等を整備するために地主から先行買収すべき実質的な必要面積は、民有地の約三割に相当する五九・四ヘクタールであった。これだけの面積取得を市の単独財政で対応し、さらに事業を推進するのは困難である。というのは、那覇市は公共公益用地に必要な三〇ヘクタールを先行取得する費用を二五〇億円と見積もっており[4]、その上、事業費のみで約四二〇億円を要し、年次計画の中間時期には、単年度でも六〇億から七五億円の財源が必要となるからである。[5]そこで一九八四年二月に那覇市議会軍特委は、沖縄開発庁に、事業を円滑に推進するために市の財政負担をサポートする「開発基金制度」の新設を要請したが、国は、九割の国庫補助で対応できると要請に応える姿勢をみせなかった。[6]

そこで那覇市は、①組織面において有利、②公団資金の活用、③早期事業の完成、④国との調整を含む技術面での支援、⑤開発地の計画的市街化促進が可能、などのメリットを考慮し、公団へ事業要請することを検討した。[7]中でも、公団資金の活用による事業期間の短縮は、短期間に莫大な予算を必要とする那覇市にとって魅力が大きかった。しかし、以下にみるように、公団が関わることで、本地区の開発整備の基本方向は、新都心開発へと転換することを余儀なくされた。

まず、跡地利用開発計画の策定に公団が参加した共同調査報告にみる開発コンセプトの転換である。例えば、公団は沖縄県から正式に共同調査の依頼を受けた「那覇市都市開発整備に係る共同調査(一九八〇年)」報告書の中で、本地区を「新しい都心地区」と位置づけ、それを実現するための開発整備の基本構想を立案している。

次に、公団への事業要請条件の整備に関わる転換である。公団事業は、原則として三〇〇ヘクタール以上の事業区域で、「地域の核となる地方都市づくり」とされている。本地区は二〇〇ヘクタール余で、公団の事業採択水準に合致しなかったため、公団施行の大義名分として、①米軍により土地を強制的に接収されたという特殊なケースであること、②開発地を「新都心」とすることで那覇市の中核としての機能を持たせること、が強調される必要があった。

事業遂行の見通しが立った一九八九年四月、那覇市と沖縄県は、地域振興整備公団に正式に事業要請をし、同年九月、「新都心」としての機能が三〇〇ヘクタールの整備要件と同等に評価、意義づけされて事業が認可された。かくして、本地区は公団によって「新都心」と命名され、「文化の香り高い緑豊かな居住地として建設する」という当初計画は、「那覇新都心開発整備事業」へと転換した。新都心開発は、必ずしも新都心としての機能の必要性からではなく、公団への事業要請に起因するという側面が少なからずあったのである。こうしてうまれた新都心地区は、商業業務施設地区を中心とした開発となった。

その中で、商業業務地区や中環状線周辺、総合公園周辺などは「新都心センター地区」と位置付けられ、さらに、その一部(約三五・五ヘクタール)を、地域の顔となり魅力ある街づくりの先導的な役割を果たす、「那覇新都心シビック・コア地区」として整備する計画が策定された(8)。

シビック・コア地区は、官公庁や公益的施設を中心に形成されることが計画され、整備目標は、①那覇新都心の中枢ゾーンの形成、②市民の交流拠点の形成、③公共サービス拠点の形成、④那覇新都心のシンボル景観の形成、であった。この目標に沿って、国の地方合同庁舎、行政施設(市庁舎)、金融機関(日銀、振興開発金融公庫)、メディアビル(新聞社)、放送局などの業務施設、美術館・博物館という文化施設の立地が進んだ。「那覇新都心シビック・コア地区」は、機能的にも景観的にもいわば新都心の核となり象徴となる一帯になるはずであった。

しかし、地区の一部は、公団による事業費捻出のための保留地処分によって大型カラオケ・パチンコ店に売却されたため、県内随一の文化施設である県立博物館・美術館の正面には、シビック・コア地区をえぐるように大型遊戯施設が建設されている。また、美術館・博物館という文化施設街区を中心に、文化施設に隣接する総合公園からモノレール駅までを回遊的な歩行者動線として商業・交流施設ゾーンが設定されていた地区の一部も、保留地処分で大型パチンコ店に売却された。このため、同地区は、シビック・コア地区と設定されているにもかかわらず、文化施設、行政施設、公共施設、遊技場が混在する地区となり、大規模な遊戯施設があたかも新都心地区のシンボルのように聳え立ちネオンサインを放っている。

同地区は、用途上は商業業務地となっているため、遊技場等建設は認可されるが、地区計画などの条例を制定して遊技場立地を規制することも可能である。実際、後述する北谷町の跡地利用開発では、地主を中心に「まちづくり協定」を制定し、環境形成のためのルールづくりや建築物の用途、土地利用の制限を細かく規制して景観を保っている。

これと対照的に那覇市は、売却された保留地の利用について、何ら規制策を講じなかったのである。

② 地主の希望を優先した開発

次に、地主が跡地利用開発に与えた影響をみる。新都心地区では一九八七年に、土地収用令で土地を強制接収された地主の集まりである軍用地主会を母体とした天久地区開発地主協議会が発足し、一九九一年に那覇新都心地主協議会へと発展改称して、事業の地主組織としてまちづくりを担った。新都心地区の地主数は、全面返還翌年の八八年時点で一七四〇人[9]、跡地全体の九三%が民有地であった。

地主協議会は、土地区画整理事業開始前は、土地利用計画の策定のための行政や施行者との折衝、土地の先行取得・減歩率の交渉、各地主への事業説明や理解を求めるなどの重責を担わなければならない。事業開始後は、街づくり方針の策定や地区計画の設定、換地、企業誘致など事業の成否を左右する重要な作業を進めなければならず、開発の主要アクターとしてまちづくりに果たす責任は重大である。

本地区の軍用地料収入は、一九七六年で年一五・七億円で、最終返還年の直前五年間の平均は、年二一・七億円と推計されている[10]。いうまでもなく基地が返還されると、地料収入が途絶える。返還後、跡地利用開発までの時間がかかるほど、地主は経済的な不利益を被る。最初の部分返還から開発工事着手までに一七年が経過していた本地区では、開発後も軍用地料と同等の収入を期待する「土地収益の高い利用」を望む声があった。

一方で、一九七八年、一九八〇年に地主を対象に実施した跡地利用に関する意識調査の結果をみると[11]、いずれの調査でも、地主の六三%以上が跡地に居住する意向を示し、跡地の将来像として「緑豊かな住宅地づくり」、「公園の周辺に美術館や住宅がある静かな環境の町づくり」が最も高く期待されていることが報告されている。こうした結果を踏まえ、一九八〇年三月に「那覇市都市開発整備に係る共同調査」で提示された土地利用の基本構成は、モノレール駅周辺に業務地区の配置は決まっていたものの、「一般住宅用地」を主とした市街地形成で、商業機能を立地させる計画はなかった。しかし、この基本構成に対する地主の評価は芳しくなく、「住宅地の規制緩和」、「商業地立地」を希望する意見が出され、基本構成は改めて練り直された。

一九八五年、沖縄県と那覇市が企業を対象に本地区への立地希望アンケート調査をおこなった結果、「立地を希望・検討する」と回答した企業が全体の七七％に上り、本地区に対する企業の期待は大きいと判断された。これを受けて、一九八五年七月策定の「那覇新都心地区開発整備構想」で初めて、土地利用構想に「商業業務施設地区」が追加された。開発計画が具体化していく中で、「静かな環境の住宅地づくり」を望んでいた地主たちは、次第に利益を優先する方向へと突き進んでいく。

開発計画を実行する過程で、行政側と地主の間で最も争点となったのが、減歩率と先行取得の問題であった。一九八五年、事業概要について地主への説明が開始され、減歩率は三二％と提示された。那覇市は、立ち遅れていた都市整備をすすめるために、本地区の顔となる総合公園二二ヘクタールの設置と機能立地を誘導する軸となる中環状線の幅員を四〇メートルとすること等を計画しており、その実現には三二％の減歩率が必要であった。これに対して、地主側から減歩率が高すぎると猛反発が起き、総合公園面積の一〇ヘクタールへの縮小、中環状線幅員の縮小が強く求められた(12)。

速やかな都市計画決定のために、県、市、公団の三者は、一九八六年に公園面積を二〇ヘクタール、中環状線の幅員を三〇メートルに縮小し、減歩率は三二％から三〇・五八％へと見直したが、合意を得られなかった。同時期、遅々として進まない先行取得を推進しようと、土地の一律二〇％買収への協力が提示されたが、減歩率に加えて二〇％の先行買収では小規模地主は土地を失うとさらに反発を招いて交渉はますます紛糾した。

交渉は一時膠着状態に陥ったが、減歩率の受け入れには、「先行取得買収価格の見直し」、「用途地域変更について納得のいく措置を講じること」を条件とするという地主協議会側の申し出を受け、行政側は地区全体を「住商混在地区」とする見直しを行った。一九八八年一二月、三年余りの交渉の末、沖縄県、那覇市、地主協議会は、平均減歩率三〇％、先行取得評価額引上げで合意し、「那覇新都心開発整備事業に関する協定」を締結して事業はいよいよ動き始めた。この後地主協議会は、事業の円滑な推進に向けて各字の地主に事業説明を行って協力を依頼するなど、行政・公団と二人三脚で積極的にまちづくりを進めたが、開発が進むにつれ、個々の地主達からさらに用途地域変更を要望する声が高まった。これを受けて、一九九二年、市が地主に譲歩する形で、第一種住居専用地域の範囲は大幅に狭められ、第一種から第二種へ、低層から中・高層、そして商業地へと用途が変更された。

このように開発計画の具体化と共に、本地区は地主の強い要望で、商業地として土地の高度利用を図れるまちづくりへと転換し、市が当初構想していた田園都市計画は、都市型住宅地、商業地へと姿を変えたのである。二〇〇三年時点での本地区の土地利用構成比率は、低層住居専用地域が一八・四％、中高層住居専用地域が二一・八％、商業・業務地が一三・一％となっている。[13]

ところで、商業地や中環状線の沿道に発展の起爆剤となる民間の大型商業施設を誘致するには、公共用地とは別にまとまった土地を確保する必要がある。そこで本地区では、土地の共同利用を導入して共同利用街区を設定し商業業務地の拠点とした。

発展の命運がかかる共同利用街区への企業誘致は、土地の所有者である地主が進めなければならない。地主を支援する組織として、県、市、公団、地主協議会の四者で構成する「那覇新都心街づくり協議会」や、企業誘致、民有地活用等のコンサルティング業務を行う第三セクター方式の「那覇新都心株式会社」が設立されたのは、地主をサポートする新都心開発独自のシステムであった。

企業誘致では、商業機能の中核を担うものと期待され、進出企業第一候補であったダイエーが経営不振により進出を断念したため、開発全体の遅れが危惧されたこともあったが、ダイエー撤退決定の八カ月後には、県内企業の「サンエー那覇メインプレイス」が進出を決め、商業発展を牽引した。中環状線の沿道には大型スーパー三店舗が開店し、県内最大の商業空間を形成している。また、返還予定の普天間飛行場が所在する宜野湾市への進出を検討していた空港外大型免税店ＤＦＳが本地区へと出店を変更するなど、大規模な商業施設の誘致が進んだ。

(3) 那覇新都心の帰結

以上のように新都心地区は、商業、業務、住宅、遊戯施設が混在する「住商混在地区」となった。幹線道路沿いの共同利用街区には誘致された大型スーパーが軒を連ね、その周辺に本土資本のチェーン店やロードサイドショップが立ち並ぶ様子は、全国の地方都市によく見られる風景で、個性のないところとなってしまった。

筆者は二〇〇六年一一月に那覇新都心地主協議会にヒアリング調査を行った。地主協議会は本地区の商業的活用による土地からの収益は、平均して返還前の一〇倍程度と目算している。多くの地主が、商業施設やコールセンター、事務所、マンション、アパート等からの賃貸収入を得ており、まさに利益を追求した地主の希望するまちが形成されたと言えるであろう。

その一方で、新都心地主協議会の内間安晃会長は、自分たちが作った街について、「夢を見て街を作ったはずだったが、実際に出来上がった街を見て〝沖縄らしさ〟はどこにあるのかと思う。緑が少なくコンクリートジャングルとなってしまった」、「第一種住居専用地域をもっと増やし、指定された地域については厳しく規制すべきであった」、「数十年後、生活が落ち着いた時、雑然とした街であると思うだろう、まちづくりは百年の計でやるべきだった」と、述懐している。

新都心開発は、都市部での大規模な跡地利用開発における、基地所在自治体の財政負担の甚大さや開発計画推進の困難さとともに、地主にかかる負荷がいかに大きいかを示唆している。地主は、返還後から開発事業着手まで十分な準備期間がなく、専門的知識もないまま都市計画に関わり、行政側と交渉を重ねつつ相互の利害調整、合意形成をし、さらには企業誘致を行って、まちづくりを進めなければならなかった。

沖縄県知事公室基地対策課委託調査によると、那覇新都心地区の総投資額は二一六四億円に達する。[14] 土地区画整理事業の施行地区内人口は、事業開始時点の一〇一〇人から、二〇〇六年三月現在では一万四八七三人へと一五倍に増加し、那覇市の人口の四・八％を占めている。

また、本地区内の商業・サービス活動は、二〇〇二年に年間六〇八億円の販売額をあげている。さらに、地区整備、商業・サービス等の活動による生産誘発額は、年額(年平均)八七四・二億円である。[15] この限りでは跡地開発の経済効果は明らかといえる。

公団は、那覇市の中心市街地の空洞化に歯止めをかけ、発展の中核を担う新しい都心地区の開発が必要であるとして新都心開発を推進した。しかし、本地区内で施設の集積が始まった二〇〇〇年頃から、那覇市のメインストリートであり県内の中心的商業地であった国際通りとその周辺地区は、本地区に客足を奪われ始め、一九九七年には二九五七億円だった商業販売額は、二〇〇二年には二一五八億円と大幅に減少した。商業業務機能を新都心へ集中させた新都心型開発は、既成商業地を急激に衰退させる要因となっている。

公団と地主がリードした那覇新都心における跡地利用開発は、那覇市が当初構想していた「みどり豊かな居住地」から新都心開発へと転換し、跡地利用計画全体の性格が変質した。

二　北谷町の商業型跡地利用開発

(1)　北谷町と基地

北谷町には、嘉手納飛行場、キャンプ瑞慶覧、キャンプ桑江、陸軍貯油施設の四つの米軍施設があり、町面積の五三・五％(七二八・九ヘクタール)を占めている。これらの基地は、町を東西に分断するように位置する。

戦前の北谷村は純農村地帯であったが、沖縄戦で米軍に村全域を占領されて基地が建設された。戦後も、戦前の居住地の中心であった利便性のよい国道沿いの平野部のほとんどは軍用地として接収されたままであったため、村民は軍用地の隙間の狭隘な谷間でひしめき合う生活を余儀なくされた。丘陵地は農業に適さず北谷の農業は衰退の一途を辿り、従前の土地利用形態を無視した土地の占有は、産業の立地、商工業拡大の足枷となった。

　復帰時点でも、町面積の約六五％が軍用地であり、公共施設は未整備の状態で、明確に町の核と呼べるような都市核も形成されていなかった。また、北谷町は県内最大の交通量を有する国道五八号線の沿線にあるにもかかわらず、国道の両側は全て米軍基地に接収されていたため、「顔のない街」と評されていた。基地の桎梏がまちづくりを阻害してきた北谷町にとって、交通の便がよく良好な海浜資源を持つ西海岸一帯の米軍基地の返還は、町の将来発展にとって不可欠であった。

　そこで北谷町では、復帰の直後から行政と議会、北谷町軍用地等地主会の三者が結束して、跡地利用によるまちづくりを前提とした米軍基地の返還に積極的に取り組んできた。「軍用地の開放なくして北谷村(当時)の振興・発展はあり得ない」という方針のもと、返還運動を展開すると共に、早い時期から開放後の土地区画整理事業や復元補償請求、返還されてから跡地利用が可能となるまでの軍用地料に相当する額の補償請求を行い、「軍用地開放に伴う特別措置法」の立法を要求している。このように北谷町では、基地返還運動と並行して返還後の跡地利用開発推進のための具体的方策の追求が進められてきた。

　本節で検証するメイモスカラー地区は、キャンプ瑞慶覧の施設の一部として国道沿いの西海岸側にある、幅およそ一〇〇メートルの南北に細長い帯地であった。返還前は、メイモスカラー射撃訓練場として実弾射撃訓練が行われていた。北谷町による返還要請の結果、代替施設を完備することを条件に、一九七四年の日米安全保障協議会で全面返還が同意され、一九八一年一二月に二二・九ヘクタールが全面返還された。

(2)　開発の概要と特徴——地主主導、行政との協働による開発

　跡地では、地主で構成する組合施行で土地区画整理事業が行われた。事業は、土壌汚染や地下埋設物の撤去のための復元補償に時間を要し、返還から四年後の一九八五年に事業開始した。九一年に使用収益が開始し、九五年に換地

処分公告をして完了した。メイモスカラー射撃訓練場の返還区域・時期が通知されたのは、返還の一カ月前であったが、返還前から返還に備えて跡地利用の準備を進めていたため、短期間で開発事業に着手することができた。

メイモスカラー地区は、細長い土地であったため、効率的な土地利用を図りにくかった。そこで土地区画整理事業と共に、背後の公有水面を埋め立てて（四九ヘクタール）開発地を造成し、この埋立地と合わせて美浜地区（七一．九ヘクタール）となった。美浜地区は都市型観光レクリエーションゾーンとして整備される計画が立てられ、住宅地や産業用地の確保を主な目的として開発された。開発後は、国道五八号線と西海岸に接するという地理的・景観的優位性を活かし、都市型アメニティー機能、商業施設、レクリエーション施設等を誘致して商業集積を図った。また、県内では初めての地区計画制度を導入し、建築物の用途、土地利用を細かく規制してこれを条例化した上で、商業型開発を行った。

本地区では、それまでの沖縄には見られなかった、都市型リゾート形成と商業核となる複合商業施設の誘導を中心にした商業型開発での跡地利用が行われた。軍事空間であった基地は、人々が集う都市型リゾート商業空間へと再生し、一九九九年には「地域づくり自治大臣表彰」を受けた。軍事基地から海浜一体となった都市型リゾート商業地区へと生まれ変わった美浜アメリカンビレッジは、米軍基地跡地利用の成功モデルとして全国から注目を集めている。本地区の開発における主要なアクターは、行政と地主である。そこでまず、北谷町がどのように跡地利用開発を進めたかをみることとしよう。

北谷町のまちづくりは、跡地利用開発から本格的に始まったといっても過言ではない。

北谷町は、農業用地、産業用地を十分に確保できないために第一次産業、第二次産業とも基盤が弱く、早くから第三次産業に特化した発展の方向を見定めており、米軍基地に起因する閉塞状況から脱却を図る道筋を、北谷村基本構想、北谷村振興計画の中で基地返還を前提とした土地利用計画で描いた。

第一次振計（一九七二—八一）では、開発用地確保には、基地の返還とその背後にある桑江公有水面の埋め立てによる土地造成が不可欠として、返還地の跡地利用と合わせて海浜埋立事業が計画された。

第二次振計(一九八二―九一)では、振計の目標として掲げられた「自然と人間が調和した、創造性豊かな活力ある民主的な地域社会――ニライの都市[16]」のための自立的発展の基礎づくりとして、返還されたメイモスカラー地区と埋立地を連担させた総合的な跡地利用計画が推進された。

第三次振計(一九九二―二〇〇一)では、従来の方針に、「西海岸を活かした特色あるまちづくり」が加わった。第三次振計を受けて策定された都市整備の基本構想となる「北谷町都市マスタープラン」では、産業振興、雇用の場の確保、自立経済の確立と地域経済の活性化を図るために、美浜地区開発が最重要プロジェクトとなった。さらに、「美浜タウンリゾート・アメリカンビレッジ計画」、「アメリカンビレッジ構想」が策定され、商業業務系に開発される将来像がより明確になった。このように北谷町では、復帰後一貫して振興計画の中に跡地利用開発計画を重要施策として組み込み、着実に開発を推進し発展に繋げてきた。

北谷町は当初、美浜地区の開発にあたり、埋立地部分を県外の大手デベロッパーに一括処分し、民間企業のノウハウを生かして都市型のリゾート地を形成しようと計画した。しかし、埋立事業が竣工した頃にバブル経済が崩壊し、進出予定の企業の撤退が相次ぎ、事業継続が危ぶまれた。当時は全国的に第三セクター方式が採用されていたが、本町では第三セクター方式に頼らず町単独で開発する方式を選んだ。町は、当初案を変更し複数社への土地処分によるリゾート地の形成を図った。その際、複数企業での開発で街全体のイメージの統制がとれなくなることを懸念して、参加企業と町が共通の認識を持って一つのテーマのもとにまちづくりを行うべく「美浜アメリカンビレッジ」開発構想を打ち出した。

美浜アメリカンビレッジ開発は、「アメリカ」をキーワードとし、都市計画モデルのイメージをアメリカのサンディエゴとした[17]。長年米軍基地の存在に苦しめられてきた歴史を逆手にとり、沖縄文化とアメリカ文化が融合する独自の文化を活かすまちづくりに挑んだのである。また、従来の県内のリゾート施設のように利用対象者を観光客に設定するのではなく、県民を対象とした「安い・近い・楽しい」がテーマの都市型リゾート形成によって他との差別化を図り、特色ある街を開発することを狙いとした。

企業誘致には、町の担当者が自ら足を運んで直接会社訪問をした。会社訪問は九〇社余り、延べ三五〇回に上り、利益が本社機能を持つ本土へ還流してしまう本土企業ではなく、県内企業を優先的に誘致した。また、①都市計画用途の商業地への変更、②地区計画制度の導入による建築物等の用途制限を設けて、地区一帯は商業業務施設を中心とした土地利用を図ることで統一した。さらに、③土地売買契約後一〇年間の転売禁止・二年以内の工事着手・四年以内の開業等を規定した。現在は、郊外型の大型スーパーとシネマコンプレックス、リゾートホテルを中心とした商業地が形成されている。

また、町は集客戦略として、一五〇〇台が収容できる公共駐車場を確保し[18]、一般利用者に無料で開放した。駐車料金を気にせずに訪れることができる空間を提供したことは、自家用車が主要な交通手段となっている沖縄県で、集客力及び購買人口を高めるのに大きく貢献した。実際、二〇〇三年の美浜アメリカンビレッジの来客者数は、目標水準の七七〇万人を上回る八三〇万人となっており、その多くは県内在住のリピーターであった[19]。

次に、地主が果たした役割をみよう。メイモスカラー地区返還当時、北谷町には返還地の跡地利用の実績がほとんどなかったため、返還から跡地利用までの一連の手続きや開発手法が確立されていなかった。そこで、北谷町軍用地等地主会は、この地区だけの地主会で跡地利用を検討するのではなく、返還未定の地主を含めた町地主会全体で本地区の跡地利用開発に取り組むこととした。地主会は独自に会の内部に返還対策委員会を設けて返還補償などの政府折衝を強力に進め、返還区域・時期に関する情報収集を行うなど積極的に活動した。また、返還を控えた一九八一年には、地主会によるメイモスカラー地区跡地利用委員会を設置して、返還後の跡地利用の方法について検討した。さらに、地主会は、自ら企画して意欲的に国内外の事例を視察して開発手法を調査研究し、まちづくりの企画を次々と町へ提案して跡地利用開発についての協議を進めた。

跡地利用計画は地主発案で協議が進められ，計画段階から行政と協働のまちづくりを行った。本地区の地主数は一四一人で意見集約は容易ではなかったが，地主会は，まちづくりのための勉強会を開催して地主一人一人に情報提供を行い，重大事項は総会で，軽微な事項は個別に同意を得る方式をとるなどの工夫をして，関係地主の合意形成を図った。本地区では，地主会のまちづくりにかける能動的な働きと努力によって，返還された土地の遊休化を防ぎ，都市整備と供用開始を早期に達成できたのである。

こうした地主会の活動の成果の一つが，緑化協定，景観協定，建築協定等を取り入れて環境形成のルールを作った「まちづくり協定」の制定である。この協定により，地区内の環境保全や，街灯の数を通常よりも多くして地域の安全を図るなど，付加価値の高いまちづくりができた。県下で初の都市計画法に基づく地区計画を導入し，新しいスタイルのまちづくりを目指したことも，注目される。地主会は，地区計画による建築物の制限に関する条例を策定し，本地区内での風俗営業，パチンコ店等遊戯施設，勝馬投票券発売所及び場外車券売場等の建築を規制して良好な商業集積ゾーンを確保した上で，商業・業務施設を中心としたまちづくりを行った。

北谷町の地主会が那覇市のような都心部の地主会と大きく異なるのは，「共同体に裏付けられた強固な組織力」があったことである。本町の地主会には，基地返還に向けて地域ぐるみの闘争体制があることや，郷友会活動など村落共同体の連帯が残っている。地主会内部に基地返還対策委員会を設置し，行政をリードする程の積極的な活動は，北谷町の地主会の特徴の一つである。北谷町の地主会は，軍用地料の管理だけではなく，会員への独自の融資制度を持ち，学費や進学のための援助や融資等，各方面から会員へのケアを行っている。そのため，地主会を介した地主相互の信頼関係は厚く，また，集落の長でもある地主会長の発言は現在でも大きな力を持つ。軍用地の売買は，地主個人の意思だけではなく，親族(特に長老)や地主会の合意を必要とし，不動産資本や外部資本の介入が厳しく制限されている。土地は，個人の財産であるだけではなく共同体の財産として扱われ，地域の人たちの手で守られている。この点は，軍用地を個人の財産として扱い，売買についても個人の自由とした那覇市の地主会と異なる大きな特徴である。

表6-1　美浜アメリカンビレッジ整備効果

（千円）

	前	後	
基地関連収入	162,990	0	(0) (0)
税収	1,924	368,959	(108,959) (260,000)
商品販売額	0	29,488,000	(9,518,000) (19,970,000)

（注1）　表中の前は美浜地区の数字．後は美浜地区・美浜アメリカンビレッジの合計（（　）内の上段は美浜地区，下段は美浜アメリカンビレッジ）．基地関連収入は1981年，税収は前が1981年，後が2003年，商品販売額は2002年の数字．

（注2）　基地関連収入は軍用地料，軍雇用者所得，軍人・軍属消費支出，国有提供施設等所在市町村助成交付金，施設等所在市町村調整交付金を合わせたもの．

（注3）　税収は，町民税（個人，法人），固定資産税（土地，建物）を合わせたもの．

（出所）　北谷町企画課資料より作成．

(3)　美浜アメリカンビレッジの帰結

以上のような開発が進められた当該地区の跡地利用後の経済波及効果を、基地が返還された一九八一年当時から企業立地が始まった一九九七年までと、その後の美浜地区と美浜アメリカンビレッジの町税等収入、雇用者数、事業所数の推移から検証することとしよう。一九八一年の単年度あたりの美浜地区から発生する基地関連収入は約一・六億円、町への税収は年間一九二万円であった。返還後は、美浜地区、美浜アメリカンビレッジの両地区を合わせた税収が年間約三・七億円となっている。また、両地区の商品販売額は約二九五億円の売上が発生している（表6-1）。

また、返還後の両地区の雇用者数は、美浜地区で四一七人（二〇〇二年度）、美浜アメリカンビレッジでは二九〇七人（二〇〇一年度）と、目標水準一八〇〇人を大きく上回った。さらに事業所数の推移をみると、当該地区で企業立地が始まった一九九七年からの増加が顕著で、ピーク時の九九年は四〇四と、九七年と比べて二五・一％増加している。町内に発展の軸となる商業地区が形成されたことで、プラスの経済効果が生じていることは明らかである。しかし、那覇新都心地区で商業集積が進む二〇〇二年には、増加率はマイナスに転じており、新しい商業地形成による影響をうけていることが窺える（表6-2）。

筆者は、二〇〇七年一一月に北谷町商工会にインタビューをおこなった。商工会によると、街が形成されてから一〇年余が経過した現在、空き店舗の増加が目立ち、とくに近年、起業した二〇—三〇代の若手経営者の店舗の撤退が相次いでいるという。出店後三カ月程度で撤退するという早い回転で店舗の出入りが繰り返されており、その割合は全体の一割に上る。その主な原因として、周辺地域と比較して家賃が高いことと、客層の問題が指摘されている。開発当初、当該地区は新しい商業地として注目を集め、県内各地から多くの人が集まり予想以上の収益が上がったが、現在の顧客は若年層が大半で、消費額の下落が顕著である。[20] 商工会は、本地区では今や「高級志向では失敗する」が暗黙の了解となり、ファストフード店や若者向けの洋品店など低価格帯の業種が主になっているとみている。地元の民間資本で建設されたグルメ館は、二〇〇七年現在ほとんどが空き店舗で、その他でも当初投資していた経営者の撤退が相次いでおり、県外の外部資本の参入が増加している。県内の顧客に飽きられてしまった感のある街に、商工会は危機感を持っており、将来の空洞化を懸念している。

このように、かつては地元の人たちが対象の都市型リゾート商業地として、観光と商業による持続可能な発展を目指して開発された美浜地区であったが、現在は当初の計画とは様相を異にし、観光客の需要を当て込んだ店が増加している。

表 6-2　北谷町全体の商業統計調査による事業所数（小売業）の推移

	1991	1994	1997	1999	2002
事業所数	289	298	323	404	392
増加率（%）	—	3.1	8.4	25.1	−3.0

（注）商業統計調査における美浜アメリカンビレッジの商業集積データが未公表のため，町全体のデータをもとに当該地区の事業所数を推計した．
（出所）北谷町企画課資料より作成．

おわりに

沖縄県内で既に行われている米軍基地の跡地利用開発について、那覇市、北谷町の事例を検証した。

那覇市では、公団と地主のリードによる商業開発優先の「新都心型開発」が行われ、新都心は雑然とした「住商混在地区」となった。土地収益の高い跡地利用開発を求める地主によって新都心地区の商業地化が推進された。大規模な跡地利用開発を一地方自治体が計画実行しなければならないという限界から、公団資金に頼らざるを得なかった面はある。しかしながら、まちづくりにおける明確な開発の理念を持たなかった那覇市が、公団や地主をコントロールできなかったことも「新都心型開発」を推進した一因であろう。

北谷町の跡地利用開発は、行政と共同体の強い繋がりに支えられた地主会の積極的な活動との協働で「商業型開発」が行われた。跡地利用を町全体の発展のためにどのように位置づけ開発を実行していくのかを、早くから町のマクロプランの中で計画し、ぶれることなく実行していた点は那覇新都心開発とは異なる。また北谷町は、地元に目線を据え、海浜を有するという地理的優位性を跡地利用開発に活かしていた。地域の利点を活かした統一感のある開発は人々を惹きつけ、一定の経済効果をもたらしたが、今後の持続可能性には疑問符をつけざるを得ない。

というのは、この両事例のような商業地開発の乱立は、沖縄県内に同じ顔を持つ商業地を形成し、島嶼県経済という限られた市場でパイを奪い合うのみだからである。こうした開発手法では、基地跡地の中でも立地条件がよい一部地域に人口の集中や商業集積が進み、既成市街地の人口減、経済の空洞化を引き起こすことが予想され、現実に那覇市の国際通り地区にその影響が現れているのである。

そこで、今その帰趨が注目されているのが、北谷町と同じく中部圏域にある読谷村において、補助飛行場跡地を一大農業拠点として活用する第一次産業中心の農業型開発が追求されていることである。紙数の制限上その紹介は別稿を期さざるを得ないが、読谷村では、広大な跡地で地元の特産品である紅芋栽培を集団的に実施する大規模農業を行い、高収益農業とすることに取り組んでいる。実際、紅芋は製菓材料として急速に需要が高まり、供給が追いつかない状況である。また、跡地の一部は、亜熱帯農業の開発拠点として、バイオセンターを完備し、栽培技術習得や営農者育成をする先進集団農業支援センターとなっている。そして、商工会も第三セクターをつくって、地元企業や生産者とともに紅芋商品の開発や販路拡大に取り組んでおり、農業から他産業への地域内産業連関が形成されている。現在は、地産地消を推進して、さらなる農業振興、消費増大を図り、村の自立的な発展へ向けての歩みを着実に進めているところである。

このように読谷村では、「人間性豊かな環境・文化村」という基本理念の下、外部資本に依拠するのではなく、農業を基本として地域資源を掘り起こす開発を行い、既に実績を積み上げている。こうした取り組みは、本章で紹介した基地跡地利用のあり方に一石を投じる可能性が高いのである。[21]

いずれにせよ、今後返還が予定されている大規模な基地跡地においては、地主同士、近隣市町村同士で当面の果実を奪い合う開発をすすめるのでは、県全体の持続可能な発展に結びつかないであろう。そのためには、各地の計画を調整する上で、県が果たすべき役割が大であることも最後に指摘しておきたい。

(1)　沖縄県知事公室基地対策課委託調査『駐留軍用地跡地利用に伴う経済波及効果等検討調査報告書』二〇〇七年、による。
(2)　金城宏「返還跡地と業態立地——北谷町の事例を中心に」『沖縄経済の課題と展望』沖縄国際大学公開講座委員会、一九九八年。
(3)　地域振興整備公団『那覇新都心開発整備事業の概要』二〇〇一年。
(4)　「琉球新報」一九八四年二月一〇日付。
(5)　今村元義「軍事基地と沖縄開発」(財)沖縄労働経済研究所編『復帰一〇年目の開発課題と展望』一九八一年。
(6)　新垣肇氏(元那覇市都市計画課天久開発室室長)所蔵資料『那覇新都心地区の事業着手までの経緯及び課題』一九九六年。
(7)　前掲資料及び、那覇市資料「牧港住宅地区開発における事業主体について」一九八三年一二月二日、によると、一九八三年時点での那覇市の試算では、公共団体施行とした場合の事業期間は二三年間を要すると見込まれた。他方、公団施行の場合、①用地取得の実績、②従来の公共団体施行と比較して一〇年程度の工期短縮が可能、③立て替え施設の一般財源対応分が長期償還となり、一般財源対応分が最小限度で済み、一〇年余で基盤整備及び公共・公益施設の整備が可能、④地権者の要望である早期整備、都市モノレール事業採算性の促進、基盤整備投資効果の早期達成、第二次振興開発計画期間内での高率補助の活用、などの利点が見込める、等が期待できた。
(8)　前掲『那覇新都心開発整備事業の概要』、二一八頁。
(9)　那覇新都心地主協議会『那覇新都心物語』二〇〇七年、四九頁。
(10)　前掲『駐留軍用地跡地利用に伴う経済波及効果等検討調査報告書』、四三頁。
(11)　沖縄県『牧港住宅地区軍用地の跡地利用に関する地主の意向調査報告書』一九七八年三月、那覇市『那覇市軍用地等地主の意識調査報告書』一九八〇年二月。

(12) 一九八六年に地主会長名で市長へ要請(前出、新垣肇氏所蔵資料『那覇新都心地区の地権者の要請及び協議経緯』参照)。一九八五年までに事業認可を受けた県内の区画整理事業のうち約八割が減歩率三〇%以下で、那覇市ではさらに九割以上の地区がそうであったため、減歩率三二%は高いと抵抗を受けた。

(13) その他、公共施設用地が八・七%、公園・緑地が一〇・七%、道路が二一・一%である。前掲『駐留軍用地跡地利用に伴う経済波及効果等検討調査報告書』、二七五頁。

(14) 前掲『駐留軍用地跡地利用に伴う経済波及効果等検討調査報告書』。

(15) 整備による波及効果(年額)=生産誘発額二一三・八億円、所得誘発額六八・九億円、税収増額一六・五億円。活動による波及効果(年額)=生産誘発額六六〇・四億円、所得誘発額一八一・〇億円、税収増額九六・六億円。

(16) ニライとは、海の彼方の理想郷のことで、人々の心の故郷とされている。

(17) 一年中温暖な気候に恵まれ、青い海と空が広がり観光客で賑わう点が沖縄と類似性が多いと考えられ、イメージタウンとして設定した。

(18) 経費負担は、町が独自に考案した「分担金方式」が取られた。一般客からの料金徴収を排除し、企業が使用料を負担する仕組み。負担の割合は、駐車場全体の三〇%については町が管理経費を負担し、残りの七〇%を企業の敷地面積、建物面積、業態、駐車場からの距離等を考慮して企業側に負担してもらうシステム。

(19) 二〇〇一年度北谷町企画課資料参照。

(20) 町では、近隣市町村に大型の商業地が形成されたため、リゾート地として余暇を楽しむために美浜地区には訪れるものの、消費は他地域でという顧客が増加していることが原因ではないかと分析している(二〇〇六年七月、北谷町役場でのヒアリング調査による)。

(21) 詳細は、真喜屋美樹「返還軍用地の内発的利用——持続可能な発展に向けての展望」西川潤・本浜秀彦・松島泰勝編『島嶼経済沖縄の将来像——ポスト振興開発期に向けて』藤原書店、二〇一〇年、を参照されたい。

第七章　米国における軍事基地と環境法

砂川かおり

はじめに

改善されない米空軍嘉手納飛行場や米海兵隊普天間飛行場の航空機騒音、基地の運用に関する情報が不十分な中で進む普天間基地代替施設建設計画の環境影響評価、返還された米軍基地跡地から発見される有害廃棄物による跡地開発の遅れなど、在日米軍に係る環境政策は、諸課題が山積している。

この分野の政策の進展を妨げているのが、平時と戦時を区別せず、僅かな例外を除けば、日米のいずれの国内法にも依らず、日本国民の健康や生活環境を守るにはとうてい不十分な米軍内部の行政基準に基づいて、米軍基地を運営する権限と裁量を在日米軍に与えている日米地位協定である。日米地位協定には日本法遵守が明文化されていないため、日本で活動する民間セクターや日本の政府機関には適用される日本の国内法が、在日米軍には適用されないと日本政府は解釈している[1]。そのため、在日米軍の環境保全活動は「任務に支障をきたさない範囲」で行われる単なる努力目標にとどまっている。

他方、米国内においては、連邦政府の行為に対して環境影響評価義務を定めた国家環境政策法（一九六九年）を始めとする制定法の発展や、連邦行政機関が、連邦政府、州政府および地方自治体の定めた汚染防止諸法を遵守することを定めた大統領命令一二〇八八号(一九七八年)の公布などによって、米国の軍事施設に適用される環境法政策が強化されてきた。さらに、イタリア、ドイツ、オーストラリアでも駐留する米軍の施設には駐留国の国内法が適用されている。(2) 平時において、これらの国々では駐留米軍に法的統制がかかることで、米軍に環境保全へのインセンティブを持たせ、環境法政策の実行性を確保している。このように、平時の軍事活動による環境問題解決のためには、国内法や国際協定によって環境保全義務とその手続きを明文化した実効性ある法的整備が不可欠である。そこで本章は、在日米軍に係る環境問題解決のためには制定法に基づいた法的統制が有効であるという立場から、米軍基地の計画、運用、閉鎖後の各段階毎に沖縄県において生じている典型的な環境問題を取り上げ、その解決のための法体系の日米比較をおこなうこととしたい。

一　名護市辺野古湾・大浦湾における普天間代替施設建設事業について

名護市辺野古における普天間代替施設建設事業は、在日米軍が使用する施設にもかかわらず、日本政府が建設・供与するため、日本の防衛省が事業者となり、日本の環境影響評価法や公有水面埋立法などの日本の国内法の手続きに則って進められている(詳しくは本書第四章を参照)。

この事業では、日本の天然記念物である海洋性哺乳類ジュゴンの生息域に代替施設建設が予定され、ジュゴンの餌場となる海草場の埋め立てが必要となることなどから、日本のみならず、米国の司法も巻き込んだ論争へと発展してきた。

米国連邦環境法は、国防総省が軍事活動を計画する際に環境への影響を考慮することを要求している。しかしながら、原則的に立法文言や立法者意思により連邦環境法の域外適用が明白な場合を除き、国内立法の域外適用を制限するコモンロー上の法理から、連邦環境法が域外適用されることは稀である。

ところが、その極めて稀な例として、域外適用を定めた国家歴史保存法[3]に基づいて、二〇〇三年九月、沖縄ジュゴン、沖縄県の住民・団体、日本環境法律家連盟、米国環境保護団体が、沖縄のジュゴン保護を目的に米国カリフォルニア北部地区連邦地方裁判所において米国国防長官を相手に提訴した。これがいわゆる沖縄ジュゴン対ラムズフェルド事件である。[4]国家歴史保存法は連邦政府などに対して、世界遺産条約を執行するため、世界各国の文化財を保護するよう求めている。原告側は、沖縄のジュゴンは日本の文化財保護法によって保護される天然記念物であるため、同法の保護の対象になり、辺野古における普天間代替施設建設に際して、米国国防長官はジュゴンへの影響を考慮しておらず、同法に違反するとしてその履行を求めた。二〇〇五年三月二日に裁判所は、同法が本件事情下では適用されるとした中間決定を行い、二〇〇八年一月二三日には、裁判所は連邦政府の行為は国家歴史保存法に違反し、違法であるとの判決を下した。

ここでは、二〇〇八年一月二三日の裁判所決定で、パテル判事がどのように国防長官の国家歴史保存法違反を認め、違法行為の是正にどのような手続きを求めているかについて見ていく。判決内容に入る前に、同法がどのようなことを米国連邦政府に要求しているのかを明らかにしておきたい。

国家歴史保存法第四〇二条（合衆国法典第一六編第四〇七a-二条）は、「世界遺産目録または当該外国における（米国の）国家登録簿と同等のものに登録された遺産に対し、直接的に悪影響を及ぼしうる連邦行為であって、米国外におけるものを承認するに先立ち、当該連邦行為につき直接的または間接的に管轄する連邦機関の長は、当該悪影響を回避または緩和するために、当該連邦行為が当該遺産に及ぼす影響について考慮するものとする」と域外適用を定めている。[5]パテル判事は、①日本の文化財保護法によって国指定天然記念物にされているジュゴンは、米国の国家登録簿と同等のものに登録された遺産（文化財）と認め、②ジュゴンの生息地に建設が予定されている沖縄県名護市の辺野古湾・大浦湾における普天間代替施設建設事業を遺産（文化財）であるジュゴンに直接的に悪影響を及ぼしうる連邦行為であることを認定し、③この事業による悪影響を回避するまたは緩和するために、この事業を管轄する米国国防長官がこの事業がジュゴンに及ぼす影響について「考慮する」ことを怠ったために、被告の違法性を認定した。[6] そして、被告が違法行為を是正するために、当該事業がジュゴンに及ぼす影響を「考慮すること」を命じた。

では、第四〇二条における「考慮すること」とは何を意味するのだろうか。実は同法の条文中に「考慮すること」について定義は示されていない。そこでパテル判事は、同法第一〇六条中の米国内の遺産への影響を「考慮する」プロセスを履行するために、歴史保存の諮問委員会が制定した第三六連邦規則第八〇〇・二―八〇〇・一一の精神と枠組みを反映している、一九八〇年の国家歴史保存法の改正における立法過程に示されている立法者の意図を基に次のように解釈した。

その（考慮する）プロセスは、最低限、①保護された遺産の特定、②いかに当該行為が当該歴史遺産に影響を及ぼすかに関する情報の作出、収集、考慮及び衡量、③悪影響の有無に関する決定、及び④必要であれば、当該悪影響を回避または緩和しうる当該行為の代替案または修正案の策定と評価を含むべきである。この基本的なプロセスの責任を負っている者は、この連邦行為を管轄する者であり、このプロセスの履行は連邦行為が承認さ、、れる前に生じなければならない。更に、連邦機関はこのプロセスを自らの組織だけで孤立して完結できず、協力関係の下でホスト国（日本政府）や他の関連する民間団体や個人を従事させる（べきである）。[7]

前述のように、国家歴史保存法第四〇二条の「考慮する」プロセスの基本的枠組みを示した上で、パテル判事は以下の論処を示しつつ、被告が当該「考慮する」プロセスを遵守していないと結論づけた。第一に、二〇〇六年（再編実施のための日米の）ロードマップを（米国連邦政府が）承認したことは、国家歴史保存法第四〇二条下の「考慮する」義務を引き起こす連邦行為の承認である。第二に、普天間（基地）代替施設を担当する国防総省職員が、ジュゴンや当該施設の影響に関して利用可能な情報を考慮し、評価したことを窺わせる一片の証拠も一件の記録も存在しない。第三に、日本政府が日本の法律に従って環境影響評価を実施するという事実は、国家歴史保存法に基づく「考慮する」という、（自らに課された）国防総省独自の義務を免除するものではない。そして第四に、被告は国家歴史保存法第四〇二条を遵守してこなかった。この不遵守は、行政手続法第七〇六(一)条[8]により、不当に時機を失した違法な不作為という行政機関の行為である。

そして、パテル判事は、被告に国家歴史保存法第四〇二条を遵守することを命令したことに加え、裁判所からの問いに答える形で、同法第四〇二条の「考慮」プロセスを示すことを命じた。

二〇〇八年四月二三日に被告は判決文の回答を通して「考慮」プロセスを提案したが、原告は応答文書で反論した。二〇〇八年一〇月六日の口頭弁論後、和解案を巡って原被告が交渉を続けているが、和解案合意には至っていない。二〇〇八年七月三日と一二月二二日に被告が裁判所に提出した原告の文書や和解案に対する応答文書を基に検討すると、「考慮」プロセスのあり方について、次の諸点が争点となっている。

第一の問題は、国家歴史保存法第一〇六条の米国内の履行規則をどの程度まで、同法第四〇二条の「考慮」するプロセスに準拠するとみなすかである。原告はできるだけの準拠を求め、被告は自らの裁量で決定することを主張している。例えば、原告は、①同法第一一〇条に規定されているパブリックコメントを必要とする「（文化財の）保全プログラム」[9]や②被告が「国家環境政策法における本格的な環境影響評価の多くの要素」と評価する項目を提案しているが、被告はそのような項目は、法的な義務ではないとして拒否している。

第二の問題は、日本における協議の持ち方を決定するのに、日本政府によるコーディネートや承諾を必要とするかである。原告は、自らを含めて協議に参加する者の条件を提案した。一方、被告は、日本との国際関係を重視するために、既存の外交チャンネルの外で、関心のある個人や団体に接触すべきでないと考えている。

第三の問題は、ジュゴンへの悪影響をどのように評価するかである。被告は、ジュゴンへの悪影響を決定する方法は、自らに裁量があると主張している。例えば、原告は、国家歴史保存法の国内手続きでも要求されている「当該計画のジュゴンへの累積的な影響の調査」を提案しているが、それは義務ではないと被告は反論している。被告は、「悪影響という概念は、アメリカの文化価値ではなく、日本の文化価値に依拠すべきである。日本文化にとって何が資産価値となるかについて日本の論拠を用いながら、日本の文化財保護法の下でジュゴンへの悪影響が何であるかを評価すべき」と反論している。

第四の問題は、ジュゴンへの悪影響に対する回避策・緩和策の範囲である。原告は、辺野古湾・大浦湾がジュゴンに与える影響を評価した後で、施設の場所について検討すべきと主張してきた。一方被告は、特定の軽減策や連邦行為を根本的に変える全く新しい代替案を考慮することを被告に命令する根拠は国家歴史保存法上にはないと反論している。被告は、「文化的歴史的遺産であるジュゴンに悪影響がありうると確定された場合には、技術的に経済的に可能で、普天間基地代替施設の悪影響をかなり緩和しうる実際的な方法と技術を考慮すること」、「ジュゴンへの予見できる悪影響の全て或いは一部を緩和する方法を運用上の必要条件として組み入れることができるかを検討すること」に同意している。そして、「日本が最終的な決定をする前に、適切と思われる建設方法やデザインに必要な潜在的に利用可能な緩和策を日本政府に約束させるだろう。そして、分析を終える前に、被告も日本政府が知っている範囲で日本政府から提案された緩和策について考慮するだろう」と述べている。

以上の争点について、筆者は次のように考える。

まず、詳細な手続きの設定について国防総省は、同法第四〇二条の自らの「考慮」プロセスが必要であることを認めつつも、日本法の下で行われる手続きを最大限活用して、自らの手続きを最小化することを目指している。これは、日本の主権を侵害しないという法的な配慮と、外交関係に悪影響を与えないという政治的な配慮に基づいている。加えて、「考慮」プロセスを実施する予算を最小化するという財政上の配慮もあると思われる。

ジュゴンへの影響を評価する方法論についての双方の主張の違いは、二国間の環境諸法の実効性を確保する手続きの差異と法律が政策決定に影響する効果に基づいている。国家歴史保存法やその国内手続きを定めている行政規則では、①パブリックコメントを必要とする「(文化財の)保全プログラム」の策定、②当該連邦行為の累積的影響、二次的影響の考慮、③当該連邦行為が与えると予想される文化財としてのジュゴンへの影響を評価すること等、詳細な手続きを求めている。特に、当該連邦行為の累積的影響、文化財としてのジュゴンへの影響の評価は、日本の環境影響評価法では考慮されず、文化財保護法では文化財の現状変更について制限があるにすぎない。

この点に関して強調しておきたいことは、在日米軍による環境保護及び安全のための取り組みは、在日米軍によって作成される日本環境管理基準に従って行われており、日本環境管理基準は日米の関連法令のうち、より厳しい基準を選択するとの基本的考えの下で作成されていると日米合同委員会環境分科委員会の事務局を務める環境省が説明していることである。(10) そうであるならば、国防総省は積極的に国家歴史保存法に係るより厳しい基準を選択することが政策の方針に一致しているのではないだろうか。

次に、米国政府が日本の主権の侵害と国際関係への悪影響を避けるための協議の持ち方について、日本政府によるコーディネートや承諾を必要とすることは、理に適っている。しかしながら、国家歴史保存法第四〇二条の要件について被告の履行状況を検討し、場合によっては是正措置を裁判所に求める原告の権利は確保されるべきである。例えば、次節でも取り上げる国家環境政策法下で基地再編閉鎖に係るヘリ配備の増加の環境影響の適性について争われたマーチ連合基金事件の一九九九年和解合意書(11)では、環境影響評価のやり直しを裁判所が被告である国防総省に命令した。このやり直された環境影響評価手続きでは、原告であるデルマー市、NPO、市民に方法書や評価書が送付され、コメントを当該事業の政策決定者に送る手続きを定めることで、原告がこの環境影響評価プロセスに関与することを確保した。さらに、和解内容が守られない場合には、裁判所が再度仲介に入ることも合意された。ジュゴン裁判においても、国防総省は、日本政府と調整を図りながらも、マーチ連合基金事件の和解に見られるように、直接的或いは間接的にでも、原告が国家歴史保存法第四〇二条下の「考慮」プロセスに関与させることを保障することで和解案の合意が可能になると思われる。

第三に、ジュゴンへの悪影響を評価することについて、法制度の異なる二国の法律を一概に比較することは難しいが、アセスメントの実施時期、住民参画の程度、環境影響評価に対する司法の評価のあり方など、米国連邦環境法の制度と比べて日本側の制度は法的要件が少なく、実効性を確保するために改善できうる余地があることである。

日本の国内法下でジュゴンの文化的価値を評価することを米国政府が尊重することは重要であるが、それが、より法律要件の少ない制度で最低限の要件を満たすための詭弁として使われてはならない。ジュゴンの文化的価値を日本文化の文脈で評価しつつも、「日米の関連法令のうち、より厳しい基準を選択すること」という在日米軍の環境保全の取り組みの基本的な考え方に基づいて評価項目を選択することが、日本の文化財保護法や米国の国家歴史保存法の目的に適うものと考える。

第四に、原告は、ジュゴンへの悪影響の回避策や緩和策を考える際に、普天間基地代替施設の場所を変更することも考えるべきであると主張している。これは、米国の国家環境政策法が計画を策定する段階で行う計画アセスであり、何もしない案も選択肢の一つとして考慮することを規定した四〇連邦規則一五〇二・一四(d)を準用した主張である。一方、日本の環境影響評価法に基づく環境影響評価は計画を決定した後で評価を行う事業アセスである。被告は、事業の影響を最小限にするために、事業アセス内での代替案を主張している。原告が提案するように、日本の事業アセスに基づく代替案よりも、計画アセスである米国の国家環境政策法に準じた代替案の方が、回避策、緩和策の選択肢が広がる。

国家歴史保存法は、域外適用を認める数少ない米国連邦環境法であり、ジュゴン訴訟は同法の域外適用の初めてのケースとして注目されるものである。裁判判決では、同法第四〇二条の「考慮」するプロセスでの基本的な要素は示されているが、どのようにこのプロセスを特定していくかについては、裁判所は行政に判断を委ねるとした。このように、具体的なプロセスのあり方にどこまで原告の意見が取り入れられるべきかについては、法律によって規定されたものではない。国家歴史保存法の国内手続きや国家環境政策法に準じた環境影響評価の域外適用について被告が慎重である中で、ジュゴンの生息域を始めとする辺野古湾・大浦湾の自然と人々の暮らしを守れるかどうかは、原告や原告を支持する人々の粘り強い指摘と交渉、そしてそれを支持する世論や政治力の形成にかかっている。

二　基地の運用上の問題――在日米軍航空機騒音問題を事例として

これまで、在沖縄県の米軍飛行場付近の住民は、耐えがたい航空機騒音問題の解決を目指して、嘉手納基地爆音訴訟(一九九八年控訴審判決)、新嘉手納基地爆音訴訟(二〇〇五年第一審判決、控訴審で係争中)、普天間基地爆音訴訟(二〇〇八年第一審判決、控訴審で係争中)を提訴してきた。いずれの判決でも、それぞれ生活環境整備法上の区域指定におけるうるささ指数(WECPNL)八〇以上、八五以上、七五以上の各地域に居住する原告らが、社会生活上受忍すべき限度を超えた日常生活の妨害、睡眠妨害などによる精神障害を受けていると認められ、裁判所は日米地位協定の実施に伴う民事特別法第二条により在日米軍の施設管理に瑕疵があったことを認め、日本政府に損害賠償を命じた。しかしながら、航空機の離発着や夜間訓練の差し止めについては、日本政府(被告)が嘉手納基地や普天間基地の管理・運営を制約し、その活動を制限できる条約ないし条約に基づく国内法令の特段の定めがないという理由により、請求の主張自体失当として棄却されている。つまり、司法の場では賠償金は支払われるものの、騒音を除去するという、抜本的な騒音問題の解決には至っていない。

行政の取り組みとして、一九九六年に日米両政府は嘉手納飛行場における航空機騒音規制措置(以下、嘉手納騒音規制措置と略する)と普天間飛行場における航空機騒音規制措置に合意した。しかしながら、この措置は、夜間の飛行及び地上での活動は、「米国の運用上の所要のために必要とされるものに制限される」(嘉手納騒音規制措置三:i)、司令官の責任についても、「……実現可能な限り航空機騒音を最小限にするよう、管理下にある航空機を運用する」(嘉手納騒音規制措置四．a）とし、騒音規制の裁量は部隊司令官に与えられている。つまり、これらの騒音規制措置は努力規定にすぎず、また履行をチェックする手続きが日米両政府や地元の間で確保されておらず、そのため騒音を軽減できずに形骸化している。実際、在日米軍再編によって嘉手納基地に外来機の飛来が増加し、騒音が増加するという事態を招いている。在日米軍の航空機騒音問題の解決を考える手がかりとして、次に米国における米軍航空機の騒音対策を検証する。

騒音規制法（一九七二年）は、「全てのアメリカ人にとって、健康や福祉を脅かす騒音のない環境を促進する[12]」ために制定された。環境保護庁はこの目的を達成するために様々な状況下で、騒音レベルの規則を公布しなければならない。しかしながら、「航空機や軍の武器」は、明確にこれらの条項の適用除外になっている。その代わりに国防総省は、人々への騒音の悪影響を規制するために内部の政策として任意の方法を発展させてきた。例えば、米軍海兵隊は、大統領令一二〇八八[13]と航空施設整合利用ゾーン（the Air Installation Compatible Use Zone, 通称ＡＩＣＵＺ）プログラムを利用している[14]。このプログラムは、航空施設と周辺地域が共存できるような状況を達成することを目的としている。そのために、航空施設内とその周辺において、運用的、訓練的、飛行の安全に関する要求を満たす一方で、航空機の運用から生じる騒音の影響を削減する努力が行われている[15]。

米国では、米軍基地の周辺に後から地域コミュニティーが形成されるという経過をたどったため、騒音被害が著しい対象区域内に転入した原告は、被害を認識していたか、認識しなかった過失があるという「危険への接近」論を持ち出せば、米軍基地の周辺の民間の土地利用を規制する方法が可能となっている。しかしながら、戦後、地域住民から土地を接収し基地を建設してきた沖縄の米軍基地では、この「危険への接近」論は当てはまらず、新たに航空施設周辺の土地利用を規制する法律を制定しても、施設周辺の既存の民間地域では新法の適用を除外され、法律の効果は少ないと思われる。

では「米国でも住民の側が米軍の航空機騒音を規制することはできないのだろうか」という疑問が生じるだろう。米国でも住民の側が既存の航空機騒音を規制する法律は存在しない。しかしながら、将来の航空機騒音を規制する方法は皆無ではない。例えば、配備される航空機の機種変更、飛行ルートの変更など、軍事基地運用の手続きを変更する際には、その基地の司令官は、国家環境政策法に基づいて提案されている案及び代替案について環境影響評価書を作成し、さらに騒音の影響、飛行の安全性、運用能力及び費用を評価しなければならない。地方自治体や環境団体等は、環境影響評価手続きにおけるパブリックコメントの中で、可能性のある基地の運用の変更について一般の人々の意識を高めることが出来るし、政治的圧力を高めて提案を変更できるかもしれない。さらに市民はパブリックコメントや訴訟を通して、提案された運用の変更に対して直接影響を与えることができる。

例えば、カリフォルニア州サンディエゴ市に所在するミラマー海軍基地は、一九九三年の基地再編閉鎖委員会の決定によって、海兵隊の資産といくつかの海兵隊の運用がミラマー海軍基地に再編され九七年に海兵隊施設になることが勧告された(16)。その再編計画では、ヘリコプターが増強される予定のため、国防総省は国家環境政策法に基づいて環境影響評価を行った。しかしながら、調査内容が不十分であるという理由から、九七年にサンディエゴ市近隣に位置するデルマー市と市民団体が、行政手続法、国家環境政策法、大気浄化法に基づいて、環境影響評価のやり直しを求めて国防総省を相手に提訴した。これが、前節でも述べたマーチ連合基金事件である。二年間の裁判の後、一九九九年に和解案が成立し、被告(国防総省他)による原告の弁護士費用の支払い、大気、安全性及び騒音に係る調査の再実施、騒音が激しいボックスパターン訓練を最小化すること、夕方のヘリの騒音を減少するために緩和策を取ること、人口の多い高速道路付近の飛行を最小化すること、海上やより人口の少ない地域の上を飛行することなどが合意された。

また、米国と沖縄における米軍航空機の運用に関する違いに、米軍基地上空と周辺の空域を規制する文民統制があるかどうかという点がある。例えば、カリフォルニア州サンディエゴ郡では、連邦航空局が空域における飛行ルート設定の権限を有している。一方、沖縄では二〇カ所の空域が米軍の訓練区域として設定されているほか、一九七二年と七五年の日米合同委員会合意に基づいて、嘉手納を中心に半径約八〇キロメートル、高度六〇九六メートルと、久米島を中心に半径約四八キロメートル、高度一五二四メートルにわたり米軍が管制権を持つ「嘉手納ラプコン」が設定されている。沖縄の広範囲の空域では、日本政府ではなく米軍が飛行ルートを設定し、普天間基地上空と周辺空域を管理する権限を有している。嘉手納ラプコンの日本への移管手続は現在進行中であるが、まだ実現に至っていない。米軍施設上空及びその周辺の空域を、主権を有する国の政府が文民統制することは、「平時」の運用を実現し、安全保障上の利益を偏重させない意味でも必要である。

現在、騒音に関しては、在日米軍として統一した環境基準を採用していない。四軍それぞれに内部基準がある。例えば、海兵隊では海兵隊指令P五〇九〇・二Aが域外に適用されているが、航空機騒音を規制する基準もなければ、航空施設整合利用ゾーンプログラムの実施も任意となっている。

以上の検討を踏まえて、嘉手納基地騒音軽減措置、普天間基地騒音軽減措置の実効性を確保するために、次のような改善策を提案しておきたい。

第一に、ドイツでおこなわれているように、騒音被害を伴う低空飛行訓練を地域によって禁止、または制限することである。松浦一夫によると、ドイツ連邦国防省は、その都度飛行高度及び飛行時間が決めることができ、優先的に飛行が実施される低空飛行地域と、低空飛行が禁じられる低空飛行保護地域を設定し、低空飛行訓練を時間的・空間的に制限している(17)。日本においてドイツのように低空飛行保護地域を設定するためには、少なくとも二国間での合意が必要である。これによって人口密集地での飛行訓練を制限することが可能になるだろう。

第二に、合意を履行するための手続きを設定することである。すでに述べたように、嘉手納基地騒音軽減措置、普天間基地騒音軽減措置では、司令官の裁量の幅が大きく、履行の手続きも日米間で合意されていない。夜間の飛行訓練や人口密集地での低空飛行訓練などは、裁量権を狭め、「緊急時」に限定するように騒音軽減措置の内容を改正し、履行状況をチェックする仕組みを組み入れるべきである。例えば、米軍・日本政府・地域の代表や専門家で構成される基地の運用を審査する委員会を設け、それが航空機訓練を含む基地の運用に係る騒音対策について審査するとしてはどうだろうか。規定外の夜間飛行を「緊急時」と解釈した司令官の判断は適切であったかどうかについて審査し、審査内容を公開することで、法的拘束力はなくても、社会的圧力を形成できると考えられる。[18]

第三には、基地の運用の変更に際して、環境影響評価を実施することである。現在、原則的に国家環境政策法は域外適用されないと解釈されており、また、域外環境影響評価に関する米国国防総省指令六〇五〇・七号「国防省による域外における主要な防衛行動に関する環境影響」でも艦船、軍用機等の配備・展開に対しては全面適用除外となっている。[19]しかし、米国並みの法の保護を確保するのであれば、米軍の内部規定よりも法的優位性を持つ二国間協定の締結によって環境影響評価の実施を義務付ける必要がある。例えば、ドイツ政府が許認可権を留保することで、ドイツ法を駐留米軍に適用しているように、日本政府が許認可権を留保することで米軍の活動に対して環境影響評価を行わせることは可能になるだろう。具体的には、現在の事業アセスを計画アセスに変更し、米国国家環境政策法並みに環境影響評価の対象を大規模な施設建設のみならず、米軍の活動計画や施設運用の変更にまで拡大することである。その上で、在日米軍基地の運用を変更する際には、①日本政府から許認可を受けなければならない、②環境影響評価の実施を在日米軍基地の運用を変更する際の許認可の条件とする、というような条項を日米地位協定に盛り込むことが考えられる。

第四に、日米両政府による共同の騒音調査を実施することである。結果を共有し、問題に対する共通の認識を持つことが改善策に向けての協議の第一歩となるだろう。

三　基地返還後の跡地利用

一九九六年に米軍恩納通信所跡地からＰＣＢなどの有害廃棄物が検出されて以降、米軍基地跡地の環境汚染の問題は行政や市民に広く認識されるようになった。軍転特措法第六条第一項において、(日本)国は、(日米)合同委員会で返還が合意された駐留軍用地について、それらの返還に関する返還実施計画を定めることが規定されている。同条第二項では、①返還に係る区域、②返還の予定時期、③その他の政令で定める事項とある。この第六条第二項第三号に関して、同法律施行令第二条第二項は、返還予定地で国が必要と認める場合には、環境調査と汚染等の対策を返還実施計画に記載することを規定している。環境調査の対象項目は、駐留軍の行為に起因したもので、土壌汚染対策法、ダイオキシン類対策特別措置法に基づく土壌汚染、水質汚濁防止法及びダイオキシン類対策特別措置法に基づく水質汚濁、不発弾その他の火薬類の有無、埋立処分された廃棄物の有無である。これらの環境調査の結果を基に、日本政府が土地の所有者等の請求により、環境浄化などの原状回復措置を行った後に、地主に返還する手続きとなっている。原状回復に伴って土地利用の機会を失っている地主等の経済的損失の補償については第五章で検討されているので、ここでは日米における基地跡地の環境浄化の取組を比較し、在日米軍基地跡地の環境浄化措置における改善点を考えていく。

米国では、軍事施設の閉鎖の際には、不動産の処分に伴って生じる廃棄物、土地利用の変更によって過去に環境中に放出された有害物質が環境中に拡散したり、人々が有害物質に曝露する可能性があることから、多くの環境法や規則が適用されている。主要な連邦法令としては、基地閉鎖統合の法的根拠を与えている一九九〇年国防基地閉鎖再編法(二〇〇五年度国家国防許可法によって改正)[20]があり、同法は、国家環境政策法の部分的な適用や、現在並びにかつての防衛施設の環境浄化活動を管理する第一の法的権限である、包括的環境対処・補償責任法の適用を定めている。

包括的環境対処・補償責任法は、一九八六年にスーパーファンド法修正および再授権法[21]によって改定され、それによって①民間と同様に、連邦政府が所有する敷地内への適用、②国防環境回復プログラムの設立などが定められた。そこで以下では、主として包括的環境対処・補償責任法に依拠して、環境浄化の責任の所在、浄化のプロセスなどがどのように定められているかを検証することとしたい。

(1)　環境浄化の責任

包括的環境対処・補償責任法第一二〇(h)(3)条[22]によると、国防総省施設・区域の場合、有害物質が一年を超えて貯蔵されていた、もしくは有害物質が環境中に放出されたことがわかっている、または有害物質が処理された施設・区域の移転の際には、不動産の譲渡証書の中に、国防省の資料を全て調査した上で入手可能な情報を基に、①有害物質の種類と量、②有害物質の貯蔵、環境中への放出、又は処理が行われた時期、③もしあれば、実行された浄化措置、を明記しなければならない。また、不動産の譲渡証書は、①譲渡以前に、その施設・区域に残っているあらゆる物質に関して人の健康や環境を守るために全ての浄化措置が実行されたこと、②譲渡後に必要であることがわかった追加的な浄化措置は、連邦政府によって行わなければならないことを保証した証書を含まなければならない。このように、譲渡される者がその汚染について潜在的責任当事者でない限り、国防総省が施設・区域の移転後も浄化措置に責任を持つこととなっている。

米国内とは異なり、在日米軍基地が返還される際の環境浄化の責任は米国国防総省にはない。それは、日米地位協定第四条第一項によって、在日米軍施設・区域が返還される際に原状回復が免責されているためである。その代わりに、同協定第四条第二項では、米国は日本に対して残余価値の支払い義務を免責している。しかしながら、これらの条項のために、日本は、米軍が行った必要最小限と思われる対策を上回る環境回復措置を行う必要が生じ、その費用を負担することになる。閉鎖する米軍基地の施設は、老朽化していることが多いため、多くの施設・区域で環境回復措置の費用が残余価値を上回ることは当然予想されるところである。

また、松浦一夫[23]によると、ドイツではボン補足協定に基づき、残余価値確定手続きによって土壌汚染等の資産価値が減じる欠陥が発見され、それが駐留軍の責任による場合には、派遣国に責任を求め残余価値と損害が相殺される。汚染の責任の所在などをめぐり、独米間で合意が困難なため、実際にはドイツ政府が汚染を除去している場合が多く、実効性に問題はあるものの、少なくとも手続きが定められていることによって、ボン補足協定は汚染者の法的責任を求める根拠となっている。他方、日米地位協定では返還手続きが定められていないため、汚染への対応は米軍の任意に頼らざるを得ない。一九六〇年の締結時には予想されなかった環境汚染への対応については、日米地位協定第四条を改定し、少なくともボン補足協定並みに汚染者の法的責任を定めるべきであろう。

(2) 浄化プロセス

包括的環境対処・補償責任法第一〇四条では、米国大統領が第一〇五条で規定されている国家(油・有害物質汚染)緊急事態対応計画に従って、漏出場所で有害廃棄物や汚染物質を「除去」したり、「環境回復措置」を行う権限があると明記されている。

「除去」とは、短期的な緊急対策であり、「環境回復措置」とは、恒久的な解決を目的とするものである。汚染への「対応」には、「除去」や「環境回復措置」、そして関連する法の執行も含まれる。包括的環境対処・補償責任法による汚染への「対応」プロセスは以下のような段階によって構成される。国防総省による① 汚染が疑わしい場所の予備調査と現地検査、② 汚染を特定する浄化調査と環境浄化方法を検証する可能性調査、③ 決定記録の作成又は、調査方法と選択した浄化方法の選択肢の記録、④ 浄化方法の設計、浄化措置のためのシステムの建設と運営、⑤ 浄化措置の実施を確保するための検証、の各段階ごとに行わなければならない作業項目が、詳細に規定されている。

これに対し、在日米軍のような域外における米軍の環境回復活動を規定している国防総省指針四七一五・八号(一九九八年）「国防総省の域外活動に関する環境回復」[24]をみると、汚染への対応が極めて限定的となっている。例えば、同指針第五・二・一節は、返還が予定されている域外施設と、既に返還された域外施設において、「人の健康と安全に対して認識された急迫かつ実質的な危険」について、国防総省が迅速に対応すべきとしている。この基準を超えて環境回復措置が行われるのは、国際条約が米国にそのような義務を課している場合と、現場の司令官が国防総省環境執行官と相談した後に、作戦の維持又は、人の健康と安全を守るために必要であると決定した場合に限られている。この手続きは、包括的環境対処・補償責任法における緊急対応である「除去」作業であり、恒久的な浄化活動は含まれない。国際協定によって、米国に義務が課されている場合には、「人の健康と安全に対して認識された急迫かつ実質的な危険」という基準を超えて環境回復作業を行うことが可能であることから、日米地位協定の改定によって、返還前に少なくとも予備調査、現地検査への米国側からの協力を義務づけることで、恒久的な環境回復作業の精度と効率性が向上できると考えられる。

米軍基地の環境浄化作業では、有害物質の環境中への放出の有無を判断する予備調査の精度が最も重要であり、そのために土地利用の履歴や有害物質の漏出の記録が不可欠である。在日米軍の環境活動の手続きや基準を定めた最新の日本環境管理基準第六回改定版（二〇〇六年発行）には、「第一八章　漏出防止および対処計画」が明記されており、漏出時の緊急対策や漏出報告書などが盛り込まれている。日本環境管理基準が初めて発行されたのは一九九五年であるから、それ以降は、少なくとも有害物質に関する記録は存在すると見なすことができる。しかしながら、九五年以前には、在日米軍において有害物質の漏出に関する統一した手続きが定められていないことから、それ以前の記録は存在しない可能性がある。

国防総省指針四七一五・八号第六節「情報要求」の主要な事項としては、①国防総省機関は、国防総省施設における環境汚染について、情報を発展させることができ、存在する情報を返還後五年間維持しなければならない、②安全保障の要求に従いつつ、受入国からの要求があれば、国防総省環境執行官や大使館を通じて、受入国当局に米軍施設の環境汚染に関する情報を提供すべきである、と明記されている。

九五年以前の情報は存在しない可能性があるため、国防総省指針四七一五・八号第六節による手続きだけでは、予備調査は非常に不十分なものとなる。予備調査の精度を上げるためには、米軍基地の返還前に、米軍、日本政府、基地周辺自治体が過去の汚染に関する予備的な調査を実施し、その調査結果をこれらの関係当事者間で精査できるような国際協定の締結とその調査のための予算の確保が重要な課題である。


この他、環境回復活動の公示や、予算など重要な論点があるが、紙数の制限上省略し、最後に包括的環境対処・補償責任法には市民訴訟規定（同法第三一〇条、合衆国法典第四二編第九八五九条）があることを指摘しておきたい。

一方で、国防総省指針四七一五・八号は、その第一・二節に規定されているように、国防総省の内部規定にすぎず、国防総省、連邦政府、その職員などに対して訴訟を提起できるものではない。

慣習国際法上、外国領域内にある派遣国軍隊は、派遣国の国家機関として扱われ、派遣国と受入国の間で主権免責を制限する国際協定がない限り、受入国の法律は派遣国軍隊に適用されないと解釈されている。しかしながら、イタリア軍の基地を使用する在伊米軍にはイタリアの国内法が適用されている。また、受入国内の防衛施設区域で派遣国軍隊に排他的な使用権を認めている場合においても、派遣国軍隊に受入国の法令の適用を義務付けている場合もある。(25)この方式を採用しているのがドイツであり、ボン補足協定の一九九三年改定によって、派遣国である米国の国家免除に配慮しつつも、受入国であるドイツが許認可権を持つことでドイツ法の適用を確保できるようになった。(26)

域外適用が限られている米国連邦法や、手続違反を理由に訴訟を提起できない米軍の域外基地に関する指針の活用を考えるよりも、イタリアやドイツのように米国との地位協定等の国際協定で、国内法の適用を明文化し、具体的な手続きを規定していくことが必要であろう。

おわりに

本章では、米軍基地の計画、運用、閉鎖後の各段階において沖縄県において生じている典型的な環境問題を取り上げ、その解決のための法体系の日米比較を行ってきた。

その結果、米国では米軍の活動や施設に係る計画、運用、閉鎖のいずれにおいても、①国家環境政策法、包括的環境対処・補償責任法等の関連規則によって、手続きが定められ、米軍の裁量の範囲が狭いこと、②違法行為などに対しては市民訴訟の提起ができること、③国家歴史保存法、航空施設整合利用ゾーンプログラムに伴う国家環境政策法、包括的環境対処・補償責任法に市民への情報提供と市民参画が謳われていることなどが明らかになった。

米国連邦法の域外適用は限られているため、米軍の活動に起因する健康や環境への影響を事前に評価し、軽減するためには、日米地位協定を改定し、在日米軍基地への日本の国内法の適用、基地の使用協定の締結などを盛り込む必要がある。そして、日本の環境影響評価法を事業アセスから計画アセスへ変更することなど、日本の法体系の発展も不可欠である。

安全保障の目的は、国民やその財産、領土を守ることである。その準備の過程で、真に守りたいものを傷つけ、壊したりしてはならない。そのための制度を整備し、予算を割り当てることで、本来の安全保障の目的は達成され、それが真の日米関係の発展に寄与するものとなるだろう。

＊本稿執筆にあたって、日本学術振興会特別研究員ＰＤ林公則氏、バーモント法科大学院〇九年卒業生 Weston Watts, Jr. 氏、および京都府立大学川瀬光義教授に助言を戴いたことに感謝申し上げる。

（1）在日米軍に日本の国内法が適用されるかどうかについて、外務省は日米地位協定の解釈を、同協定発効前後で変化させてきた。一九七三年七月一一日の第七一回国会衆議院内閣委員会で、外務省アメリカ局長（政府委員）は「一般国際法上、地位協定並びにそれに類する協定に明文の規定がない場合には、派遣国の軍隊は接受国の国内法令の適用はない」と答弁した。これは、同協定発効前の一九六〇年六月一二日の第三四回国会衆議院日米安全保障条約等特別委員会において、「協定に基づいて個々の法令の適用を除外している場合を除き、在日米軍施設・区域は日本の施政の下にあるため、原則として日本の法令が適用になる」という、外務事務官（政府委員）による政府見解を覆したものとなっている。詳しくは、『第三四回国会衆議院日米安全保障条約等特別委員会議録』第一〇号（一九六〇年六月一二日）、『第七一回国会衆議院内閣委員会議録』第四〇号（一九七三年七月一一日）を参照。

（2）基地使用実施手続きに関するイタリア国防省と米国国防総省の間におけるモデル実施取極第一七条第一項、NATO軍地位協定・補足協定第五三条では、それぞれ、受入国（イタリアやドイツ）の国内法の遵守が謳われている。イタリアの事例について、本間浩「米軍のイタリアにおける駐留に関する協定の構造と特色」本間他『各国間地位協定の適用に関する比較論考察』［以下、本間他前掲書と略］（内外出版、二〇〇三年）、ドイツの事例については、松浦一夫「ドイツにおける外国軍隊の駐留に関する法制」本間他前掲書、オーストラリアの事例については、永野秀雄「オーストラリア地位協定の研究」本間他前掲書、を参照。

（3）The National Historic Preservation Act（NHPA; 16 U. S. C. 470 et seq.）.

（4）二〇〇五年三月二日の中間決定時では、被告は米国国防長官のラムズフェルド氏であったため、沖縄ジュゴン対ラムズフェルド判決（*OKINAWA DUGONG*（*Dugong Dugon*）, *et al. v. DONALD H. RUMSFELD*, 2005 U. S. Dist. LEXIS 3123（N. D. Cal. Mar. 1, 2005））であった。米国の中間選挙における共和党の敗北後、二〇〇六年一一月八日にラムズフェルド氏が長官職を辞任し、ゲーツ氏が長官に就任したことによって被告がゲーツ氏に代わり、二〇〇八年一月二三日の裁判所決定では、沖縄ジュゴン対ゲーツ判決（*OKINAWA DUGONG*（*Dugong Dugon*）, *et al. v. ROBERT GATES*, *et al.*, 543 F. Supp. 2d 1082（N. D. Cal., Jan. 23, 2008））となっている。

（5）同条文の訳語は、関根孝道「沖縄ジュゴン対ラムズフェルド事件米国連邦地裁決定訳と解説——沖縄ジュゴンと法の支配」『総合政策研究』二〇号、関西学院大学（二〇〇五年九月）、一六七頁を用いた。

（6）判決の詳細については、関根孝道、前掲論文を参照。

(7) *OKINAWA DUGONG* (*Dugong Dugon*), *et al. v. ROBERT GATES*, *et al.*, *supra* note 4 at 1104.
(8) The Administrative Procedure Act (APA) 706 (1), 5 U. S. C. 706 (1).
(9) J. Martin Wagner & Sarah H. Burt, Earthjustice, Civil Action No. C–03–4350 (MHP), PLAINTIFFS' RESPONSE TO DEFENDANTS' PROPOSED ORDER RE: IMPLEMENTATION OF NHPA COMPLIANCE, (January 5, 2009), p. 5.
(10) 環境省水・大気環境局総務課、「環境分科委員会等について」 http://www.env.go.jp/air/info/esc.html
(11) *MARCH Coalition Fund, Inc., et al. v. U. S. Department of Defense et al.* Settlement Agreement and Stipulated Dismissal thereon. U. S. Dist. Ct, S. Dist. of CA.: Case No. : Civil No. 97–0155–S (LAB). (米国情報公開法によって筆者が入手した資料)
(12) The Noise control Act of 1972, 42 U. S. C. § 4901.
(13) 大統領令一二〇八八（一九七八年公布）は、連邦施設に騒音規制法を始めとする、適用可能な騒音規制基準の遵守を命じている。
See Executive Order (EO) 12088 (Oct. 13, 1978)—FEDERAL COMPLIANCE WITH POLUTION CONTROL STANDARDS.
(14) Marine Corps Order P5090. 2A, *Environmental Compliance and Protection Manual*, Ch. 13 at 13–1 (461/946) (10 July, 1998), *available at*. http://www.miramarems.com/environmental_programs/MCO_P5090.2A.pdf
(15) OPNAV Instruction 11010. 36B at 3.
(16) *See Ogden Environmental and Energy Services* Co, Inc. Prepared for: Dep't. of the Navy Commander, Marine Corps Air Bases, Western Area, *Final Environmental Impact Statement Realignment of NAS Miramar San Diego, California* (Feb. 1996), at ES-4, BS-7, 1-2. (米国情報公開法によって筆者が入手した資料)
(17) 松浦一夫、本間他前掲書、八〇頁。
(18) 二〇〇九年三月に沖縄県を訪問された際のバーモント法科大学院ファイアーストーン・デビッド教授からの提案によるものである。
(19) DoD Directive 6050. 7, P3. 5. 同指令の訳語は、永野秀雄「米国の域外軍事施設に関する環境保護法制」、本間他前掲書、二三三―二三四頁を用いた。

(20) The Defense Base Closure and Realignment Act of 1990 (Pub. L. 100-526, Part A of Title XXIX of 104 Stat. 1808, 10 U. S. C. 2687 note).

(21) The Superfund Amendments and Reauthorization Act (SARA); 42 U. S. C. 9601 et seq. (1986).

(22) Comprehensive Environmental Response, Compensation, and Liability Act (CERCLA) §120 (h) (3), 42 U. S. C. 9620 (h) (3).

(23) 松浦一夫、本間他前掲書、九〇頁。

(24) DoDI 4715. 8. 同指針の訳語は、永野秀雄、本間他前掲書、二五二―二五三頁を用いた。

(25) ＮＡＴＯ軍地位協定・補足協定第五三条では、「……同施設区域〔排他的な使用権が認められている施設区域〕の使用にあっては、本協定及び他の国際協定に別段の定めがある場合を除き、並びに軍隊、軍属機関、軍隊の構成員及び家族の組織内部機能及び管理並びに第三者の権利又は、周辺自治体もしくは一般公衆に対する影響が予見できないその他の内部事項に関するものを除き、ドイツの法令を適用する」と明記されている。日本語訳は、本間浩他「地位協定の主要規定比較表」本間他前掲書、二七八頁を引用した。

(26) 松浦一夫、本間他前掲書、七二頁。

第三部　産業と自治の展望

第八章　沖縄の産業政策の検証

高原一隆

はじめに

沖縄で産業政策が構想され、計画され、実施されていくことは、沖縄経済史上特筆すべきことになるであろう。何よりもまず、政治的対応を軸に進められてきた経済振興策から産業政策が分離し、政治的対応だけでは不可能な産業政策が相対的に独自の位置を占めるようになった。かつての「シマおこし」の精神的基盤に加えて、自発的意志で産業振興をすすめる準備が出来上がり、そのミクロ的な核となるビジネスの合理的な経営・管理が求められるようになった。

本稿は、一九九六年を沖縄における産業政策の出発点と考えている。現在までの一四年間の産業政策によって、予想以上に高次な段階に達する可能性が生まれている分野が見られたり、沖縄らしさを押し出したビジネスが生まれ、それらをフォローする努力が地道に行われている反面、政治頼みの分野、外部資本に依拠する分野、地域経済の産業連関に寄与するとは考えにくい分野に財政支出されたり、経済の論理に政治の論理が混合されたりしながら進んでいる。本稿では九〇年代及び二一世紀の最初の一〇年の産業政策の概観と現実から見た評価を通して、今後の沖縄の基盤となる産業とそのミクロ基盤になるビジネスモデルを展望してみよう。(1)

一　沖縄における産業政策の生成――産業の離陸のための準備期

復帰以降の沖縄産業政策は三つに時期区分することができる。第一期にあたる復帰から一九九五年まではいわば産業政策の助走期であり、産業政策と言うより、インフラ整備政策の時期である。第二期は一九九六年から二〇〇一年度まで、第三期が二〇一一年度までの時期である。本章では第一期については省略し、第二期目と第三期目について述べる。図8-1は復帰以降の経済・産業振興のための計画や提言等のうち、主要なもののみを掲載したものである。

(1)　産業振興ビジョンの叢生

沖縄における産業政策の出発点は一九九六年と言ってよい。この時期に、産業基盤のみでなく、産業創出や産業への規制・誘導策など本来の産業政策が提案されはじめた。どのような産業を戦略産業とし、どのような方法で産業振興を進めるかについての基本的考え方が固まり、国と県との産業振興策の方向をすりあわせる動きが始まった。

こうした動きの大きな契機になったのが、悲しいことに、一九九五年九月の米兵による少女暴行事件であった。県側は、一九九六年一月、基地に関する「基地返還アクションプログラム」を作成し、二〇一五年までの基地返還の素案を政府に提出した。そしてそれをフォローする経済のあり方として、「国際都市形成計画――二一世紀に向けた新沖縄グランドデザイン」(一九九六年一一月)を策定し、翌年五月には「国際都市形成基本計画」を提案した。この計画は沖縄をアジア・太平洋地域の流通中継基地とし、それらの関連産業を沖縄の基盤産業に位置づける内容であった。そのための戦略産業としてあげられていたのが自由貿易地域の設定(製造業)、情報ハブ基地としての情報通信関連産業振興、国際観光・保養基地形成であり、その具体策として自由貿易地域の拡充(当時は那覇地区だけ)、税優遇措置、規制緩和、インフラ整備がうたわれた。

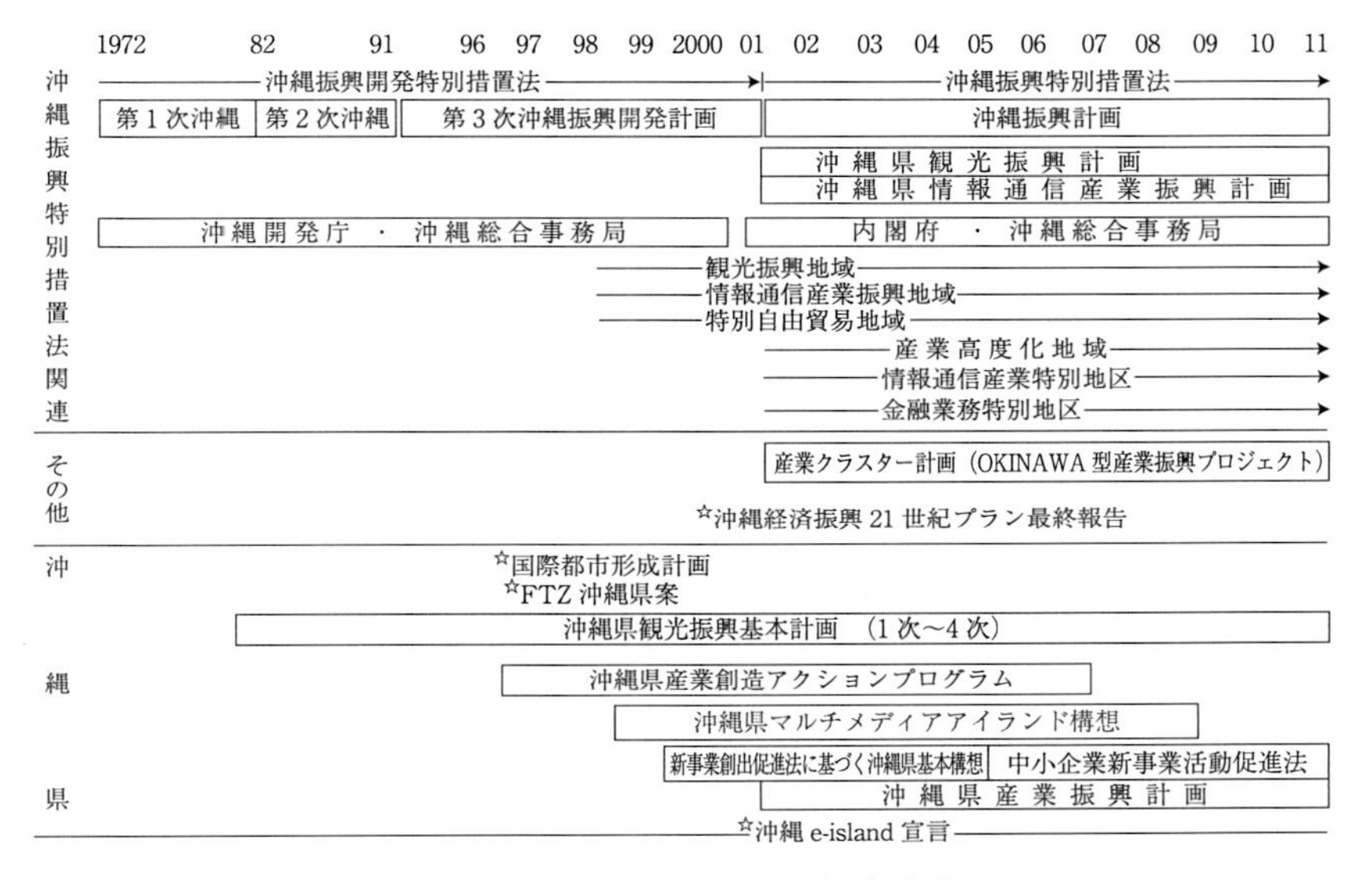

図8-1 復帰以降の主要な経済計画

(注) ☆は当該文書が公表された年.
(出所) 筆者作成.

一九九七年に、二〇〇一年を期して全県を自由貿易地域とする「国際都市形成に向けた新たな産業振興策――FTZ沖縄県案」が公表され、ほとんどの業界を巻き込んで全県的な議論が華々しく行われたが、結論は見ないままで議論は短期間に終息した。一九九八年には、特別自由貿易地域、観光振興地域、情報通信産業振興地域の制度ができ、二〇〇二年の沖縄振興特別措置法(沖振法と略記)の経済特区制度に結びついていった。

同じ九七年六月には県から「沖縄県産業創造アクションプログラム」が出された。これは第三次沖縄振興開発計画の特色ある地域・産業を基本にした計画であったが、将来の基盤産業の形成に向けた戦略的展開が意図されたものであった。具体的には、健康で快適なライフスタイルの提供をコンセプトに、健康産業振興プログラム、観光関連産業高度化プログラム、企業化支援プログラム、新産業創出プログラム、物流・流通分野改革プログラムを設定し、六つの中核産業(食品産業、医療・バイオ産業、観光関連産業、情報産業、環境関連産業、物流・流通産業)を振興させるプログラムが提案された。

(2) 企業化支援の政策と(財)沖縄県産業振興公社

続いて、新事業創出促進法と連動した「新事業創出促進法沖縄県基本構想」が策定され、沖縄においてはじめて起業と創業が産業政策の構成部分となった。全国的にも、一九九〇年代は、大規模な産業再編成がすすんだ時期であり、中小企業政策も従来の社会政策的対応から競争・選別政策へと変化した時期である。一九九九年に新中小企業対策基本法、一九九八年に新事業創出促進法(創業支援、新事業開拓支援、地域プラットフォーム等)が成立した。同年成立・施行の中小企業経営革新支援法(中小企業近代化促進法と中小企業新分野進出等円滑法の統合)は、経営基盤の弱い中小企業の新たな分野への事業進出を支援する法律であるが、競争力強化が可能な中小企業を選択的に支援し、それを通して地域経済の活性化に結びつけようとしたものであった。「新事業創出促進法・沖縄県基本構想」は、こうした中小企業政策の大きな変化の中でつくられたミクロレベルの産業創出の支援策であった。ただし、産業創出策などは全国的なものであり、県外では、旧来型産業の成熟というフィルターを通して行われたのに対して、沖縄では産業展開が未成熟なままで、いきなり新産業創出の政策体系に組み込まれることになった。

(財)沖縄県産業振興公社は、復帰直前の一九七一年に設備投資力の弱い沖縄の中小企業に設備・機械を貸与する公社として設立された((財)沖縄県中小企業設備貸与公社)。一九八九年に現在の名称に変更され、一九九〇年代半ば頃から創業を支援する事業を始めた。その事業が企業化支援事業で、一九九八年二月、現在の沖縄産業支援センターから約二キロ南の国道三三一号線沿いに企業化支援オフィス(インキュベート施設)を開設し、CG制作、特許情報提供サービスの二社が最初に入居した(2)。入居期間は三年を越えない期間とされ、当時の家賃は四万三〇〇〇—五万四〇〇〇円であったが、県の助成金により、一年目は無料、二、三年目は二分の一助成という条件であった。オフィス使用資格も、アクションプログラムで中核産業とされた産業分野の振興事業が中心であった。同年一〇月に、コンテンツ制作支援をより拡大するためディジタルメディアセンターを開設し、二〇〇〇年四月段階までに八社が入居してビジネスとしての独立をめざした。二〇〇一年には、産業支援センターの開設にともなって移転し、産業支援センターの中核的機能を担っている。

産業支援センターは、産業振興の拠点たるべく一九八〇年代からその建設がのぞまれてきたものであるが、「新事業創出促進法沖縄県基本構想」を契機に、沖縄特別振興対策調整費補助事業として建設され、「産業創造アクションプログラム」の六つの産業分野を総合的に支援するプラットフォームとして位置づけられた。分散している経済団体の立地を一カ所に集積し、支援事業組織との連携を図り、既存産業の支援、新事業創出支援などを主要機能として、インキュベートなど「産業支援施設」「地域プラットフォーム施設」「産業間交流施設」「民間サービス組織」のスペースをもつ、文字通り産業支援の総合的・中核的機能施設として活動している。施設内には、経営者協会、商工会連合会、工業連合会、中小企業団体中央会、中小企業家同友会など経済団体とともに、その中核機能を果たす(財)沖縄県産業振興公社が存在する。これを契機に、後述するように、県内各地にインキュベート施設、研究開発施設、人材育成施設がつくられていくことになった。

(3)　情報通信産業の生成[3]

特に、期待度が高く、しかも計画を上回るほどの進捗状況を見せている情報通信産業に触れておこう。情報通信産業を沖縄の基盤産業に育てるべきだとの意見は、沖縄の産業政策形成と密接に結びつきながら、多数意見を形成してきたように思われる。それは、大規模な立地空間を必要としない、ハコものによる地域振興とは異なりソフトが重要な部分を占める、大都市から遠隔にあるという距離のハンディを克服できる産業であること、さらに、先の「国際都市形成計画」の中心テーマであるアジア・太平洋地域のハブ基地化をめざす構想と重なっている、などの理由によるものであった。

一九九八年、郵政省はアジア・太平洋地域の情報通信ハブ基地化を盛り込んだ「沖縄マルチメディア特区構想」を、通産省は情報化を通じた地域経済振興をめざす「沖縄デジタルアイランド構想」を公表した。こうした二つの構想を合体させる形で県から出されたのが、県の「沖縄マルチメディアアイランド構想」(一九九八年九月)である。アクションプログラムでは、一九九七年当時、地域産業としての優位性をもち得ていなかった情報通信産業は六つのプログラムの一部を占めていただけであったが、当時急展開をみせていたコールセンターなどの立地への動きなどを考慮し、一九九八年から三ステップで情報通信産業振興の集積をめざすこととした。この構想では、情報通信産業を沖縄の中核産業と位置づけ、その集積を図ることがうたわれた。一九九七年の情報通信産業就業者六〇〇〇人を二〇一〇年には二万四五〇〇人にする目標を立て、これら産業の集積の仕組み、技術・人材育成、基盤整備に向けた取り組み強化を表明した。翌年の一九九九年四月には、この構想を産・学・官・住民共同で推進するNPO組織「フロム沖縄推進機構」が発足し、今日に至るまで、人材育成など情報通信産業振興のための総合プロデュース事業を行っている。二〇〇一年七月には、IT基本法の成立および政府の e-Japan 戦略を受けて、沖縄 e-island 宣言を発表し、情報通信産業の人材育成、IT産業の創業・起業、情報通信ネットワークの構築など、「すべての県民が一体となって」取り組んでいくことが宣言された。一九九八年三月の沖縄政策協議会報告でも、沖縄の産業振興のポイントとして情報通信産業が取り上げられ、構想の目標としてあげられており、構想に結実していった。

こうした産業政策への流れの中で、二〇〇〇年八月に沖縄政策協議会から「沖縄経済振興21世紀プラン 最終報告」が出された。(4) それに至る経過は政治的な性格が濃厚だが、産業政策を実効あるものにするために予算の特別配分とその調整という財政支出の裏付けをもったものであり、産業政策から見ても重要な要素を含むものであった。例えば、報告には「沖縄国際情報特区構想」があるが、この構想は後述する「沖縄県情報通信産業振興計画」の施策方向とほぼ同じであるとともに、第三次計画では、アジア・太平洋GIXの回線が開通して実験段階に至っている。このように、報告内容は、次節で触れる沖縄振興計画とそれにかかわる県の任意計画や沖縄県産業振興計画に重ねられていくことになる。

二　沖縄における産業政策とその展開

(1) 沖縄振興開発計画から沖縄振興計画へ

①　新たな沖縄振興の行政体制と沖縄振興特別措置法

それらにもとづき、産業振興のための事業を実践し具体化するために、沖縄振興の諸計画が一斉に公表される時期、それが二〇〇二年である。それらの諸計画の中で最も重要なものの一つが産業政策であり、現在に至るまでの産業政策の出発点は二〇〇二年である。一九七二年の沖縄振興開発特別措置法が沖縄振興特別措置法に変わり、これに基づいて沖縄振興計画（二〇〇二－一一年度）が策定された。計画目標は、自立経済への基礎条件整備、日本そしてアジア・太平洋地域の発展に貢献する特色ある地域づくりとし、これまでのキャッチアップ型振興開発からフロンティア創造型の振興策への転換を明記した。振興すべき戦略的産業として、観光・リゾート産業、情報通信産業と農業関連産業をあげ、そのために新規事業展開の促進、創業支援体制の整備、そして沖振法に条文化された特区制度を産業振興の手段とした。

周知のように、沖振法とほぼ同時期の二〇〇二年一二月に「構造改革特別区域法」が成立している。しかし、特区と名付けられていても、両者は産業政策としても大きく異なり、沖縄の特区制度は、特定産業の振興のために税制などについて優遇措置を図るというものであり、その中には一国二制度のものもある。具体的には、三つの経済特区（情報通信産業特別地区、金融業務特別地区、特別自由貿易地域）と二つの経済制度（情報通信産業振興地域、産業高度化地域）が産業政策の手段として盛り込まれている。以下、政策の柱になっている産業について述べよう。(5)

②　経済特区制度

三つの経済特区制度とは次のような制度である。第一は、特別自由貿易地域である。沖縄中部の中城湾特別自由貿易地域(八九・六ヘクタール)がその対象地域である。域内は関税法上の保税地区となる一国二制度的な地域となっており、三〇〇〇平方メートルを超える用地を購入する製造業が対象となり、しかも購入面積に応じて、分譲額から減額されている。この地域に立地した企業には優遇措置(法人税の三五%所得控除、不動産取得税免除、法人事業税や固定資産税の一部免除、関税法上の優遇措置、その他優遇措置として、若年者雇用企業への助成、投資への助成制度、初期投資軽減措置(賃貸工場)、物流支援など)が講じられている。特区制度の期間は、二〇〇二年の指定から三年ごとに延長されており、現在は二〇一二年三月までの期間が設定されている。

第二は情報通信産業特別地区である。特定情報通信事業(データセンター、インターネット・サービス・プロバイダー、インターネット・エクスチェンジ)の集積を目的として税法上の優遇措置等が講じられている。対象地域は那覇、浦添、名護、宜野座の四地区である。二〇一二年三月までが適用期間であり、対象法人は常時使用する従業員が一〇人以上を要件とし、適用期間は設立の日から一〇年間である。特区内で行われる事業の所得の三五%を控除する優遇措置がとられている。

第三は金融業務特別地区である。この制度は沖振法によって日本ではじめて創設された制度で、文字通り金融業にかかわる業務および金融業に付随する業務(金融業者へのサービス業務など)を行う者を対象としており、立地要件は特区内に新設法人を設け、雇用者が二〇名以上となっている。従業員を常時一〇人以上使用している者を対象として、特区内の金融業務から得られた所得の三五%を課税から控除、一〇〇〇万円を超える金融業務投資を行った法人に投資税額控除、固定資産税の五年間課税免除など税の優遇措置や若年者雇用助成金、安価なオフィスの提供、安価に通信回線が利用できるなどの優遇措置がとられている。対象地域は名護市全域で、適用期間は二〇一二年三月までとなっている。

また二つの経済制度として情報通信産業振興地域と産業高度化地域があり、前者は文字通り情報通信産業の振興のため、後者は製造業や関連サービス業などを対象として、税制上の一定の優遇措置がとられる。この制度は、特区制度より対象地域や対象事業は広くなるが、優遇措置の程度はやや下がる。また、これらとは別に観光産業の振興を目的として観光振興地域がある。これは既に、一九九八年改正の沖縄振興開発特別措置法で創設されており、指定された地域内で観光関連施設を新・増設する事業者に様々な優遇措置を与える制度である。これは、沖振法に継承され、観光振興地域の指定は、県の観光振興計画に盛り込み、大臣が認めるものである。現在、海洋公園や恩納村―読谷村に至る海岸リゾート地など一八地域が指定されている。

③　産業クラスター計画

既に触れた新事業創出促進法は他の二つの中小企業関連法と一つにまとめられて中小企業新事業活動促進法（二〇〇五年四月）となり、ここに創業（起業）、経営革新、新連携を三本柱とする中小企業政策が明確な姿をもつようになった。新連携とは、中小企業が経営資源を補完して高い付加価値を実現するために単独であるいは異業種グループ同士が連携することを支援する政策であり、これまでのように開発への支援のみならず、市場化までを支援するという内容を含んでいた。二〇〇二年から始まった沖縄の産業クラスター政策を根拠づける重要な内容である。

この政策の企画官庁は経済産業省であるが、国家戦略上必要な新産業の創設と地域の産業集積による地域経済活性化を狙ったもので、二〇〇一―二〇年度（第一期・二〇〇一―〇五年度は産業ネットワークの形成、第二期・二〇〇六―一〇年度は事業の展開、第三期・二〇一一―二〇年度は産業クラスターの自立的発展）というプロジェクトである。全国に一九のプロジェクトがあるが、その一つがＯＫＩＮＡＷＡ型産業振興プロジェクトである。プロジェクトでは健康産業（後に保養・医療サービスを追加）、情報関連産業（コールセンター、データセンター、バックアップセンターを追加）、加工貿易、環境産業（環境関連サービス）を対象産業とし、官・学及び金融機関が支援するというものである。

(2) 沖縄県からの産業振興計画

① 「沖縄県産業振興計画」と県の任意の産業計画

「沖縄振興計画」に対応して県が計画したのが「沖縄県産業振興計画――県内企業の再構築と新事業の創出に向けて」(二〇〇二年一〇月)であり、期間は二〇一二年三月までとなっている。「「産業振興計画」は、「産業創造アクションプラン」、「新事業創出促進法沖縄県基本構想」と相互に補い合って本県の産業振興を総合的に推進するための計画であり、同時に、「沖縄振興計画」を具体的に推進するための実施計画としての性格を有」しており、アクションプログラムで構想された諸事業や既存事業の施策の推進と沖縄振興計画の具体的推進が図られることになった。

計画の柱は次の通りである。製造業等地域産業の振興を最優先課題と位置づけ、健康バイオ産業などを軸に、新事業の創出と企業誘致の二本立てで戦略的に振興すると述べている。ただ、企業の立地促進の項目では、一転して経済特区への企業誘致を強調しており、沖縄の地域特性や資源を活用したOKINAWA型産業振興プロジェクトの戦略的展開とは異なった表現となっている。さらにこうした供給サイドの振興に加えて、県内外への販路拡大と物流効率化及び地元中小商店街の活性化をあげ、情報収集や沖縄ブランド確立への支援事業、集荷―仕分け―配送の物流一元管理システムの構築などをあげている。最後に、産業人材の育成・確保をあげ、高度な技術をもった人材、企業経営に優れた人材、若年起業家、マーケティングや財務など経営感覚に優れた人材の育成・確保をあげている。

県の産業振興計画と銘打っているが、ここには情報通信産業や観光産業など沖縄の基盤産業の振興に直接かかわる叙述はない。これらの計画を見るには、沖振法に関係する県の任意計画を見る必要がある。その任意計画として「沖縄県情報通信産業振興計画」、「沖縄県農林水産業振興計画」、「沖縄県観光振興計画」、「沖縄県職業安定計画」がつくられ、それぞれ第一次計画(二〇〇二―〇四年度)、第二次計画(二〇〇五―〇七年度)、第三次計画(二〇〇八―一一年度)が策定され、現在進行形である。また、二〇〇〇年前後から、既に述べたフロム沖縄推進機構や㈱沖縄TLO(二〇〇六年)など、それぞれの産業界の機構、会議、協議会など従来型のものから新しいタイプのものまで支援組織を立ち上げ、マッチング事業、コンサルティング事業、ベンチャー支援事業などを行っている。

②「沖縄県情報通信産業振興計画」

右の四つの任意計画すべてにわたって述べることはできないため、ここでは、「沖縄県情報通信産業振興計画」と観光計画についてのみ簡潔に触れておこう。この計画は、「沖縄振興計画」の分野別計画という性格をもって県が作成したものである。「沖縄県マルチメディアアイランド構想」、「沖縄国際情報特区構想」、「沖縄 e-island 宣言」を基礎とし、そこで構想された発展方向を具体化しようとするものである。こうした計画には計画目標に実績がともなわないことがありがちなのであるが、この計画については実績が目標を上回っている。情報通信関連産業への雇用者数は、基準年（二〇〇〇年）八六〇〇人に対して、第一次計画では二〇〇四年に一万二〇〇〇人を目標とし、実績は一万六七〇〇人、第二次計画では二〇〇七年に一万七八〇〇人を目標とし、実績は一万九七六五人であった。したがって、第三次計画では当初計画を上回る三万三七〇〇人、生産額目標を三九〇〇億円に設定している。

第一次計画と第二次・第三次計画とは微妙に変化しているが、目標や戦略はほぼ共通である。情報サービス業、コンテンツ制作、ソフトウェア開発のそれぞれの施策と同時に、情報通信産業特別地区制度・振興地域制度を活用して本社の移転を含めた県外からの誘致、県内の中小ソフトウェア企業への支援・事業提供、情報通信関連産業の集積と研究開発の推進、高度な業務を担う核になる人材育成、情報通信関連産業が立地する施設整備（ＩＴ津梁（しんりょう）パークなど）、情報通信基盤の整備（ＧＩＸ構築など）をあげている。

③　観光振興の諸計画

一九七六年から、県が制定した沖縄県観光振興条例に基づいて、「沖縄県観光振興基本計画」が策定され、現在、その第四次計画（二〇〇二―一一年度）が進行中である。また、沖振法に基づく「沖縄県観光振興計画」の第三次計画（二〇〇八―一一年度）も同時並行的に進行中である。いずれも、多様な観光・リゾートのニーズに対応した国際的な海洋性リゾート地の形成、通年・滞在型の質の高い観光・リゾート地の形成を目標にして、そのための基盤づくりと関連産業の育成を施策の柱に据えている。そして二〇〇七年度から、この両計画をもとに、単年度ごとの観光客誘致計画を立てているのが「ビジットおきなわ計画」である。それぞれに観光客数、県内消費額、観光収入に違いはあれ、近い将来観光客一〇〇〇万人をめざすという右肩上がりの成長を志向した計画となっている。

以上、情報通信業と観光業に限定した叙述をしたが、第三期において、さまざまな施策が矢継ぎ早に打ち出されたことがわかった。では、それらがどのような成果をあげているのか？　節を改めて検証することとしよう。

三　二〇〇〇年以降の産業政策の検証

(1)　経済特区の現状

①　特別自由貿易地域の現状

特別自由貿易地域は沖縄中部の中城湾港新港地区に位置し、その西側は復帰以前から工業地域として開発されてきた。一九八〇年に中城湾港開発計画がつくられ、一九九四年に第一期埋立部分の供用が開始された。ここには企業誘致も進み、さらに第二次埋立地整備も進み、現在稼動企業一二〇社・三〇〇〇名以上の従業員の雇用先となっている。また西埠頭の一部は、二〇〇三年にリサイクルポート指定を受け、現在、県内リサイクル業者が集中している。その東部分の八九・六ヘクタールが特別自由貿易地域で、二〇〇八年には誘致企業九〇社、雇用者約六〇〇〇人、工業出荷額一四〇〇億円が想定されていた。しかし、立地の進捗度は低く、貸工場の賃貸料金を下げたり、購入面積に応じて土地購入割引制度を導入したりしているにもかかわらず、八七区画の分譲地に七社(但し、一区画以上も可)、一棟一社の賃貸工場二三棟のうち一八社の立地にとどまっている(二〇〇九年一〇月)。一九九二年に供用を開始した西埠頭についても定期航路の開設はなく、チャーター便による砂利などの運搬が行われている。一部地区内の工場で生産される県産品も、うるま市から陸送で那覇港に運ばれ、先島や県外へ移出されているのが現状である。現状のままで推移すれば、苫小牧東部開発などかつての大規模工業基地の失敗の二の舞になりかねない懸念がある。

同じエリアにトロピカルテクノセンターがある。頭脳立地構想の中核を担うインキュベート施設として一九九〇年に設立された。現在このセンター(レンタルラボに一〇社入居)を中核施設として、沖縄健康バイオテクノロジー研究開発センター(通称バイオセンター、約一〇社入居)、県工業技術センターが周辺に立地し、トロピカルテクノパークを形成している。また、このエリアにはＩＴ津梁パークの一部施設が完成し、二〇〇九年六月に一部施設が稼働を開始した。このように、政府の潤沢な財政資金を基盤に多様な産業基盤が形成されている。しかし、産業インフラは豊富にあるが、活動する主体とのギャップが大きく、統合された産業活動につながっていない。また多様な経営形態をもつインフラ組織の存続に財政支出が求められるという悪循環の課題に直面している。(6)

②　金融特区の現状

金融特区も問題の方が多い。この特区に立地した企業は二六社(平成二〇年四月)だが、特区の対象業種として認定された企業は一社のみであり、雇用者も八七六人(二〇一一年三月までに新規雇用二〇〇〇人が目標)にとどまる。特区を利用して設立された証券会社(海洋証券)も、二〇〇七年に特区の事情とは別の事情で廃業した。

もともと、金融特区は、沖縄経済支援の背景にある様々な思惑が重なって二〇〇二年の沖振法に盛り込まれたものである。すなわち、その思惑とは、沖縄を租税回避地(タックスヘイブン)にすることであり、それによって金融機関が立地するであろうという思惑であった。しかし実際は、租税回避地にしないための要件が厳しく、たとえば、ペーパーカンパニーを作らせないために常時二〇名以上の従業員の雇用が要件とされた。法人税率三五％控除は、実効税率二六％になるよう設定されたものであるが、世界のタックスヘイブン地域では非課税か課税率一〇％であり、それに比べて沖縄の金融特区は割高である。また、シンガポールなどのように、キャプティブ保険法(一般事業会社が保険子会社を設立することができる)は制定されておらず、業務も既存の金融業務(資産運用業務、資金管理業務、金融バックオフィス業務)に限られるなど、他地域との競争という点でも規制緩和が弱い。(7)また、南のリゾート地というイメージが強く、金融業務地域にしていくための知名度もない。

さらに、地元で関連する雇用を増加させる上で大きなネックとなっているのは、金融業務のノウハウをもった人材が絶対的に不足していることである。金融業務の人材は、底から基礎知識を積み上げていく息の長いシステムに基づく。確かに、短期の金融講座を開催したり、名護商業高校にファイナンス科を設けたりしているが、基礎からの積み上げには多くの時間とコストを要する。ユイマールという協同の暮らしぶりをしてきた人達にとって金融知識の機会を取得することすら難しく、たちまちのうちに金融という成熟化した経済の世界に入り込むことは困難と考えざるを得ない。無理をしたままでの金融特区は、ごく一部の金融マンの利得にはつながるかも知れない。しかし、それはかつての植民地型開発の金融版に帰着してしまう可能性さえもっており、沖縄経済の自立につながるとは考えにくいように思われる。

③ 情報通信産業特区の現状

産業としての発展もさることながら、全国で最も雇用状況が厳しい沖縄にあって、二一世紀に入って以降、情報通信関連産業は、他の産業と比較するとめざましい集積をとげてきている。計画書の雇用者数、誘致企業数、生産額、人材育成数いずれも実績が目標を上回ってきた。図8-2を見ていただきたい。フロム沖縄推進機構調べによると、沖縄に新規立地した情報通信関連企業数は一九九〇—九九年に二三社、雇用者数は一七九二人に過ぎなかったが、それ以降急増し、二〇〇八年には新規立地一九七社、新規雇用者一万五四六六人となった。しかも、二〇〇五年まではそのうちコールセンターが四割近くを占めていたが、最近ではソフトウェア開発企業などの進出が目立ち始めている。

しかも、県外からの新規立地企業だけでなく、県内での新規の創業を支援するインキュベート施設も次々に建設されている。(8) 二〇〇八年に県内のインキュベート施設は名護から那覇—豊見城(とみぐすく)に至る地域に二二建設されているが、那覇地域を除くと、米軍基地が存在する地域が目につく。ただし、この二、三年に石垣市や宮古島市にも建設された。建設された時期はそのほとんどが二〇〇〇年以降のものである。入居条件は、情報通信関連企業とバイオ関連業のべンチャー企業としている施設が多い。インキュベート室への入居期間は原則として三―四年が多く、それぞれの施設には数室から十数室あり、概ね入居企業が入っている。

沖縄という地域は温暖で豊かな自然環境にあり、若年労働力が豊富にあり、しかも、最近急速に立地が進んでいるデータセンターにとって、地震が少ないという格好の条件を持っている。それに加えて沖縄ならではの国や県の支援制度が存在する。既に述べたように、情報通信産業特区や振興地域に立地した場合、法人税や固定資産税などの優遇措置を受けることができるが、進出企業にとって通信コストが三割程度ですむ助成制度がある。県が沖縄―東京、大阪の大容量回線「情報産業ハイウェイ」を保有し、進出企業はこれを無料で利用できるというコスト支援をしている。三五歳未満の労働力を三人以上雇用した場合には、二年間にわたって上限一人当たり一二〇万円の賃金を助成する制度もある。この金額は、年間給与のおよそ三分の一に相当する。この産業の構造的な質の向上には特に、人材育成が求められる。二〇〇四年には、情報通信事業の創出のキーパーソンとなるインキユベーション・マネージャー養成のための研修が行われた(日本立地センター)。二〇〇二―〇六年には県が中心となって、ＩＴ高度人材育成講座が開催され、延べ一万人の受講者があった。二〇〇六年には、沖縄ＩＴ人材育成協議会(略称ＩＴＯＰ)を立ち上げ、民間主体で中核となる人材を育成するため、二〇〇七年からＩＴプロフェッショナル人材育成講座を開催している。これは、プログラミングレベルの技能者やＳＥレベルの技術者にとどまらず、より高度のＩＴ人材育成を狙ったものであるが、研修事業

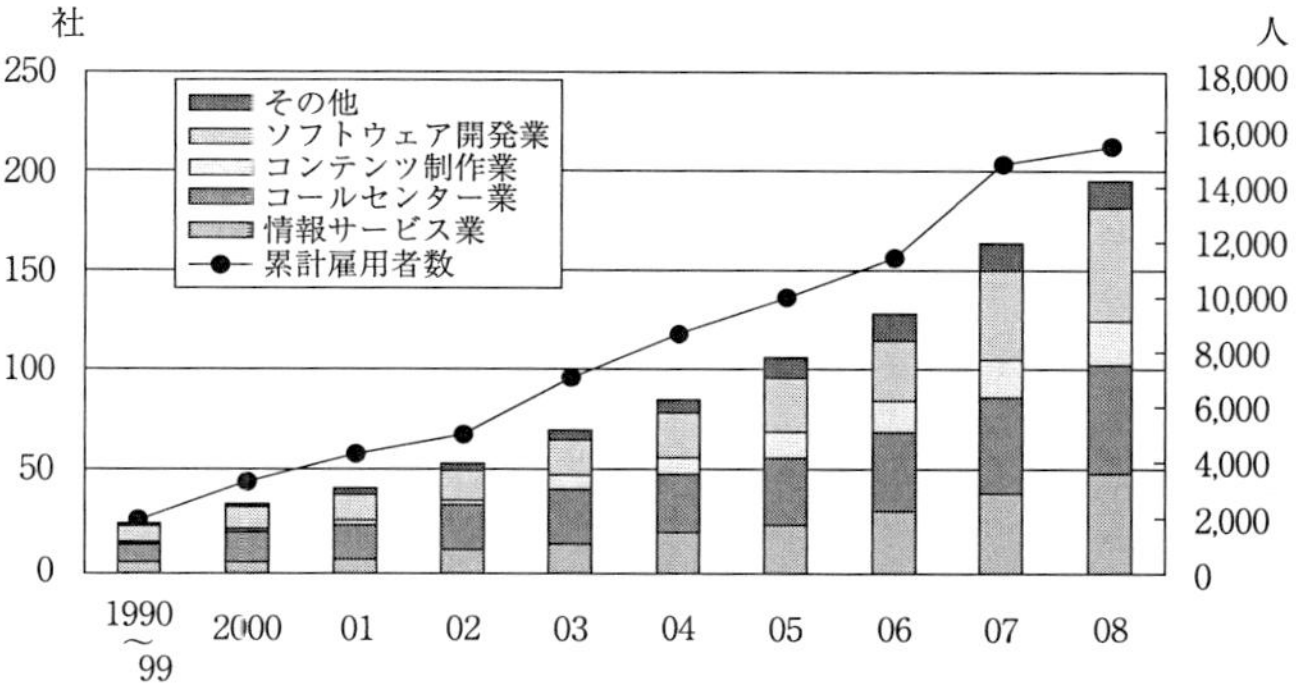

図 8-2　沖縄進出の情報通信関連企業の推移

(出所)　フロム沖縄推進機構調べ(県外からの誘致企業のみアカウント)

は一部県の負担によって行われている。

生産工程が地域的に分離していても生産可能な産業分野の一つが情報通信産業である。とりわけ情報サービス業やソフトウェア開発分野は、工程間のグローバル垂直的分業が大きく進みつつある分野であり、こうした分業の進展とともに、例えば顧客への対応業務などを主とするコールセンターがビジネスとして成り立つようになった。こうした業務は不熟練・単純作業という傾向が強く、一九九〇年代後半―二〇〇〇年代にかけて、労働力が豊富で労働コストが安価な地域に急速に拡大した。そうした地域の一つが沖縄であり、沖縄で情報通信産業が大きく成長したのもこの要因が大きかったのである。こうした動きは、さらに、経理、人事、総務などのバックオフィス業務をコストの安い地域で行うＢＰＯ(business process outsoucing)として展開され、沖縄でも一部の企業が行っている。コールセンター企業がＢＰＯ事業にもビジネスを拡大する動きも現れている。また、沖縄に地震の被害が少ないことを利点として、データセンターを設置する動きも注目されている。データセンターを運営する企業の中には、例えば、免震構造の中に自家発電機を備え付けて、万全の体制で、一〇〇社にのぼるバックアップデータを運営している企業もある。

既に述べたように、一九九五年以降に作成された経済振興策の背景にあるのは、沖縄経済を流通中継基地として発展させたいという想いである。その情報通信産業版というべき事業の一つがＧＩＸ(global internet exchage)構築事業である。ＩＸとは、効率的に相互通信できるようにインターネットの相互接続をする事業であり、前述の沖縄―東京・大阪の大容量回線「情報産業ハイウェイ」もそれである。その国際版がＧＩＸである。この事業も「第三次情報通信産業振興計画」で描かれているが、具体的には、沖縄と香港を直接高速回線で結ぶ事業である。これまで沖縄が海外と通信する場合には、いったん東京を経由しなければならなかったのであるが、ＧＩＸの構築によって通信時間の短縮が図られると同時に、東京に一極集中するインターネット回線のバックアップ機能が期待されることになった。二〇〇七年末から実証実験が行われており、二〇〇九年度まで県が回線を借りあげることになっている。二〇〇九年五月現在、一三社がこのＧＩＸを利用し、一〇社が参加待ちという現状である。これも、回線利用料が無料という要素が大きい。二〇一〇年からは有料になる予定であるが、様々な要素が絡み合って、行く先は不透明といわざるを得ない。いずれにせよ、この事業の成否も政策的な優遇措置によるところが大きい。

ＩＴ津梁パークも「第三次情報通信産業振興計画」「沖縄振興計画後期五カ年計画」の目玉であったが、この事業も大きく動き始めている。ＩＴ津梁パーク構想とは、沖縄あるいは日本の情報通信産業の戦略拠点として、うるま市の中城湾港新港地区・県有地一〇万平方メートルに形成されるプロジェクトである。インキュベート施設や各種のＩＴ業務施設をもつ中核機能支援施設を軸に、民間ＩＴ企業の入居するＩＴオフィスビルを建設し、二〇一二年三月までに八〇〇〇人の雇用をめざし、推定で一〇〇〇億円を超える建設費を要する構想である。ソフトウェア開発会社やＢＰＯ企業などの民間企業用にＩＴ施設一三棟が整備される予定で、県がディベロッパーとの間に立って家賃保証をするなどして誘致することにしている。そしてここでは、人材育成事業、ＧＩＸ構築事業のための国際通信回線無償利用、さらに沖縄と本土を結ぶ通信回線通信費の県による補助などの支援制度も準備されている。二〇〇九年六月、中核機能支援施設のＡ棟が稼働開始している。周辺には総合的生活基盤の整備も予定されている。

このように、情報通信関連産業は沖縄のもつ好条件を基盤にもちながらも、この産業の新たな発展の流れにも乗り、それに対応する膨大な財政支出が相まって予想外の成長を見せ始めている。こうした成長は、情報通信関連産業が沖縄の基盤産業に成長する足がかりと言えるかもしれない。現在は未だ発展途上の産業であり、様々な要因もあって、本土では考えられないような潤沢で多様な支援策があるが、基盤産業に成長するには、こうした財政支援がなくても自立できることが大事なのである。

数年前までは、この産業の沖縄進出は労働コストが最大の理由とされてきたが、工程間の垂直的分業が進む中で、沖縄においてもより高度なＩＴ人材が求められるようになり、この産業においては、労働需要が労働供給を上回る現象さえ現れてきた。したがって、基盤産業への成長のポイントの一つは、人材育成であろう。現在の人材育成は、不足する技術の取得を支援することで精一杯の現状である。外部からの大量の受注を通して技術水準を高め、ソフトウ

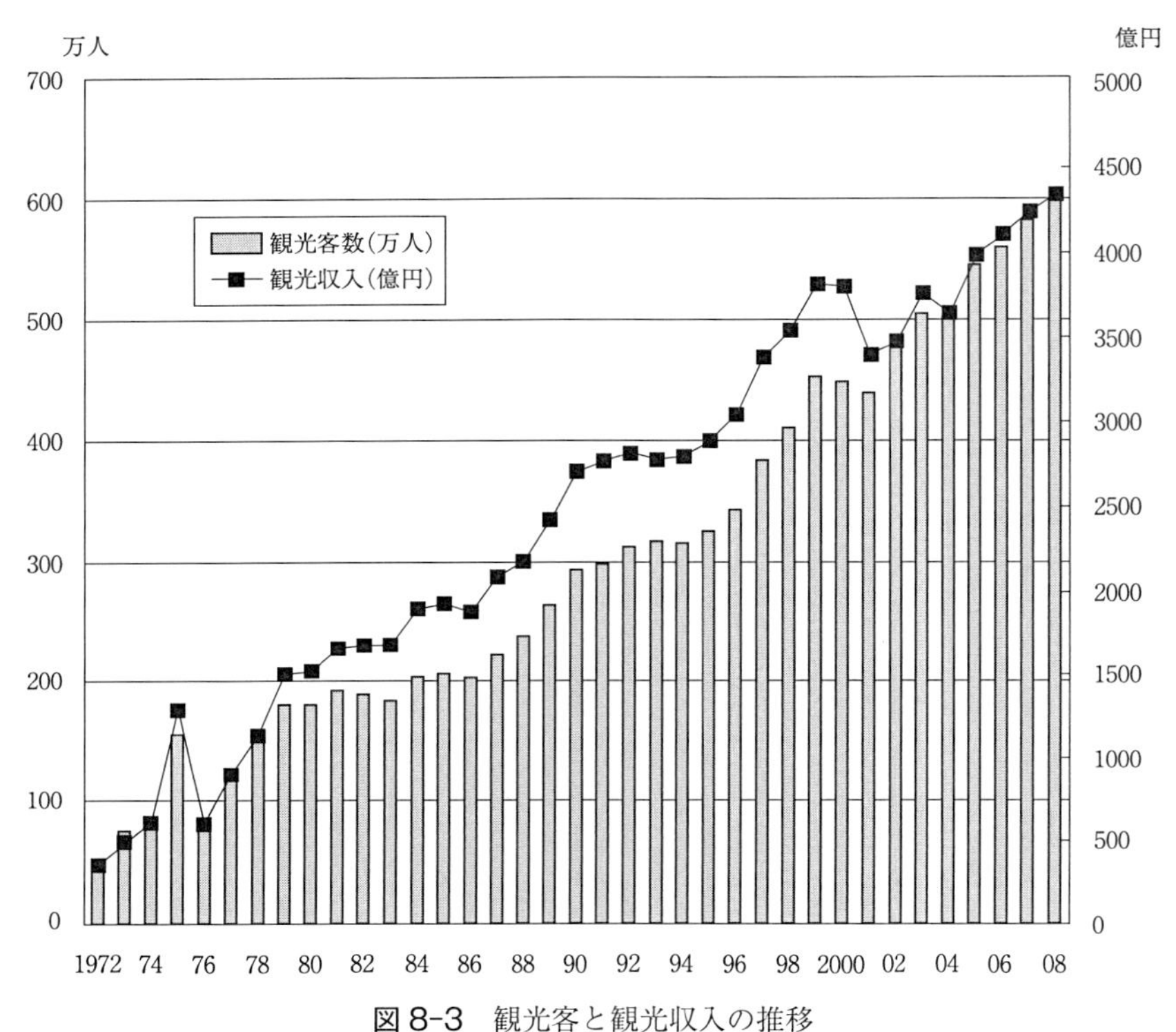

図8-3　観光客と観光収入の推移

(出所)　沖縄県『観光要覧』2008年版，1頁の図を一部修正した.

エア開発拠点として成長するためには、沖縄でこそ情報通信関連産業の進化のスピードにかなうプロフェッショナルな人材が得られる、という社会的認知が広まることにかかっているといって過言ではない。

(2)　観光産業の現状

観光産業も情報通信産業と同様に、量的な成長という点では著しい。観光客数は、二〇〇三年に五〇〇万人を突破、二〇〇八年には六〇四万人を記録し、観光収入も四三三九億円となった。しかも最近では、離島ブームも手伝って、本島周辺の島々以外のすべての地域にわたって増加している。以下、図8-3、図8-4に沿って見ていこう。

一九九七年にリピーターが初めて訪れた人を上回り、しかも、来訪回数が多いリピーター(来訪回数五回以上が三割強、二

○○六年）が増加している。現在はリピーターが約七割を占めるようになった。旅行目的も、回数が増えるにしたがって観光以外の目的（例えばダイビングなど）に多様化する。旅行形態は団体旅行が一八・五％、観光付きパック旅行八・一％なのに対して、フリープラン型パック旅行が四一・二％、個人旅行は三二・一％を占めており、こうした旅行形態が現在の沖縄旅行の中心である。宿泊施設数は一〇二二軒、三万二三二〇室、収容人員約八万人で、観光客の増加に比例して増加している。後述するように、大規模ホテルが開業後に破綻する例もあるが、民宿を中心に宿泊施設は増加している。宿泊施設の稼働率は全国平均の四割台と比較して高く五九・二％（二〇〇七年）となっている。沖縄振興開発金融公庫の調査によると、宿泊特化型ホテルの稼働率は六割弱であるが、リゾートホテルとシティホテルのそれは七割以上となっており、高い割合である。一ホテル当たりの売上高は減少しているが、観光客増によってかろうじて高稼働を維持している。(9)

一人あたり消費額は、二〇〇〇年以前には八―九万円であったが、現在は七万二七九七円と大きく減少した。特にリピーターは消費額が低くなる傾向があり、将来的には、観光客増だけでは解決できない問題も浮かび上がってくる可能性がある。

この業界は経済環境変化によって激変を繰り返す業界であり、一九八〇年代のリゾートブームもそうであった。二〇〇六年頃、観光客の増加を背景に再びホテルラッシュが起こり始めていた。先述した沖縄振興開発金融公庫調査によると、二〇〇八―一二年のホテル投資額は一二〇〇億円となり、計画・構想を含めると四五〇〇億円になるという衝撃的な報告を行っている。しかも投資の七割は海外・県外資本であった。海外・県外資本のホテル投資は、付加価値をつけて転売することによって利益を得ることが目的であるから、二〇〇八年秋以降のアメリカ発金融危機は、沖縄へのホテル投資ラッシ

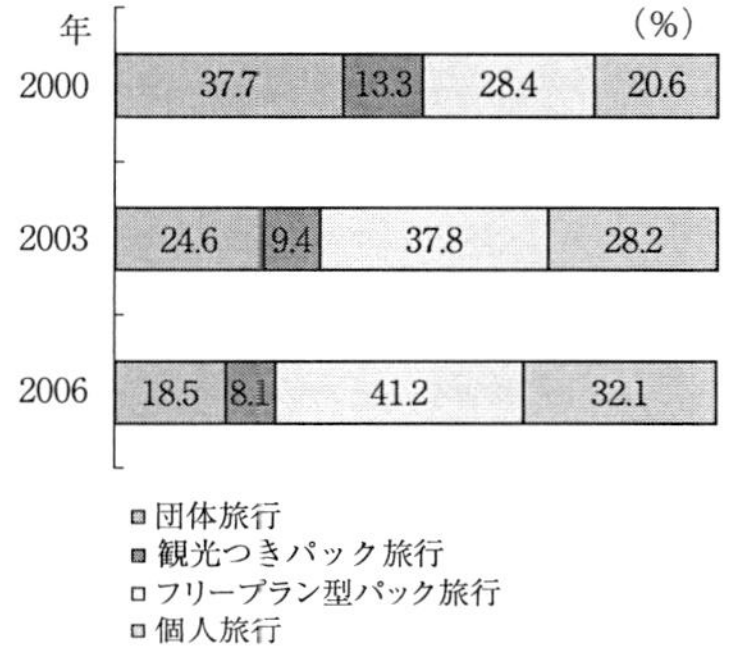

年	団体旅行	観光つきパック旅行	フリープラン型パック旅行	個人旅行
2000	37.7	13.3	28.4	20.6
2003	24.6	9.4	37.8	28.2
2006	18.5	8.1	41.2	32.1

（%）

図 8-4　観光における旅行形態の推移

（出所）『観光要覧』平成 20 年版.

ュの波を一気に覆すことになった。県の観光企画課の調査(市町村聞き取り、新聞報道、インターネット等)によると、二〇〇七年一〇月以降の開業ホテル及び開業予定のホテル(開業年度未定のホテル計画も含む)は五九、客室数は一万一七四八となっているが、アメリカ発金融危機にともなうホテル建設の中止・中断が相次いでいる。筆者が新聞報道、インターネット等で調べてみたところ、五九のホテル計画のうち一三(客室数三四八〇)はディベロッパーや運営会社の破綻等で断念や延期に追い込まれた。例えば、一泊七万円の高級感を売りにした瀬底ビーチリゾートは、開発会社が民事再生手続きを申請し受理された。ホテル計画は頓挫し、従業員一五〇名は全員解雇となった(10)。

また、沖縄では、ホテル建設にともなう緑地の減少や土地の埋め立て、人工浜による生態系の混乱などが持続的な観光・リゾートに対するリスクにつながってしまうとの指摘も少なからずあり、石垣島のリゾートホテル計画のように住民が撤回要求するケースもある。もちろん、ホテルが売却されても営業は続くケースもあり、また、民宿やドミトリーハウスなど低価格の宿泊施設は増加している、などの事情は考慮する必要はある。しかしそれにしても、増加を続ける観光客の受け皿としての宿泊施設が、絶えずブームと破綻に直面する不安定な状況にあることは観光・リゾート産業の発展にとって重大な問題といわざるを得ない。

観光客一〇〇〇万人計画は、日本国内の沖縄未来訪者六割へのキャンペーンの推進と強化という主体的要因や東京・大阪から二泊三日、三―四万円というパック旅行に依拠している部分が大きい。文字通り、質の高い観光・リゾートを追求するには、体験ツアー、共生型リゾート、自然保護や環境のメッカなどのコンセプトをともなった政策が求められる。ホテル業務も特殊な人材育成が求められる分野であって、大規模ホテルが撤退しても、そうしたホテルの営業ノウハウを地元に引き継いでいくシステム、出来る限り地元に経済効果をもたらすシステム作りも大事になるであろう。そうしたことが自然を残すことにもつながり、「沖縄に行ってこそ得られる」付加価値に結びついていくことになると思われる。

四　沖縄の産業政策の質的発展のために

(1)　沖縄における産業政策を評価する視点

二〇〇二年に始まった沖縄産業政策の第三期目の終了は二〇一二年三月であるが、着地点は見えてきているように思われる。現段階でどのような評価をすることができるだろうか。

二〇〇二年以来の各種の産業政策関連計画で基盤産業と位置づけられた産業のうち、観光・リゾート産業の基礎的数値である観光入込数は、大幅に増加した。情報通信関連業については、三、四年の計画見直しごとに計画数値を上方修正してきた。計画にあったＩＴ津梁パークもＧＩＸも開始した。労働需要が供給を上回る労働市場となり、深刻だった雇用状況は少し改善された。そうした点では関係者の努力を含めて、産業政策は一定の成果をあげたと言ってよいだろう。

しかし、他方、特区制度による特別自由貿易地域と金融特区ははかばかしい成果をあげているとは言い難い。企業は思ったように誘致が進まず、金融特区には金融の中核機能を果たす企業は立地していない。観光・リゾート産業の成長も二泊三日のフリープラン客の伸びに依拠した側面が否定できず、ここ数年のホテル買収後の運営会社等の破綻による撤退により、逆に雇用のリスクを受けた地域もある。ホテル建設と環境変化そして雇用とのジレンマから抜け出せない苦しい地域もある。米軍所在地域を中心にインキュベート施設が大変な勢いで建設されてきた。これらによりコールセンターの雇用増が地域の雇用問題に貢献したが、インキュベート施設も供給過剰の傾向さえあり、労働の質的需要に応えきれていない。

関係者はそれぞれの立場・想いで産業振興に努力を重ねてきた。財政支出も、県外地域から見るとふんだんに行われている。低価格のフリープランブームによる観光客の増加やＩＴの発達による業務の分業・外注の急速な進展も追い風になった。にもかかわらず、なぜ産業の構築が〝おおむね好調〟とは言えないのだろうか。その理由は、第一に、沖縄らしさを生かせる産業展開になっているとは言い難いという点である。観光は格安に設定されたパック旅行という、いわば大量消費型の観光として推移しており、流通中継基地構想も二〇〇二年以降の産業計画では、具体的な戦略はない(11)。

第二は、ハードの計画は目白押しであるが、ソフトとの組み合わせの上に立った計画になっていないことである。例えば中城湾港新港地区整備の一環としての泡瀬干潟埋立事業に対しては訴訟が引き起こされるほどの問題となっている。詳細は第四章に委ねるが、二〇〇八年一一月には公金支出の差し止め判決が下っているにもかかわらず、ハードの公共事業は止まっていない(12)。インキュベート施設もハード事業として各地域に建設され、コールセンターなど一部の企業は大量の雇用をおこなっている。しかし、中には、企業の十分な入居もないため当初の入居期間を延長しても新規企業の入居がないために引き続き入居している施設もある。

第三に付加価値の高い分野へのシフトはこれからである。例えば、情報通信関連産業基地としての付加価値がさらに上昇していくためには、ソフトウェア開発やコンテンツ制作などの分野で、Uターン者を含めて優秀な人材を大量に集積することが求められる。優秀な人材とBPOセンター化を結びつけ、本社の一部のコア機能の沖縄移転を現実化させることなどはこれからの実現課題である。

第四は、産業発展の成熟度に合致した産業政策になっているかという視点である。一般に、経済発展途上の地域、特に一国民経済における地域が、他の地域へキャッチアップを図る場合、より発展した地域の産業を一気に導入することによって当該地域の産業高度化を図る計画をとりがちである。しかし、沖縄において、そのようなプロジェクトを導入することがサステイナブルな沖縄経済を形成することになるかどうかは慎重な検討を要する。その一つの例が沖縄科学技術大学院大学の設立である。

独立行政法人沖縄科学技術大学院大学の設立は、沖振法に盛られた「国際的に卓越した教育研究を行う大学院を設置」するという条項に基づいて、ノーベル賞級の研究者を多数招聘し、世界最高水準の研究施設を創り、それを沖縄ブランドにつなげたいというプロジェクトであるが、当初予定の二〇〇五年開学にはほど遠く、二〇一二年開学も不透明となっている。[13]

第五は、沖縄においても創業・起業が産業政策の柱の一つを形成しているが、創業準備→事業開設→事業展開・継続へのケアに至る総合的支援になっていない。「官」はドンドン計画し施策を行うが「民」の事業活動はそれに対応するものとはなっていない。行政及び産業政策に関連する機関が、柔軟に、様々な専門分野のプロフェッショナルの力と協働して、事業が持続できるよう総合的な支援体制を組んでいくことが求められる。

第六は、産業振興に向けた人材育成システムがまだまだ十分にできてはいない。人材育成は第二のソフト面の政策と密接にかかわるが、基盤産業と考えられている観光・リゾート産業、情報通信関連産業さらにバイオ産業いずれも人がもつ技術やノウハウに多くを依存する。情報通信関連産業では高度な開発技術者やアーティストについては、労働需要が供給を上回る状態が生まれている。したがって、こうした人材育成にこそ思い切った財政支出を集中させていくことも考慮されてよい。

(2)　沖縄産業発展へのビジネスモデル

①　沖縄産業発展のキーインダストリー

経済のグローバル化や日本経済の構造転換を背景に、二〇〇二年からの産業政策の進捗と結びついた合い言葉が〝三Kから新三Kへ〟である。新三Kとは健康産業、環境産業（バイオエタノールを含む）、研究（沖縄科学技術大学院大学など）をさしている。それに対して、健康、環境、観光の三Kに情報通信関連産業（I）を加えて、三KプラスIをこれからの沖縄を支える産業として考えたい。ここでは、健康産業と環境産業について補足しておきたい。

本土とは違った亜熱帯性の植生に着目したバイオ産業は伸びる可能性をもった産業であろう。沖縄に自生する植物

（ウコンや様々な薬草など）が、ある特定器官の病気にどのように効用があるかの研究、またそうした植物が健康維持にどのような効用があるかの研究などが、県内の企業や沖縄科学技術振興センター（亜熱帯総合研究所を名称変更）などが中核となって、商品化に向け連携している。県外からも注目を浴びている天然モズクの効用に関する研究もその一つである。しかし大きな課題もある。一つは、島野菜、モズク、海ブドウ、薬草にしても資源量が限られているため、商品としての大量生産が不可能である事である。逆説的だが、大量生産できるようになると、沖縄ブランドは消滅する。二つは販売における価格形成である。これについては、地元経済界や行政をあげた地域商標制度の活用など知的所有権を駆使して、少量生産・高価格を維持する仕組みづくりや情報提供が重要となる。三つ目は、高付加価値を追求するからこその科学的に検証する体制を組み立てることである。そのためには、県内外の学術研究機関との連携が不可欠となろう。

沖縄の地域資源や沖縄に持ち込まれた資源を活用した環境産業も、サステイナブルな沖縄を支える産業として重要である。宮古島では、環境省の「宮古島『バイオエタノール・アイランド』構想」の提案を受けて石油販売会社が実施主体となって、島内で消費されるガソリンすべてをE３（ガソリンにバイオエタノールを三％直接混入した燃料）にする実験を進めている。島内で消費される年間二万四〇〇〇キロリットルのうち、島内のさとうきびだけで約七〇〇〇キロリットルのバイオエタノールを生産し、島内の全給油所を改造して供給することによってCO_2の削減に貢献する事業である。それは同時に、低迷を続ける島の特産品さとうきびの需要と付加価値の増加に貢献して地域産業を再生させる仕組みでもある。島内のさとうきび生産によるエタノールで、島内の消費ガソリン供給が可能となれば、エネルギー資源の地産地消の実現への一歩ともなる。

②　ビジネスモデルの事例

沖縄の産業発展のキーインダストリーとして三KプラスＩ産業をあげた。これら産業が展開していくには、ミクロレベルで、どのような企業がどのような仕組みでビジネスとして展開していくのかが不可欠である。二つの企業の事例からそのビジネスモデルを明らかにしておこう。

一つは、ネットワークのビジネスモデルである。ネットワークには様々なレベルのものがあるが、ここで紹介するのは、企業間ネットワークモデルの一つであり、二〇〇八年一〇月に発足した㈱沖縄ソフトウェアセンター（ＯＳＣ）の事例である。既に事業をすすめていたソフトウェア開発会社「フロンティアオキナワ21」（二〇〇二年設立）にＩＴ関連企業二一社、金融機関など一〇社、県外関連企業一四社が出資する形で設立された企業であり、資本金は二億五三五〇万円である。県内のソフトウェア開発企業は、二〇〇〇年以降おおむね順調に業績を伸ばしてはきていたが、一つ一つの企業規模が小規模で、より飛躍していくにあたって、県外からの大型開発案件はなかなか受注が困難というネックを抱えていた。こうしたネックを解消し、より大型の開発案件を受注することを目的として設立されたのがこの会社である。同社は東京に営業拠点を設けて営業社員を常駐させ、開発案件の受注を行う。同社は契約―開発―納品までの工程管理をすすめ、開発の事業はそれぞれ専門の技術者を抱えた同社の開発部門や出資企業を中心に分担して行うという仕組みである。

いわば、ソフトウェア開発会社のネットワークを背景に、この会社が窓口になって大企業からの大型開発を引き受けることを可能にしたシステムである。統合ではなく、個々の会社の独立性を保ちながら、それぞれの企業のコア技術をネットワーキングして受注に答えていく点に、このシステムの特徴がある。大型開発を受注することによって、個々の企業のコア技術が進化していくというメリットも生じてくる。沖縄の高い失業率解消に貢献し、中国やインドに業務を流出させず、それでいて安価に高品質のソフトウェア開発をめざすことにもつながる。沖縄ＩＴ津梁パークはＩＴの人材育成、アジアとのＩＴネットワーク、ＩＴ産業のテストセンターと並んでソフトウェア開発の戦略拠点と位置づけられており、将来の開発技術者も八〇〇人を見込んでいるが、ここに立地したＯＳＣの活動拠点としても期待されている。

中小企業はもともと多様な経営資源をもっていないため、個々の企業が独立性を保ちながら経営資源を依存し合ったり、取引コストを軽減したりするネットワークを試みている。このOSCの事業はいわば協同戦略とも言える組織間ネットワークモデルであり、共有された目標や戦略のため、競争よりも協同に重点を置いて資源を連結し事業をすすめていくものである。[14] これは、生き残りのビジネスモデルであると同時に、サステイナブルなモデルにも中小企業の市場拡大のモデルにもなり得る。こうしたモデルは、県外の機械金属系の中小企業集積地域などでは試みられており、ソフトウェア開発企業集積地域でも試みる動きはあり、沖縄でのこうしたビジネスの展開は、情報通信関連産業の集積を高める上で重要となるように思われるのである。

もう一つ、環境産業のネットワークモデルをあげておこう。㈱トリムは、自然との共生及び営利と社会的使命を組み合わせた環境事業を展開している企業である。経営者のS氏は、沖縄では年商一〇億円を超えると景気や政治の状況に左右される傾向があり、それを避けるために、一業種で二五％以上の年商を占めないようにする独自のモットーをもって、流通販売業（自然食品や健康補助食品）、環境改善事業（健康器具や視力回復トレーニング機器）、教育事業などの事業を行い、関連会社で飲食事業も展開している。こうした事業に加えて環境事業を行っている。創業は一九七三年、一九七九年に法人化し、現在、資本金九七四〇万円、正社員とパートそれぞれ五〇―六〇名を抱えている。

環境事業を始めた契機は、増加の一方をたどる観光客が捨てていくビンの処理にあり、一九九五年容器包装リサイクル法の制定をビジネスチャンスと捉えたことにある。この会社の環境にかかわる事業は主に二つである。一つは、廃ガラスを再資源化した製品であるスーパーソルの製造・販売である。スーパーソルとは廃ガラスを原料として製造される多孔質軽量発泡資材の製品名であり、見た目も触覚も軽石によく似た製品である。多孔性・通気性、軽量、透水性で、原料がガラスであるため有機物質も出ず、安全、丈夫という性質をもっている。土木・建築材料、農漁業材料、断熱材、ビル屋上緑化や園芸用資材、水浄化資材、土壌改良材、脱臭剤など既に実用化しているものや開発中のものなど多様な用途が期待されている。この第一点に関しては、地域や自然に存在する資源ではなく、観光客によるいわば人工的な地域資源に着目し、それを持続的な地域資源として事業化していった点が重要である。

もう一つは廃ガラス再資源化プラントの開発・販売、つまりスーパーソルを製造するプラントである。このプラントについては一九九四年に特許を取得し、翌年、現在の八重瀬町にリサイクル工場を完成させ、この工場を核として地域融合型リサイクルシステムを完成させた。このプラントは神奈川県にあった研究所が技術開発し、㈱トリムが装置を完成させたもので、特許は二社で共有しているが、㈱トリムが研究所を系列会社化したため、事実上この会社が特許をもって販売している。環境ビジネスなかんずく廃ガラス再資源化事業を展開しようとする企業に事業提案し、スーパーソルの製造プラントの販売とノウハウを提供するのがこの事業である。現在、プラントの導入実績は北海道から沖縄まで全国一一拠点にわたっており、さらに六カ所程度の拠点の予定もある。このようにプラントの取引を通じて全国のリサイクル事業と提携している組織セット型提携であるが、それが㈱トリムを頂点とした垂直的連携ではなく、水平的連携をとっている点に一つのタイプのビジネスモデルとして位置づけられる理由があると考えられる。

沖縄という地域を考えた場合、大量生産型のモノづくりを基礎に地域外に製品市場を求めて競争を挑む、というビジネス展開には無理がある。それよりも、製品市場については、多様な製品で地元市場に安定的に供給することに徹し、プラント市場については、知的所有権を保持した上で水平的ネットワークによって市場拡大するというビジネスモデルが求められる。その意味で、こうした事業展開は沖縄におけるビジネスモデルの一つの実践と考えられるのである。

（1）一般に産業政策とは、産業の保護、育成、発展などをすすめる政策をさす。したがって、「振興」という意は含意されていると考えられる。しかし産業政策は産業構造の転換に対応するリストラ策なども含んでおり、必ずしもポジティブな意味だけではない。しかし、沖縄においては、資本主義的産業が未発達であり、現代に対応する産業を形成することが何よりも大事であるため、本論では産業政策は専ら産業振興を意味すると考えておくことにする。

（2）このときに入居したコンテンツ制作のデジタルメディアファクトリーの成長可能性については、崔秀靖「デジタルメディアファクトリー（コンテンツ制作）の事例に見る沖縄における情報サービス産業の可能性」"Study of Regional Informate"

Working Paper Series No. 4、にインタビューした内容が掲載されている。

（3）沖縄の情報通信をめぐる一九九〇年代から二〇〇一年までの経過については、琉球新報の記事を丹念に跡づけた桑原政則氏の以下のサイトが詳しい。http://www.aoikuma.com/japan/okinawaitchronology/2000.doc 及び /2001.doc

（4）沖縄政策協議会とは、沖縄に米軍基地の大半が集中していることによる経済や暮らしの現状を踏まえ、沖縄に関する基本政策を協議する目的で設置された。設置時期は一九九六年九月で、構成員は、沖縄及び北方対策担当大臣をはじめ関係大臣等一五名と沖縄県知事の一六人である。

（5）特別自由貿易地域や情報通信産業と金融業務特区は、国が指定するという条文になっており、産業高度化地域、情報通信産業特区及び振興地域、観光振興地域については、区域を定めることができる、という条文となっている。

（6）特別自由貿易地域及び自由貿易地域については、名護宏雄「自由貿易地域の企業戦略」二〇〇七年八月。名護氏は、中城湾港新港地区協議会会長である。本論文は、㈱コンピュータ沖縄のサイト、http://www.c-okinawa.co.jp/main.html に掲載されている。

（7）優遇制度や規制緩和については、県や市からその撤廃要望は出されているが、沖縄を特別州のような位置づけにでもしない限り、その要望は難しい。

（8）厳密にはインキュベーション機能が十分ない施設もあり、その定義には曖昧さもある。

（9）沖縄振興開発金融公庫企画調査部『二〇〇七年度県内主要ホテルの稼働状況』二〇〇八年。

（10）『週刊ダイヤモンド』二〇〇九年三月二八日号。

（11）ANAは、二〇〇七年七月に、那覇空港をアジア向け貨物のハブとする計画を発表していたが、二〇〇九年一〇月に運用を開始した。

（12）二〇〇九年一〇月の控訴審判決は県と市に公金支出の差し止めを命じ、県と市は判決受け入れを表明した。また新政権の沖縄担当相は、埋立事業の一時中断を表明した。

（13）二〇〇九年七月に沖縄科学技術大学院大学学園法が成立したが、一二月には新政権下で、政府総合科学技術会議の有識者議員らは、事業優先度を減速と判断するなど、事業の先き行きには不透明感も強い。

（14）山倉健嗣『組織間関係——企業間ネットワークの変革に向けて』有斐閣、一九九三年、四六—五〇頁。

第九章　地方自治体と安全保障政策

富野暉一郎

一　二〇〇〇年地方分権の盲点

二〇〇〇年に地方分権一括法が施行されることによって、日本の国―地方関係は後戻りのできない分権時代に入ったと言われている。確かに、国が地方自治体を強く統制してきた機関委任事務をはじめとする中央集権的な制度が改革され、国と地方自治体は公共事務を相互補完的に執行する主体として再定義され、不十分とはいえ地方自治体は地域社会における住民の福祉を総合的に自らの判断と責任において実現させることを保証される責任主体となったのである。その後一〇年近く経過した現在も地方分権の実質化に向けた様々な制度改革が進行しているが、もちろん法律が変わったからといって一朝一夕に国―地方関係が全面的に変わってしまうほど六〇年間にわたって蓄積されてきた日本の国―地方関係は単純なものでない。とはいえ、国と地方自治体が公共事務の役割分担に基づく対等な関係を発展させるという方向は、少なくとも二一世紀の前半の地方自治における主要な潮流であることに変わりはないであろう。

ところで本章で検討する安全保障政策は、二〇〇〇年分権における国―地方関係の再定義において十分議論されないまま、外交・防衛が国の専管事務とされたために、今日改めて検討しなくてはならない状況にある。(1)

二〇〇〇年地方分権において充分議論されなかった安全保障政策はなぜ今地方分権との関係で論じられなくてはならないのだろうか。その理由は、二〇世紀における技術革新とそれによる大量生産―大量消費社会の現出が、ＩＴ技術革新を伴ってグローバルな社会経済システムをもたらした結果、ヒト・モノ・カネ・情報が従来の国家の枠を超えて流動化し、国家とともに国家以外の主体間の相互依存関係がかつてなく深まった結果、政治と経済の境界が曖昧なものになり、従来は国家の専管事務とされてきた外交や防衛も、もはや独占的かつ排他的な国家主権の行使が自由にできない、新たな時代になってしまったことがあげられる。国家はもはや絶対的権力主体ではなく、外交・軍事領域においては単独の国家は自由な行動を許されず、国際機関や国際的共同行動が国家の行動を相当程度規制することが常態化している。また、環境問題や国際紛争・人権問題などの分野を中心に、国際問題の解決に向けた国際会議は、二〇世紀の最後の四半期から国家だけではない主体が国家間の交渉に影響力を与える事例が増え続け、従来国家の独占物とされてきた外交や安全保障においても、国際ＮＧＯや産業界などの影響力が強まって、「総合安全保障」や「人の安全保障」等が国際関係の要素として定着しつつある。二一世紀の世界においては、外交や安全保障が国家の専管事項とは必ずしもいえず、そこでは多様な主体が関与し国家とともに一定の役割を果たすことが期待されるにもかかわらず、二一世紀の初頭にむけて施行された新たな地方自治法の第一条の二において、外交と安全保障を国家の専管事務と明確に規定してしまっていることは、日本における国際社会の理解が未だに二〇世紀の段階に留まっていることを示すものであると筆者は感じている。

いずれにしろ、新地方自治法において外交と安全保障が国家の専管事務とされたことで、国民やマスメディアにおいて自治体が安全保障問題に関与することに消極的な対応が広がるとすれば、それは戦後一貫して自治体がその住民の安全と安心の確保のために戦ってきた歴史を逆行させるものであり、決して国民の利益にはならないことは明らかだろう。

本章では、国家の果たすべき外交・安全保障における役割と、地方自治体が住民の安全と福祉を守り充実させる責任主体として安全保障問題に果たさなければならない役割について改めて検討し、日米安全保障問題だけでなく、有事法制や北朝鮮の脅威に自治体がどのように対応するべきかを地域社会が自ら判断し行動するための視点を提供したい。

ただし、筆者の本問題に関する経験は、神奈川県逗子市における池子米軍家族住宅建設反対運動（池子問題）に市長としてかかわった八年間が主たるものであり、その後はグローカリズム時代における地方自治との関係で自治体外交について若干の考察を行ったことがあるだけなので、(2) 最新の情報については必ずしも十分に対応しているものではないことをあらかじめお断りしておきたい。

二　安全保障問題を地域社会から見る視点

筆者は一九八四年から八年間、神奈川県逗子市長として池子問題にかかわり、地域社会の側から安全保障問題に取り組んだ。国と米軍の政策と地方自治体の意思が激しく対立したこの問題では、安全保障問題に対する地方自治体の権限が厳しく問われ、地方自治行政の在り方に大きな問題提起がなされた。以下の論考では池子問題が提起した様々な論点を中心に検討を進めることとする。

池子問題では、自治体だけでなく、市民が主体となって長期にわたり直接民主主義に基づく強力な運動を展開し、それが国に対する地方自治体の反対運動を支える根拠となったことが特徴であった。その運動の過程では、①国家の責務としての安全保障におけるサドンデスとスコーデスの関係、②国家の公益（国益）としての安全保障と、地域社会の側の住民の生活の保護を図るための基地反対という公益との関係、③地域社会における生活環境問題としての基地問題、④米軍基地における国内法の適用の在り方、⑤行政の継続性原則の適用可能性、⑥住民投票や自治基本条例などを含む、安全保障問題に対抗する自治体の制度的対応、⑦国と地方自治体間の協議機関などの公益調整機能の在り方、などが国と自治体のせめぎあいの論点として浮上し、その一部は自治体が国を相手取って訴訟を提起し、最高裁まで争われることとなった。

二〇〇〇年に施行された地方分権一括法によって大改正された地方自治法において、国家の専管事項とされてしまった安全保障問題に地方自治体はどのようにかかわるべきなのか、また、自治体は何ができるのか、ここで改めて論点を整理しておきたい。

三　国家の国民に対する安全保障義務をどうとらえるのか――サドンデスとスローデス

国家の安全保障の本質とは何なのだろうか。筆者は市長として池子米軍家族住宅建設反対運動を展開するなかで、地方自治体が安全保障問題にかかわる論拠として、このことをまず整理しておくことが重要ではないかと考えるようになった。

一般には、国家の安全保障とは、国家間の戦争や紛争、及び国内における騒乱状態などのいわゆる有事において、国民の安全を確保し、国民の生命・財産を守ることとされている。言い換えれば国民が人的な要素によって不条理に生命財産を脅威にさらされることから保護することが国家の責務とされているのである。

しかし第二次世界大戦後、西欧の先進国を中心として、国民の人間的な生存と生活を保障することを国家の重要な責務とする福祉国家が登場し、その国家像が世界的に普及することによって、安全保障の概念は大きく転換した。すなわち、健康で文化的な生活を営むことが国民の普遍的な権利とされ、その最低限度の保障（ナショナルミニマム）が国家の責務となったのである。この普遍的国民の権利は、日本においても憲法第一三条及び第二五条に明記され、国家は戦争や事故、あるいは自然災害といった不慮の突然死（サドンデス）から国民を守る義務を負うと同時に、健康で文化的な生存環境が不足しまたは破壊されることによって生じる、精神的・文化的な人間性の破壊（スローデス）からも同時に国民を守る義務を負うことになったのである。第二次世界大戦後、曲がりなりにも世界大戦が回避され、国際協調を基本とする世界構造が先進諸国を先頭に徐々に浸透してきた理由の一つに、福祉の拡大による生活環境の安定を通じて形成された国民の安定志向・平和志向があったことは広く認められている。

このことは、冷戦時代末期の一九八〇年代以後、世界各地で頻発する地域紛争に対する処方箋として、国連や多国籍軍による軍事力を背景とするPKO活動などとともに、貧困問題の解決や差別の解消などを支援することによって紛争の原因そのものを除去する「人間の安全保障」といわれる概念が発展したことと無縁ではない。各国の政府開発援助(ODA)やNGO活動において「人間の安全保障」政策として、地域の主体による自律的ガバナンスの確立を目指した社会経済システム開発が有力な紛争予防政策として定着してきたことは、安全保障に対する国家の役割が、軍事的安全保障と国民福祉の保証によるソフトな安全保障の両面を持つに至ったことを端的に示している。

ところで日本では国際社会における「人間の安全保障」の概念は国際NGOなどには広く理解され、国やNGOの開発援助政策として確立しているにもかかわらず、国内においてこの概念を国の安全保障政策に展開しようとする動きはほとんど見られない。冷戦が過去のものとなり、地域紛争の解決が軍事力だけでは全く解決できないことが明白になった二一世紀の現段階においても、日本国内では相変わらず日米安全保障条約を基礎とする日本の軍事的安全保障政策が、唯一の安全保障政策として基地問題や有事法制問題における「葵の御紋」としてまかり通っているが、住民福祉の実現を最も重要なミッションとしている地方自治の側から見て、この状況を放置していることは許されるのだろうか。

池子米軍家族住宅問題において、逗子市の住民運動では、国家の責務としてのサドンデスとスローデスの関係が論じられたことはほとんど知られていない。地域社会の側から見た場合、池子問題とは、日米安全保障条約に基づく米軍基地の整備の一環としての米軍家族住宅建設が、湘南のリゾート地域の象徴である豊かな自然環境と小さな町の安定した市民生活を破壊し、市民の健康で文化的な生活が損なわれることが予測されるという、サドンデスとスローデスの衝突にかかわる問題であった。逗子市民はこの問題について、多くの政治家やマスメディアの認識とは異なり、サドンデスとスローデスに係る国の責務に本質的な軽重はなく、問題ごとに複数の選択肢を比較検討して、より実現可能性が高い選択肢(代替案)を選択するべきであると主張したのである。池子米軍家族住宅問題では、この観点を取り入れた場合の選択肢はかなり明確であった。すなわち、ハードな安全保障政策、すなわちサドンデスの面から見た場合、池子米軍家族住宅建設は、既存の横浜市内・横須賀市内の米軍住宅を返還してほしいとする両市の要望を受けて、これらの米軍住宅用地を日本に返還する代償として新たに逗子市の池子地区に米軍用住宅を建設するものであり、この場合、ノーアクション、即ち現状維持が明らかに選択肢の一つとして存在していた。その一方で、ソフトな安全保障政策、すなわちスローデスの面から見た場合、湘南地域でも有数の大規模緑地であり返還による自然公園化が市民の長年の悲願であった池子米軍弾薬庫跡地を開発し米軍住宅を建設することは、取り返しのつかない環境の破壊であるばかりでなく、市人口の八%を越える外国人が生活する米軍住宅という市の関与が不可能な異文化の閉鎖空間が突然出現することによって、市民生活や子供たちの安全に大きな影響が予測されるので、このような大規模な自然破壊と社会生活への影響を回避する選択肢はほとんど考えられないことであった。現実に政府・防衛施設庁は、市民に対して安保条約の重要性を訴えて協力をお願いすることには熱心であったが、市民が主張する既存米軍住宅の再活用を拒否し、環境的・社会的影響についても箱もの建設支援等の財政支援に問題をすり替えて、計画の変更に対する実質的な努力は全く行わないまま事態は進んでいったのである。

八〇年代に逗子市の市民運動が提起した「サドンデス」と「スローデス」をめぐる安全保障問題の枠組み論は、当時の社会状況の中で広く受け入れられるものにはならなかったが、海外出兵がいつの間にか恒常化しつつある現在の安全保障政策の変質と、福祉国家像が後退し地球規模の資源・環境問題の先鋭化による持続的社会への転換が最大の安全保障問題になったことを踏まえると、今日的課題として改めて社会に問い直されるべき課題ではないかと考えられるのである。

四　国益と地域の公益

(1) 安全保障問題は国の専管事項なのか

米軍基地や原子力発電所をはじめとする大型の国家的プロジェクトは、基本的には国家の国益に沿って計画され、多くの場合内閣や国会などにおけるトップレベルの政治的判断に基づいて推進される。特に米軍基地問題は、日米安全保障条約という条約に基づく国家間の利害調整を伴うものであり、さらには第二次世界大戦後の歴代政権にとって日本の防衛政策の根幹とされてきた事案であることから、国レベルにおいては与野党を問わず国益上の判断が優先し、地域社会における住民福祉や住民の権利は、基地問題に付随する二次的な問題として、常に国益の範囲内で処理されてきた。この傾向は、単に政治・行政の分野で一般的な認識であっただけでなく、司法判断においても基地問題にまつわる判例は、多くの場合国益の範囲内でしか地域社会の団体自治や住民の諸権利を保護しないという限界性を持っていた(3)。

しかしながら、日本国憲法の第八章に規定された地方自治に関する諸規定を素直に読めば、国益と地域社会の公益は上下関係にあるのではなく、地方自治体における自己決定権は必ずしも国益に従属するものではないことが了解されるはずである。また第九五条の特定の地方自治体に適用される法に関する住民投票による承認規定では、国権の最高機関たる国会が制定しようとする法律であっても、それが特定の自治体を対象としたものである場合は、特に当該自治体の公益に大きな影響を与えることから、住民による承認が必要とされている。この規定は、国益といえども地域における公益を住民の意思を無視して侵害することは許されないという意味で、憲法第八章に規定する地方自治が時には国家の国益に包摂されない場合がある強い自治であることを強く示唆しているものと筆者は理解している。

さらに、二〇〇〇年に施行された新地方自治法は、国―地方関係をそれぞれの専管的分野を前提とする役割分担を明確にするとともに、国民の福祉の実現のために両者が相互補完的関係によって公共事務を処理することを規定した画期的なものであった。新地方自治法の規定に従えば、安全保障条約の運用やそれに基づく防衛政策等は当然国の事務とされている。ここであえてその立場をとったとしても、国の安全保障政策の実施にあたって具体的な施設の建設や管理運営については、その対象となる地方自治体及びその住民に重大な影響を与えることは、国益のみの観点から処理することが許されるのだろうか。住民福祉に第一義的な責任を負う地方自治体は、住民の福祉の保護の観点から当該案件の地域社会における影響を明確に把握して、地域社会の立場から当該案件の可否を判断し、それをもって国との調整を行う当然の権利を持っているはずである。

しかし、現実の基地問題に関する国―地方関係は、ほとんどそのような自治の観点から処理されていない。その原因の一つは、地方自治法の大改正にあたって、国と地方の役割分担に関する議論が十分に深まらず、安全保障に関する事務がほとんど機械的に国の専管的事務とされてしまったことに求められるのではないだろうか。地域社会にとって死活的な問題となる基地問題は、地方自治体の住民福祉に直接かかわる地方自治の専管的領域も含んでいること、重複的な領域であることが明確にされず、結果的に基地問題については国益が地域の公益に優先するという誤った常識が現在もまかり通っているのである。

米軍基地問題は、安全保障政策の根幹にかかわる国の専管事項と、地域社会の地域づくりや住民の安全と安心、さらには社会的環境に重大な影響を与えるという点で自治体の責務が交錯する境界領域である以上、本来は国―地方の対等な利害調整が前提とされるべき問題である。残念ながら基地問題にかかわる政治家・官僚・メディア関係者などの多くは地方自治に対する理解が不十分であり、憲法に規定された地方自治の地位と新地方自治法における国―地方の補完性原則の意味を踏まえた政策論・制度論が展開されてこなかった。このことは、特に沖縄県における基地の再編論議などにおいて、国と沖縄県の協議があたかも沖縄県における米軍基地の集中という事態に対する国の配慮を示すものとして扱われていることに端的に表われている。本来ならば、国の国益と地方自治体の公益が衝突した場合には、両者が対等な当事者として一定のルールに従って協議するべきであるという制度設計の問題であることが、ほとんど議論されないのである。

(2) 住民投票と米軍基地問題

普天間基地の移設問題をめぐる名護市の住民投票は、基地の移設受け入れを拒否した投票結果を当時の市長が無視して受け入れを表明しその直後に辞職したことで、大きな社会的関心を呼んだ。当時の市長が住民投票の結果を無視して基地の受け入れ方針を表明したこと自体は、投票結果の尊重規定に留まっている日本の住民投票条例の限界という課題を端的に示すものであり、首長の最終的な政治判断の余地が残されている以上、論理的には想定の範囲である。とはいえ、直接的に示された住民の総意を無視して説明責任を果たすことなく受け入れ後辞任したことは、民主主義制度下の政治家として、責任放棄と非難されても致し方ないであろう。

ところで、米軍基地問題を対象とする住民投票にはどのような課題があるのだろうか。米軍基地問題は、基本的には安全保障条約という国際条約に基づいて、日本の根幹的な安全保障政策のもとに様々な形で住民生活に影響を与えている。そのために基地問題に関する住民投票には一般の住民投票とは異なる視点からの位置づけが求められるので、それらについて若干の考察を行っておきたい。具体的には米軍基地問題を対象とする住民投票に関する三つの論点を挙げ、二つの住民投票を参照しつつ、それぞれについて検討してみよう。

① 米軍基地問題は住民投票の対象となりうるのか、また対象となる場合にはどの範囲までが対象となるのか

米軍基地問題は、国の専管事項である安全保障政策にかかわる問題であるので住民投票の対象にならないという議論がある。この点についてはすでに本節の(1)において国益と地域の公益との関係を検討する中で、国の安全保障政策といえども地域社会とその住民の生命財産に直接的な影響を与える具体的な基地問題については、地方自治体の事務が重複する領域であるという整理を行った。その整理を前提とすれば、少なくとも地域社会や住民に直接影響を与え

る問題は当然住民投票の対象となると判断される。

一九八二年に提起された池子米軍家族住宅反対運動に伴う住民投票運動の段階では、そのような論点整理は行われていなかったために、まず常設型の住民投票条例の条例制定請求運動を展開し、その住民投票条例に基づいて池子米軍家族住宅問題の可否を問う住民投票を実施するという、迂回作戦がとられた。もちろんその理由は、直接的に池子米軍家族住宅建設の可否を問う住民投票条例は、国の専管事項である安全保障政策が対象となるという論理で条例制定請求自体が無効であるというキャンペーンによる妨害の可能性が高かったために、住民投票自体が制度化された段階で改めて米軍住宅問題を対象とする住民投票を請求した方が有利だろうという思惑が働いたためである。

それに対して、一九八七年に防衛施設庁長官、神奈川県知事、逗子市長の三者によるいわゆる三者会談を経て長洲神奈川県知事(当時)が提示した「長洲調停案」を対象とする住民投票の条例制定請求運動においては、長洲調停案を直接住民投票の対象とする個別住民投票が提起された。その理由は、長洲調停案は国と逗子市を当事者として提示されたものであるので、当然市民がその可否を判断する対象となることが明らかだったからである。

池子米軍家族住宅問題以後の住民投票運動とその実施例からみて、安全保障だけでなく、原発や大規模建設事業などの国の事業についても、地方自治体の公益に直接的かつ具体的な影響を与えるものについては、住民投票の対象となることが少なくとも地方の側では一般的な認識となったといえるだろう。沖縄県の住民投票で提起された米軍基地の撤去は、国の安全保障政策一般にかかわる問題であるだけに住民投票の適用範囲としては境界領域といえるが、その一方で沖縄県民の切実な問題であることから、今後の議論の成熟が求められる領域といえるであろう。

② 米軍基地問題を対象とする住民投票の結果に首長はじめ行政はどの程度拘束されるのか

住民投票の結果に関する行政への拘束性は、〝尊重〟規定に止まるという条例の限界性が指摘されており、名護市長の事例はその典型と言われている。もちろん尊重規定自体では、首長をはじめとする行政当局を完全に拘束することはできないが、住民の直接的な意思を明確にする手続きである住民投票の政治的拘束力は非常に強いものがある。

その理由は、住民投票の結果と異なる政治的決断をすることは政治家にとって大きなリスクを背負い込むことであり、特に住民投票の投票率が高く、かつその結果に大差がある場合には、ほとんど拘束的といえる効果を首長等にもたらすからである。その意味で、一定の条件を満たす住民投票結果の政治的効果は、首長等行政にとっては、拘束型の住民投票と同じく、政治的に高い拘束力を持つということがいえる。

米軍住宅問題に関する住民投票の拘束力としてむしろ問題になるのは、米軍基地の管理権が日本政府ではなく在日米軍にあることと、米軍人の犯罪行為に関する一次裁判権が米国側にあることであろう。一般に国の直轄工事などについての住民投票では、国や他の行政機関は自治体内部の行政機関等が負う尊重規定が適用されない。したがって住民投票結果と外国の政府機関等との関係は他国の主権がからむだけにより複雑であり、かつ具体的に影響を与える手法がないという問題がある。

③　米軍基地問題を対象とする住民投票の有効性をどのように評価するのか

②で検討したように、住民投票の影響力は基本的には当該自治体の行政には〝尊重〟規定が適用され、一定の条件下ではその結果はほとんど拘束的な効果を発揮する。しかし、国をはじめ他の行政機関等に関しては一般的に尊重規定もなく、その効果は当該自治体がかかわる〝同意〟や〝意見聴取〟等における結果の反映などの手続きにかかわる効果と、住民意思に基づく自治体の行動が持つ政治的な重みを通じて、住民投票結果の効果が現実化することになる。手続き的・政治的効果は一見不確かなものに見えるが、現実には国の公共事業や原発などの大規模事業はほとんどの場合、住民投票の結果によって事業の凍結や計画の廃止などの結果をもたらしていることから、住民投票の効果は対外的にも非常に高いものと考えられる。

米軍基地問題の場合、同じく②で考察した事情から、住民投票の効果は必ずしも明確とは言えない。実際に、池子米軍家族住宅問題では長洲知事調停案をめぐって広範な住民投票条例制定請求運動が展開され、結果的に住民投票に代わる市長選挙が調停案の可否をめぐって実施されて調停案が拒否されたにもかかわらず、住宅建設の再検討は行われなかった。また山口県岩国市における住民投票の結果は、政府の強硬な姿勢を変えるに至らないまま、その後の合併と市長の交代によって実質的に否定された形となっている。さらに名護市における基地の移設問題では、住民投票の結果に反する市長の受け入れ表明もあって、住民投票を受けた形での移設計画の変更は実現していない。しかし、沖縄県における米軍基地問題に関しては、住民投票の効果を評価することはまだ時期尚早といえるのではないだろうか。名護市の特異な事例に加えて、さらに具体的な基地問題を対象とする住民投票の事例を積み重ねることによって、米軍基地問題に対する住民投票の効果は再評価される可能性があると思われる。

五　米軍基地に関する国内法の適用

筆者は逗子市長として池子米軍家族住宅問題にかかわる過程で、米軍基地に対する国内法の適用に消極的な政府・自治体双方の姿勢に強い違和感を持つことがしばしばあった。また、国内法の適用に恣意的に対応する米軍当局の対応にも当惑を覚えたことがある。米軍基地に対する国内法の適用問題は、日米安全保障条約に基づく米軍の基地管理権との関係でこれまでも論じられてきたが、米軍人の犯罪行為に対する捜査権や裁判権における一定の改善とは違って、ほとんど前進が見られない分野と考えられるので、本節では、筆者の具体的な体験をいくつか事例として提示した上で、この問題について検討してみたい。

(1)　河川法に基づく市長の河川管理権の取り扱い

池子米軍家族住宅問題では、米海軍池子弾薬庫跡地が都市計画区域であったために、米軍基地内の開発行為に対して様々な国内法の適用が問題となった。

そもそも米軍基地は都市計画区域に編入できるのかという疑問を、筆者は多くの米軍基地を抱える自治体との情報交換で質問されたが、逗子市では市域全体が都市計画区域に指定されており、少なくともこの都市計画決定について、国や米軍から異議があったという事実はなかった。また、都市計画区域への編入が米軍の管理権に直接具体的に制約を加えるものではない以上、都市建設の基本的方向性を明確にする都市計画に米軍基地の編入を排除すべき理由はどこにも見当たらない。しかし当時の多くの自治体は、「米軍基地は治外法権だ」という認識で米軍基地への法的対応を頭から排除していたことは事実であり、米軍基地所在自治体協議会も、基地交付金の増額や米軍による基地問題への対処を求めてはいたが、国内法の適用問題について真剣に研究して提言をすることもなかった。

ところで、池子米軍家族住宅問題では開発行為そのものは神奈川県知事に許認可権があり、そのために後に述べる神奈川県環境影響評価条例の適用問題で県が迷走することになったのだが、開発に伴う調整池の設置に関しては、基地内を流れる準用河川池子川の河川工事の許認可権は逗子市長にあった。この場合、国の河川工事については通常の許認可手続きではなく、国と市の協議の終了をもって工事の着工が可能になるが、逗子市が当該河川工事について、市の都市計画に重大な影響をあたえる可能性がある工事であることから事前の説明と調整を求めたことに対して、協議の申請者である横浜防衛施設局はそれに応じないまま、協議文書が施設局と逗子市の間で宙に浮くという事態となった。この事態を収拾するために、逗子市はとりあえず協議文書を受理した上で、河川管理者として基地内の池子川の現地調査を実施することとし、施設局を通じて横須賀米海軍司令官に調査の通告を行った。米軍の基地管理権と市長の河川管理権が直接衝突するこの事例では、施設局と米軍側は調査を拒否し、結果的に市当局による池子川の河川内を歩いて基地内に立ち入る河川調査は、境界線での米軍側の阻止行動のために実現されなかった。その後国側は市長との協議を経ずに工事に着手し、逗子市は国の違法行為の停止を裁判に訴える、いわゆる池子河川法訴訟問題に発展して最高裁まで争われることになったが、当時の最高裁は市長の河川管理権は本来機関委任事務で与えられた国の権限であり、国が国を訴える事案であるために裁判所が判断をするべき案件ではないとの理由で訴えを退けて決着することとなった。すべての河川管理が機関委任事務とされていた九〇年代初め当時の状況では一見当然の判決と見える。しかし、準用河川の管理は財政面も含めてほとんど自治体が責任を持って実施しており、また河川管理は地域社会の安全と環境にとって重大な課題であることを考慮すると、最高裁の判決はあまりにも形式要件にとらわれたものであり、当時であっても少なくとも河川管理における地方自治体の役割について、最高裁としてのそれなりの見識を示すことはできたのではないかと今でも残念な思いがしている。

(2) 神奈川県環境影響評価条例の適用問題

池子米軍家族住宅問題が顕在化したのは一九八二年であったが、当時神奈川県では長洲知事の目玉政策として、神奈川県環境影響評価条例(以下アセス条例と略す)を制定し運用を開始して間もない時期であり、八六年に横浜防衛施設局がアセス条例に基づく環境影響評価書を提出するまでに、内部でその取扱いについてかなりの議論があったと聞いている。すなわち、アセス条例は県の条例であるが、条例には国の事業を除外する明文規定はないものの、当然国の事業は対象とならないのではないかという議論である。現在の分権時代では考えられないことであるが、当時の神奈川県では〝上部機関〟である国の事業を法令に基づかない許認可事務の事前手続きである県の条例の対象にすることに強いためらいがあり、もし国がアセス条例の適用を拒否した場合対応のしようがないという考え方であった。この問題については横浜防衛施設局は当然適用に消極的であり、最終的に池子米軍家族住宅建設事業にアセス条例を適用することになったことについて、当時の県の幹部は、国が適用について理解してくれたことを感謝していると筆者に漏らしている。

しかしこの経緯は、のちに重大な問題をはらむ県のアセス条例の運用につながったと筆者は理解している。すなわち、その後池子問題は逗子市と国の対立が先鋭化するままアセス手続きが進行し、最終的に県がアセス条例に基づく開発行為の評価を知事決定しなければならない段階が近づいてきた。その時期を前に、県は池子米軍家族住宅問題の決着を目指し、国と逗子市の調停(いわゆる三者協議)に乗り出す方針を決定し、双方に打診をした上で、極秘に横浜防衛施設局長、神奈川県知事、逗子市長の三者による事前協議の場を数回設定した。その場でアセスの運用では考えられない県の対応が逗子市に事前の情報がないまま行われたのである。県側は三者協議の場で、県環境影響評価審査委員会で協議されている五つの答申案を国側に示して、どの案であれば国として対応できるかを問いかけた。その結果実際に県の環境影響評価審査委員会の答申は、三者協議における国側の回答ほとんどそのままとなり、今日の池子米軍家族住宅地域の基本的な姿が固まっていったのであるが、逗子市の意向を全く無視したその対応が逗子市の側に県に対する決定的な不信感を定着させ、結局公式に行われた三者協議の破綻と県市の対立につながっていったのである。

(3)　安全保障問題における国─地方の行政の継続性原則の適用可能性

米軍基地問題における国─地方関係では、しばしば基地の整備計画の変更や、基地被害の代償として国が地方自治体に対して地域振興に関する財政的・政策的支援について地元自治体との間で約束や協定を交わすことがある。その一方で、地元自治体も政府に対して基地問題に関して地元の住民を代表して政府に一定の対応を求め、その結果をもって住民の合意形成を行うことが多い。この合意はしかし、政府、自治体双方から一方的に変更・廃棄されて両者の間で紛争となることを、現実の基地問題において我々はしばしば目にしている。このような国─自治体間の約束事に関する行政の継続性原則については、あまり議論されることはないが、我々はどのように整理したらいいのであろうか。

民間と行政の間では、契約行為のみならず、許認可行為などについても適法な手続きに基づく許認可の一方的変更や、許認可行為に関する不作為によって民間が損害を被った場合、行政はその損害を補償しなくてはならない。しかし、政府間関係における政治的な約束について、行政の継続性原則はどこまで適用できるのであろうか。

常識的には、政治的な判断に基づいて締結された行政間の協定等は、形式的には契約にあたるとしても、たとえば極東における米軍の配置の変更や自治体における首長の交代などの事情によって変更を余儀なくされた場合、その契約の履行を裁判等によって強制したり、損害賠償を求めることは難しいので、当事者には政治的・道義的責任を問うことしかできないと考えられるであろう。

ところが池子米軍家族住宅問題では、当時の防衛庁は、前市長が一定の条件を付して同計画を受け入れたことを根拠に、新たに市長となって同計画の撤回を国に求めた筆者に対して、行政の継続性原則から新市長の主張は受け入れられないと強硬に主張し、国会においてもその主旨で答弁がなされたと記憶している。この答弁に対して質問をした当時の社会党が何の反論もせず事実上その説明を受け入れてしまったことは残念なことであったが、当時はこの行政の継続性原則について十分な議論がなかったことを考慮すれば、突然出てきた行政の継続性原則について当時の社会党が十分対応が出来なかったのはやむを得ないことであったかもしれない。

この問題を考察するためには、多分、①政治的な政府間関係の約束事に行政の継続性原則は適用できるのか、②安全保障問題、とりわけ基地問題のように、政府と自治体の力関係が著しく非対称な問題について、強い立場の政府が自治体に対して行政の継続性を主張することは適切なのか、の二点について検討する必要があるだろう。①については、例えば選挙の結果を受けて自治体の方針が変わった場合、その結果としての約束の破棄ないし変更を政府が認めないことは、約束の履行を担保する法的手続きが存在しない以上、国民主権の最も重要な表出である選挙の結果を政府自ら否定することになるのであり得ないと考えるべきだろう。また②については、本来行政の継続性原則が、フランス革命におけるめまぐるしい政権の交代によって、政府がしばしば民間との契約を一方的に破棄する事態が日常的に起きたことを受けて、非対称の関係にある政府と民間の契約行為において弱い立場にある民間を保護することを目的に確立されたことを想起する必要があるだろう。そのことを前提とすれば、政治的道義的責任の範囲とはいえ、政府間の約束事を一方が変更する場合、継続性原則の履行を問われるのは自治体ではなく、むしろ政府の方であると考えるのが順当ではないだろうか。また自治体が政府との合意を選挙の結果を踏まえて破棄した場合、それによって国が被った被害を回復させる司法的手段はないと考えるのが妥当ではないか。

いずれにしろ最近の基地問題では行政の継続性を政府が声高に主張することは見られないようであるが，岩国の基地拡張問題に見るように，政府防衛当局は地元自治体の声に耳を傾けないどころか市に対して約束した庁舎建設補助を拒否するなどの圧力を加えて，政府自身が行政の継続性原則を踏みにじっている逆転現象さえ見られる。

基地問題については自治体住民の意思が国際環境や国内の政治経済状況に敏感に反応して揺れ動くことを踏まえて，沖縄だけでなく本土の基地問題についても自治体の意向を無視した硬直的な姿勢をあらためて，柔軟に地域社会の合意形成に協力する姿勢に転換してほしいものである。

(4)　消費税の米軍人に対する課税問題

在日米軍の日本の法律に対する対応は常に消極的で機密優先主義とは限らない。時として笑ってしまうほど機敏でおおらかな対応をとる場合がある。筆者が経験したのは，消費税法が実施された時の米海軍横須賀基地の対応である。それまで逗子市が市内に住む米軍人の数を問い合わせても，防衛施設庁は米軍人の具体的な居住数は米軍の機密事項であるとしてまったく対応することはなかった。ところが，消費税法が施行された直後，突然逗子市に防衛施設局から市内に在住する米軍人すべての住所と氏名が送りつけられてきて市は仰天したのである。その理由はなんと，このリストに記載している米軍人については，上下水道料などに消費税をかけないように要請するというものであった。多くて一世帯あたり数千円の消費税を節約するために，これまで頑なに拒否してきた米軍人の居住数ばかりか，その氏名と住所までが明らかにされるということをどのように理解したらいいのであろうか。

筆者の結論は，米軍は（というより日本を含めて軍事に係る情報一般は）情報を極力隠すことで外部からの関与を排除し，行動の自由を確保することを行動原理としているのではないかということである。このことがあたっているとすれば，地方自治体と米軍との関係は非常に非対称なものとなり，市民生活の安全や安定にむけた相互の理解や協力は非常に困難になるのは当然であり、結果として米軍に対する不信感やひいては国の安全保障政策に対する不信感を助長することにつながるのではないだろうか。

以上の事例を通じて言えることは、日米双方の当事者すべてを通じて、安全保障問題があまりにも政治的色彩を帯びてしまったために、自治の実務に即したあるべき法的対応や制度設計に対する意識や実務の形成が決定的に遅れており、結果として基地問題の合理的な扱いを困難にしているということである。特に地方自治体は、二〇〇〇年の地方自治法の大改正の意義をよく理解し、国の安全保障に関する権限や米軍の基地管理権をタブー視することなく、地方自治法が示す国―地方関係を活用した新たな政策形成に努力して市民の負託に応えなくてはならないということを確認しておきたい。

六　基地問題と「地域エゴ」

「地域エゴ」問題は、基地問題や国策事業の対象となった自治体における反対運動が、ほとんどすべての場合政府や、世論の名を借りたマスメディアの攻撃にさらされる厄介な問題である。当然のことではあるが、地方自治体はその住民生活の安全と安心を実現するためにあり、自治体の権限や事務はそのために付与されているものである。具体的には、地方自治体は憲法第一三条及び第二五条に規定された国民の健康で文化的な生活の最低限保証を地域において実現する主体であり、全国を対象として公共公益活動を展開する国とは本質的にその立場は異なっている。また、国民生活の現場で直接公共サービスを展開する基礎自治体は、住民生活のすべてに直接関わっていることから、執行する行政事務の性質も住民自治と密接な関係において処理されなければならないなど、国の事務とは基本的に性格を異にしている。従って、国の事務と自治体の事務の境界領域や重複領域では、両者のよって立つ基盤が異なることで、国益と地域の公益が衝突することは決して異常なことではない。中央集権的な見地に立てば、国民全体の福祉の実現に関わる国益は、当然国に包摂される地域の公益の上位にあり、国益が貫徹されることによって当該地域社会の住民も国民として反射的な利益を享受するのであるから、国益に関わる案件について自治体は国の方針に従うべきであるという理屈は一見もっともらしいものであろう。実際に沖縄県の軍用地の借り換え問題に関する裁判で、司法当局が国益の優先を理由に沖縄県に対して代理事務の執行を命令したことは記憶に新しい。

しかし憲法に規定された地方自治の基本的な理念からは、地域社会の公益が国益に包摂されるべきという論理は直接導かれるものではない。さらに二〇〇〇年の分権改革以後は、国と地方自治体は互いにその役割分担の範囲においては自らの責任において主体的に公共事務を執行する対等な立場にあるとされ、当該地方自治体にとっての公益は国益に服するべきものとはされていない。本来、国―地方の関係は、一定の緊張関係を前提とするものであり、新地方自治法において、国の自治体に対する関与のあり方を第三者的に判断し政府に勧告することができる国地方係争処理委員会の規定(第二五〇条の七)が新設されたことは、その理念の延長線上にある。

であるとすれば、特定の基地問題について、その事業が自治体住民の安全と安心を損ねると判断した場合には、当該自治体はむしろその事業に対して地域の側で想定される具体的な問題点を示し、計画の変更や廃止を国に対して求めなくてはならない立場にある。自治体は全国的な基地の配置や国益上の必要性について主体的に判断する立場にはないので、その要望や要求は地域住民の利益を代表するものになるが、それは自治体の当然の責務としてなされるものと理解しなくてはならない。

それではその場合、国全体の安全保障を担保するために、国はなにをするべきなのだろうか。当該自治体の反応を「地域エゴ」と決めつけたところで、そこからは相互の理解や協調を生み出すことは期待できず、結局自治体とその住民に圧力をかけて地域社会の分裂を誘い、地域社会に深い爪痕をのこす、「国にとっての問題解決」という従来の基地問題のパターンを繰り返すだけであろう。

その意味で、米軍兵士による女子小学生の暴行事件をきっかけに沖縄県で高まった基地反対運動を契機とする政府の対応は注目すべきものがあった。当初政府側がとった、政府の沖縄県に対する地元意思への配慮と、地元の合意形成を待ちながら時間をかけてでも課題の解決を図ろうとする姿勢は、一部、政府が基地問題に地域の意向や公益を反映させる道を開くことを期待させるものがあった。しかし、自民党政権にとって沖縄県における米軍基地の存在はあまりにも重く、また米国の世界戦略に対するほとんど無条件ともいえる追随姿勢が骨がらみになっていることから、結果として、国益を前面に掲げる政府の姿勢が簡単に変化することはなかった。

むしろ、沖縄県の基地問題において地元意思への配慮が必要であるとする国の論理が、全国の基地問題、ひいては安全保障問題一般の地域社会の公益への配慮として展開されることはなく、沖縄県民が負っている基地負担の分散という錦の御旗のもとに、他の自治体に対しては却って強硬な姿勢があらわになっていることに我々は注目しなくてはならないだろう。岩国市の基地拡張問題に見るような、反対運動を地域エゴと決めつけて、市庁舎建設補助の停止によって市長の退任に追い込むという事例は、最近の政府のちぐはぐで首尾一貫しない基地政策の現実をよく表しているといえる。

この問題については、地方自治体は基地問題の押しつけ合いをするのではなく、基地が存在する自治体の連携によって、地元自治体とその住民にとって重大な人権侵害や健康で文化的な生活権の侵害をもたらす現行の地位協定の運用の様態の根本的な改善を求めることを優先するべきだろう。どの地方自治体にとっても米軍基地は基本的に受け入れがたいものであることは明白であり、その改善に向けた提言を積極的に世に問う責務を自治体は負っているはずである。基地問題の直接の当事者である関係自治体が、利害を乗り越えて共通の目標のもとに地位協定の運用の問題点を明示し共同行動をとることができれば、政府などの地域エゴ論は社会的効果を失い、日本の安全保障政策の見直しがそこから展望できるのではないだろうか。

七　安全保障問題に対応する国─地方自治体間の調整の制度化

さてこれまで述べてきたように、安全保障問題、とりわけ米軍基地問題における諸問題は、国と地方自治体の公益が地域において厳しく衝突する現実を反映したものである。大きな枠組みでいえば、二〇〇〇年の地方自治法改正によって国─地方関係が相互補完的に再定義された中で、国の専管事項とされる事務であっても、地域社会を対象としてその具体的な執行・運用が行われる場合には、単純に国益のみで判断される状況ではなくなっている。地域社会に多くの深刻な問題を起こすことが想定される以上、個々の地域を対象とする具体的な事案における安全保障問題を、単純に国の専管事項として地方自治体の関与を排除することができないことは、沖縄県における基地問題に対する政府の対応を見ても明らかであろう。その意味で少なくとも安全保障問題の一部は、国と地方自治体の事務が重層的に絡み合った境界領域として扱われるべきであり、本来国と地方自治体が対等の立場で対応するべき課題なのである。

国益と自治体における公益の衝突を調整する仕組みについては、既に前節で触れた通り二〇〇〇年に大改正された新地方自治法の第二五〇条の七において、国の自治体に対する関与を第三者的に調整する国地方係争処理委員会の規定が新設されたことで、新たな可能性が開けたといえる。しかし、新地方自治法の第一条の二では、国がになうべき事務としてまず第一に「国際社会における国家としての存立にかかわる事務」があげられていることから、安全保障にかかわる国─地方自治体間の紛争を第三者的に調整する機関が直ちに整備されることは、実際問題として可能性が薄いのではないだろうか。

その意味で、安全保障問題に関する国─地方の紛争調停機関の設立を長期目標としつつ、長い基地問題に関する自治体の経験から生み出された様々な調整方法を整理し、これまでの手法を発展させることで、地域社会の安全と安心を高める手法を整備することが当面の現実的な問題の改善方法になる可能性がある。具体的には、①基地を持つ自治体ごとに米軍当局と防衛当局及び行政の三者をコアとし、必要に応じて関係者が参加する、地域における基地問題の当事者による連絡協議機関を設置し、日常的な接触を基盤とする危機管理・課題解決の条件の整備、②基地機能の整備や拡充については、事案に関する当該自治体が受ける社会的影響についての第三者による事前評価を義務化し、客観的な立場から自治体住民が受ける不利益を解消する方策を国・自治体双方に提示する制度の確立、の二点が考えられる。①については既にいくつかの自治体において協議会が設置され運営されているので、一般的な制度として整備することに関するハードルは比較的低いものと考えられる。この場合、米軍当局の対応が可能か否かが問題になるが、米軍にとって基地の安定的な運用は重要な課題であり、日常的な接触を通じて得た地域社会の住民の生の意識を知りそれを基地内の軍関係者に伝達することによって、米軍人の地域社会に対する関心を高め、モラルの維持向上にプラスになることが理解されれば、その可能性は低くないはずである。

②の第三者による社会的影響に関する事前評価制度については、国は基本的に消極的な対応をして、基地問題は自治体の権限に属さないと主張することが予測される。しかし、米軍基地の整備拡充は、これまでたびたび述べてきたように国の専管的事務である安全保障問題であるとともに、個別の施設設備の整備は当該自治体にとって地域社会環境に重大な変化をもたらす事業であることから、事業の社会的影響に関する評価と予測される被害や悪影響の除去は自治体の固有の責務であるので、条例策定に関して技術的な課題はあるとしても、自治体独自の条例の制定によって政府の対応を迫ることは基本的に可能であると考えられるだろう。現実問題として基地を持つ自治体の多くは財政基盤が弱く、政府の意向に沿わない条例の制定には相当の困難が伴うと思われるが、住民の安心と安全に責任を負う地方自治体の責務という自治行政の原点はどの自治体にも課せられた重い任務であり、日本の自治と民主主義の発展深化にとって大きな意味を持つものである。厳しい現実を乗り越えて、地域が主体となった新たな制度の整備に向けた努力が展開されることを期待したい。

八　これからの地方自治体と安全保障政策

安全保障政策に関係する諸課題をこれまでの自治体による米軍基地問題に対する対応の事例を参考にして考察を進めてきた。その概要は以下の①から⑤にまとめられる。

①安全保障政策は全体としては国家の専管事項であるが、それがすべてではなく、個々の施策の実施や施設の整備・管理にあたっては、地方自治体及びその住民の生活環境や安心・安全にしばしば重大な影響を与えることから、地方自治体の事務と重複する分野があり、その分野について自治体は国と対等の立場にたって住民福祉の保護に責任を果たす必要がある。②しかしながら地方自治体の側では安全保障問題は国の専管事務であり、地方自治体には主体的な施策を展開する権限はないという意識が二〇〇〇年の地方自治法の大改正後も残存しており、そのことが自治体のあるべき政策の形成を遅らせている。③一方国の側も、安全保障政策において地方自治体が持つ権限に対する理解がなく、国益と地方自治体の公益の調整のための制度や仕組みの確立に向けた動きは見られない。沖縄県における地元配慮は米軍基地の集中に対応した配慮にとどまっており、全国の基地を抱える自治体に対する一般的な政策になっていないために、本土の自治体に対しては逆に国益優先を前提とする「地元エゴ」攻撃が強まっている。④この状況を改善するためには、自治体側がまとまって自治体独自の立場から安全保障問題の分析と政策提言を行うことが必要である。⑤具体的な方策としては、当面自治体ごとに地元自治体・防衛当局・米軍当局などで構成される当該基地に関する日常的な情報交換の場（協議会等）を設置して、地域社会に対する米軍人の関心を高め、危機管理の在り方を協議するとともに、自治体自らが基地の整備や拡充に対して住民の生活環境に与える影響を第三者が事前評価するための条例を整備するなど、独自の安全保障政策を展開することが考えられる。

分権時代を迎えた二一世紀の自治体安全保障政策は、二〇世紀における第二次世界大戦の敗戦とその後の冷戦時代をひきずる国益中心の発想から脱却し、憲法と新自治法に規定された地方自治の在り方に明確に軸足を置きつつ、自治体とその住民の主体性に依拠した新たな政策として、構想され展開される必要がある。

安全保障条約をめぐる世界的環境は、冷戦の終焉を境にめまぐるしく変化しつつあり、世界の軍事的覇権を独占してきた米国でも、単独主義のブッシュ政権から国際協調を標榜するオバマ政権への移行によって米軍の世界戦略も影響を受ける可能性がある。

このような時代にあって、地方自治体は国の動向に振り回されるのではなく、独自の立場に立脚した説得力のある政策をいかに提案し、世に問うことができるかが問われているといえよう。地方自治体における安全保障問題に関する独自の政策形成の可否は、特に国との微妙な位置関係をクリアする必要があることから、地方自治体のこの時代における力量を示すものとなるであろう。

（1）　地方自治法第一条の二第二項「国は、前項の規定の趣旨（地域における行政を自主的かつ総合的に実施する役割＝筆者注）を達成するため、国においては国際社会における国家としての存立にかかわる（中略）役割を重点的に担い（後略）」。

（2）　「自治体の外交政策」『環日本海研究』第三巻、一九九七年。

（3）　国による借用期限を迎える米軍用地の契約延長に反対する土地所有者に強制的に借用期限を延長させる沖縄県知事の代理署名問題で、最高裁は沖縄に基地が集中し住民がその重圧に苦しんでいるという地域の公益の侵害の訴えには応えることなく、国の公益を前面に出し、沖縄県知事の訴えを退けて代理署名規定を含む米軍用地特別措置法を合憲とした。

第一〇章　沖縄の自治の未来

島袋　純

はじめに

沖縄の自治や未来を考えるとき、「分権改革」の名の下に、世紀転換期に国の役割を外交・国防等に重点化し、内政に関する権限を大幅に自治体に移譲するという議論が唱えられ、基地問題や安全保障問題に関しては自治体の関与を否定し、中央政府に一挙に権限を集めるという集権化が行われたことに留意しなければならない。

その顕著な例が、米軍用地の強制使用に関する問題である。米軍に占拠されたままの私有地に対する強制使用の権限は、非常にいびつである。立憲主義国家において個人の財産権が一般に、明白な根拠無しに侵害されることは許されないであろう。財産権の制約が可能なのは、その制約の根拠となる公共的な利益(公共の福祉)が、極めて具体的かつ明白に示しうる場合のみである。民間の土地の公的な要請による強制使用を規定する日本の土地収用法では、具体的かつ明白な公共性を立証する責任は、強制使用する側にあり、県の土地収用委員会にその土地の公的収用の公共性・妥当性に関する判断を委ねた。ところが、いわゆる米軍用地特別措置法は、米軍基地については政府によるこの立証責任回避を認め、さらには県の収用委員会の判断も形骸化させる法改正が行われた(一九九七年七月一七日改正案成立)。この米軍用地特別措置法の改正に見られるように、基地問題に関しては中央集権化がすすみ、沖縄の自治体が基地問題に関して自ら関与する権限が剝奪されてきたのである。

他方、公共事業に関する高率補助の仕組みに端的に示される、いわゆる「利益還元政治」そのものの制度化といっていい沖縄振興開発体制は、構造改革にも分権改革にもまったくそぐわない。にもかかわらず基地の維持あるいは再編強化とリンクすることで存在し続けるという状況にある。分権改革における集権化すなわち「外交・防衛等への国の役割重点化」論と振興開発体制がワンセットになっているのである。

この集権化が終了した時点では、沖縄の基地問題の解決に当たって沖縄側から公式的に関与する方法はもはやなくなる。その時点で振興開発体制はいわば用済みとなる。沖縄に対して極めて冷たい対応を行う新自由主義的な改革が継続するとすれば、その理念に従って廃止される運命にあるのではないか。

沖縄の自治は極めて危機的な状況にある。全国展開で行財政のリストラを主たる理由とする道州制が仮に強力に進められるとすれば、財政力の極端に弱い沖縄県が単独で生き残る道はない。かといって振興開発体制に徹底的に依存する状況になっているにもかかわらず、基地再編の目処がつくであろう二〇一二年以降もこの体制が存続する保障もない。さらには、基地の整理縮小に関して沖縄側の願いが日本の政治において争点となり、公式的なアジェンダとして取り上げられ、沖縄の意見が反映できるような仕組みが作られる見通しもますますなくなって来ている。現実には、沖縄の自治権は極めて制約され、軍事的な目的に自治が従属する状況が生じている。経済や財政の危機から、基地によってどうにか利益を得ようとする側と拒絶する側とで地域社会は分断され、社会的連帯を大きく失っている。このような厳しい状況下において、沖縄における自治の展望をどのように見出すか。本章では、施政権返還後の沖縄振興開発体制と自治をめぐる議論とその現実をトレースし、特に大田県政以降の変化に分析の焦点を当て、沖縄の自治の可能性を探究したい。

一　沖縄振興開発体制の確立と屋良建議書

返還前の「琉球政府」は、立法・司法・行政の三権を有する沖縄の中央政府であったが、実際には、在沖米軍を「猫」とすると、その手の平で弄ばれる「ネズミ」のような存在と言われていた。例えば裁判権に関しては、判事は米軍の任命制でありまた米軍政府の意向次第で裁判権はいつでも取り上げられ、行政権については、行政の長を米軍が任命する「行政主席」という制度であった。唯一立法権だけが、住民の直接選挙で選ばれた議員からなる議会、「琉球立法院」にあった。この立法院が沖縄の政治の中心になっていくのだが、立法に関しても、米軍政府が常に事前介入及び事後的な介入を行い必ずしも完全な自治というのは実現しなかった(1)。

一九五〇年代初頭から、いわゆる「島ぐるみ闘争」と言われる土地の強制使用及び実質的な買い上げに対抗する闘争が米軍に対峙して活性化するようになる。それは次第に人権と自治権の拡大闘争へと発展し、一九六〇年には祖国復帰協議会が作られ、平和憲法の日本の元に帰るという復帰運動となっていく。

この運動の激しさに手を焼いた米軍が沖縄の直接的な統治をあきらめ、日本政府との様々な密室の取り決めを行いながら復帰を決め、六八年には行政主席の公選制がついに認められた。それ以降、米軍政府は、琉球政府への介入を控えるようになり、琉球政府は国家的な事務、国家的業務も担う、文字通り琉球の人々の政府になっていった。

沖縄の人々が米軍から日本への施政権返還によって願っていたのは、日本国憲法体制、すなわち平和憲法への復帰であり、米軍基地は、日本復帰すればなくなるというのが大方の理解であったといわれている。実はこの一番の切実な願いは叶えられなかった。それどころか、復帰を見越して沖縄米軍基地の存続に影響を与えない体制づくりが着々と進んだのである。

七〇年前後は、『中央公論』など日本の総合雑誌において、当時琉球大学教授の比嘉幹郎、久場政彦、米国イリノイ大学教授の平恒次らが、非常に活発な文筆活動を行い、「日本の一県として復帰するのではなく、特別な制度の下に復帰するべきだ」という旨の提案がなされる。例えば平恒次、比嘉幹郎は、米国型の連邦制度の導入を唱え、琉球政府で勝ち取った自治の権限を全て認めた上で、特別な連邦制的な制度として日本に復帰することを主張した(2)。

沖縄の自治権を確立し、基地問題に対して一定の力ある自治体を実現させるためにそのような提案がなされたが、実際には、北海道開発庁・北海道開発局をモデルとして沖縄の振興開発体制はつくられていく。つまり普通の県制を基本として、それに加えて国の機関として沖縄振興を担当する国務大臣を長とする中央官庁とその総合的出先機関を用意する体制として準備がすすむ。

このような日本政府主導の体制づくりに関して、屋良主席をはじめ危機意識をもった琉球政府幹部が、よりすぐりの若手職員を集めて、基地の撤去と沖縄の発展を沖縄の自治と自立に基づいて達成していくという建議書を日本政府及び国会あてに作成する。それが、一九七一年に日本政府に提出されたいわゆる「屋良建議書」である(3)。しかしこの建議書は完全に無視された形で沖縄の新しい統治の仕組みが築かれていった。多くの国レベルの事務を行っていた琉球政府の所掌事務と人員は分解され、沖縄総合事務局、その他の国の出先機関、そして沖縄県庁へと解体されていった。

沖縄開発庁が、公共事業の多くを直轄事業ないし県や市町村への高率補助事業として、沖縄振興開発予算の大蔵省への一括計上を行い、総合出先機関として総合事務局が直接または間接的に執行するのが沖縄振興開発体制である。沖縄の振興開発の計画と実施の責任は、県ではなく国にある。

沖縄開発庁および総合事務局は、復帰当初、米軍政府に代わって、沖縄県庁の上にのっかった日本政府の沖縄支配の機関ではないかという意見さえ見られた。実際、復帰前後の貨幣価値の下落(ドルから円への通貨切替に伴う多大な損失)、復帰直後からの極度のインフレ、沖縄海洋博が招いた過剰投資とそれに由来する不景気、交通法規の変更(一九七八年七月の米国式から日本式への一夜での大転換)という極度の沖縄住民への負担の強制が露見し、新体制は評判が芳しくなかった。

また、「日本国憲法下への復帰」による基地撤去の期待は完全に裏切られ、大きな失望に変わった。復帰後一〇年を迎える頃、一九八〇―八二年にかけては、新たな沖縄開発庁中心の沖縄振興開発体制は問題有りという認識から、沖縄の新しい自治制度に関して多様な意見が出されるようになる。

特筆すべきは、自治労沖縄県本部「沖縄の自治に関する一つの視点――特別県構想」(一九八一年六月)、玉野井芳郎の「沖縄自治憲章(八一年七月案)」であろう。その他、「琉球共和社会憲法草案」等、多くの案が発表された。いずれも沖縄振興開発体制の見直しを提唱し、より自治権を強化した上で沖縄の基地問題の解決、経済問題の解決に対応可能とする自治体制を新たに提案するという内容であった。(4)

二　基地問題の非争点化――沖縄振興開発体制の受容とその限界

七〇年代から八〇年代初頭にかけて疑問視されていた沖縄振興開発体制は、七八年末に登場した西銘県政が軌道にのりはじめると肯定的にみられるようになる。

沖縄振興開発体制とは、批判を承知で表現すれば、日本の保守政治的な、いわゆる「利益還元政治」に沖縄を組み込むための装置であった。米軍統治下にあった沖縄は、地元選出の保守系議員のルートを用いて中央から公共事業をとってくるという、保守政治の利益還元ルートを作ることができなかった。地元出身の高級官僚による支援という霞ヶ関との関係も極めて脆弱である。沖縄は施政権返還に至るまでの国政不参加により、いずれのルートも形成が困難な状況に置かれており、通常であれば利益還元政治にとって極めて不利な状況である。それを補完する仕組みとして初代沖縄開発庁長官、山中貞則氏を中心とし、特に後に沖縄族と呼ばれる自民党の面々による政治的支援を受け、そして公式的な制度としては、沖縄開発庁・沖縄総合事務局をつくることで、公共事業を中心とする利益還元の強力な

仕組みをつくったと言える。(5)

西銘氏自身、七八年の県知事就任以前は、衆議院の田中派議員であった。また、東大及び旧制水戸高出身であり、政界にも官界にも親しい友人が多くいて、日本の中央政治のなかでかなり力を持つことができる人だったと聞く。それが振興開発体制をさらに軌道に乗せることに貢献したと思われる。

公共事業を中心とする利益還元政治は次第に軌道に乗っていった。逆にそれに特化する形で沖縄振興開発体制が構築されたこともあり、沖縄の基地問題の解決に関しては思うようにいかなかった。沖縄ではたとえ保守県政(あるいは保守の市町村長)であっても、基地の負担加重から来る沖縄の人々の悲鳴を無視するわけにはいかずに、基地負担の軽減、つまり基地被害の縮小あるいは基地そのものの整理縮小に積極的に取り組まざるを得ない。保守首長もしたがって、住民の願いを背景に沖縄から主体的に基地問題の解決の働きかけを行う、あるいはその力の獲得を目指すということになる。

しかしながら、沖縄振興開発体制は、振興策に取り組みの比重を移していき、基地から派生する問題に対する直接的な働きかけをマージナルなものへと追いやり主要議題としない、させない、あるいはその働きかけの力を削ぐ、という周縁化の体制である。

例えば米軍基地に提供する上水道及び下水道は、沖縄県の管轄である。それが復帰前の極めて低い下水道料金で、西銘県政に至ってもサービスを提供させられていた。当時副知事の座喜味氏によると、これを通常の料金と同様に値上げしたいと考えて沖縄開発庁に要望したが、管轄外としてまったく取り合ってもらえず、防衛庁においてもラチが明かず、外務省では料金は協定の改定になり、改定できない一点張りだったという。米国が不利になることに関しては、沖縄が問題提起しても基本的にとりあげられない。日本の政治構想のなかで基地に関連する争点に関しては争点化すらさせない、議題としてのぼることさえ許されないという体制である。それこそが実は、隠された沖縄振興開発体制の眼目であり、振興開発体制の申し子のような西銘氏でさえも米軍基地に関連する問題は取り上げさせること

ができなかった。(6)

こうして基地問題は、日本政府中枢において、非争点化、すなわち非決定の領域に周縁化され議題として取り上げることを拒絶されることとなった。そこで西銘県政は、米国との直接交渉を考え、米国に訪問して基地問題に関する打開策を練っていくという手法で沖縄住民の基地負担軽減を図ろうとした。以後、直接ワシントンＤＣに赴く方法は、沖縄県知事の定番になる。

三　基地問題の争点化——大田県政の国際都市形成構想と代理署名裁判

日本政治の制度としての沖縄基地問題の周縁化、国政における非争点化を打開しようとしたのが、大田昌秀を知事とする沖縄県政であった。沖縄戦研究者として全国的に名が知られていた大田は、四選を目指す西銘を退け、一九九〇年、第三次沖縄振興開発計画（以下、三次振計と略する）策定の最終段階の頃知事に就任する。冷戦の終了が実現した直後に重なったこともあって、大田氏は、就任と同時に三次振計策定のなかに基地問題の解決を入れ込むことを目指した。当然ながら沖縄開発庁は、防衛庁や外務省の問題で、管轄外として取り合わなかった。

そこで大田県政は、三次振計が開始する九二年にはすでに「沖縄国際都市形成構想」に着手したのである。これは初めての沖縄県単独の総合計画あるいは総合的な構想だが、冷戦の終了による軍事的緊張の緩和とグローバル経済の進展を正面に捉えた構想であった。そのなかで沖縄の米軍基地の整理縮小と経済発展を明白にリンクさせ、基地の撤去・縮小を前提とする経済的な発展という構想を練った。この構想の要であった吉元政矩は、策定に先立ち、琉球政府の屋良建議書を徹底的に分析し、平和と自治に関する根幹的な理念を継承したと述べている。(7)

国際都市形成構想では、「基地返還アクションプログラム」という二〇一五年までに沖縄の基地を段階的に撤廃していくプランが大前提となっていた。それを具体的に実現する手段として、つまり日本の政治において公式にアジェンダとして取り上げられ、議論し、解決していく仕組みとして大田県政が日本政府に要求したのが、「沖縄米軍基地問題協議会」と「沖縄政策協議会」であった。

前者は、沖縄県が国際都市形成構想の前提条件とする段階的基地返還（具体的には基地返還アクションプログラムの具体化）を議論する場であり、議論された跡地の有効活用とともに国際都市形成の政策を協議する場が後者という位置づけであった。沖縄米軍基地問題協議会は、代理署名拒否表明後の一九九五年一一月四日の村山・大田会談を受けて一一月一七日に設置が閣議決定された。沖縄政策協議会は、九六年九月一三日、県民投票直後に発表された公告・縦覧の代行の受け入れ意思表明の際に発表された。いずれも一種の関係閣僚会議であり、沖縄県知事が防衛、外務等の閣僚と同等に発言権を保障されて参加するという意味で特別な閣僚会議であった。(8)

こうして、初めて政府の公式的な議題として沖縄の基地問題が取り上げられる制度がつくられたのである。さらに、橋本政権時代には沖縄開発庁長官に加え、基地問題の解決を含めた、大田県政の国際都市形成構想に基づく沖縄振興を担当する大臣として沖縄担当大臣が新設され、内閣を支える実力者であった梶山清六内閣官房長官が兼職するという体制が整う。

ここで始めて基地問題が中央においても議題・争点として取り上げられると同時にそれが沖縄の振興に関連する政策にリンクされる。「沖縄米軍基地問題協議会」は、特に基地の整理縮小や住民の負担軽減の役割を担うべき会議体であり、「沖縄政策協議会」もここで整理縮小されていく基地を前提として振興策を取り決める場と想定されていた。(9)国際都市形成構想及びその後の振興策は、紆余曲折を経て、基地の県内移設あるいは米軍再編による基地の強化を達成する手段として基地の再編にリンクするようになし崩しにすり替えられてしまうが、当初は、基地の負担軽減、整理・縮小とリンクしていたのである。

さらに、もう一つの変化を捉えなければならない。大田県政は、沖縄基地問題を中央の政治行政において議題として取り上げないという非争点化に挑戦し、争点化に一瞬成功した。沖縄の基地問題は、全国的な問題となり、しかも世論は、沖縄が発信する「正義」に同情した。こうしてようやく日本政府の問題、日本政治の争点になった。

というのは、一九九五年九月に三人の米兵による一二歳の少女に対する暴行事件が起こって、県民の激しい怒りを引き起こし、米軍基地の利用のための土地の強制使用手続きである「代理署名」手続きを知事が拒否し、国が県を裁判に訴えるという異常な事態が発生したからである。それまで、「代理署名」を含め米軍基地の維持に関連する機関委任事務は、たとえそのような事務に対する拒否の姿勢を示す首長がいたとしても、機関委任事務拒否の場合に対する国の制裁的措置の怖さのゆえ、拒否を貫くことはできなかった。大田知事も就任間もない九〇年の「代理署名」には応諾せざるを得なかったのである。

「代理署名」手続きとは、軍用地主の代理として自治体首長がおこなう手続きである。沖縄の軍用地は個人の所有地が多く、日本国政府が地主から土地を借り上げ、米軍に提供している形をとり、法的に正式な借用関係が発生する。復帰前の沖縄の基地は、基本的には地主の契約の意思などまったく問うこともない米軍による直接軍事占領のままであり、米軍はわずかな借地料を直接地主に支払っていた。しかし、復帰後は法的には日本政府が地主から借り上げ、米軍に提供するという形式を取る必要が出てくる。

「銃剣とブルドーザー」による土地の剝奪や基地建設とよく言われるが、財産権や個人の意思をまったく無視して土地を占領し建設された米軍基地に対して、契約の意思のない地主が多数出現するのは当然の結果である。その地主に代理して行政首長が、国による土地強制使用の手続きに関わるのが、いわゆる「代理署名」手続きである。

しかし、この手続きは政治的には次のような非争点化の機能を果たしていた。つまり、基地の建設の経緯に関わるような住民の基本的権利を蹂躙する本質的問題を自治体レベルに閉じこめておき、国の施策に対して野党系首長でさえも機関委任事務応諾で協力したということで、その施策を地域レベルで正統化し、また、自治体内の政治的問題に押さえ込んで解決済みとし、国レベルの政治的争点に浮上させないという仕組みであったのである。

ところが、九五年から九六年にかけての沖縄と国の争いにおいては、県民世論が沸騰し、県民投票等により県民の意思表明や、それに共感する国民全体の強い後押しがあれば、いくら集権的な政治体制のもとで多様な制裁措置が可能であっても、政府がそれを発動することはできず、逆に代理署名拒否が国の施策に対する自治体の「拒否権」のように機能してしまうことが判明した。したがって、自治体の拒否が国の施策の破綻と直結してしまい、国全体の政治的争点として大きくクローズ・アップされてしまうことになった。つまり、自治体レベルに押さえ込んで国レベルでは非争点化させるための仕組みが自治体の拒否と住民の支持にあって逆に作用し、全国的な政治的争点になっていく。

さらに、機関委任事務そのものの廃止を目指していた地方分権推進委員会を中心とする地方分権改革の流れと沖縄によるこの機関委任事務が争点化された裁判闘争が重なり、分権改革の主たる争点としても「機関委任事務」が浮上してくることになる。沖縄の動きがなければ、機関委任事務廃止という第一次分権改革の主要成果は、違ったものとなっていたかもしれない。

四　再編強化される基地問題の非争点化——稲嶺県政の登場と主役の交代

沖縄米軍基地問題協議会と沖縄政策協議会という中央に設けられたこのような二つの協議会が沖縄にとって有利に活用される以前に、吉元が副知事再任を否決され、この二つの協議会は基地の整理縮小を沖縄の側に有利なアジェンダとして設定することなく、機能しなくなる。前者は、日米間で在沖米軍基地問題を緊急に取り上げたＳＡＣＯが九六年一二月に最終報告を出すと開催されることがなくなり、後者は、基地を国主導で県内移設あるいは基地再編でリンクする会議の場へと変質していく。さらに言えば、日本政府主導の基地の維持強化へ向けた逆機能を果たし始めるのである。それは特に、稲嶺知事の登場によりいっそう明白になる。

大田県政の国際都市形成構想の重要な点は、基地の負担軽減、整理縮小を公式のアジェンダとして取り上げると同時に、グローバリズムのなかで沖縄が一歩先んじたグローバル経済への対応をおこなうことにより先行のメリットを活かすという発想であった。具体的には全島フリー・トレード・ゾーン（FTZ）という経済のグローバル化への対応を日本全国に先がけておこなうということであった。

そして重要な点は、この国際都市形成構想を推進する体制として、沖縄振興開発体制では不可能だという発想があったことである。沖縄振興開発体制を終了させると共に、沖縄県が自治を拡大し、内閣官房沖縄担当室、沖縄開発庁と総合事務局の権限をすべて吸収して、国際都市形成構想の推進機関、基地の整理縮小と経済発展の自律的な主体となるということである。[10]しかしそれこそが大田県政の終焉を導いたと言える。つまり、沖縄経済をグローバル経済に適応させていくこと、そのために振興開発体制を終焉させること、この二点に非常に危機感をもったグループがあり、そのリスクに対して充分な見通しを示し得なかったことが大田県政の命取りの遠因となった。[11]

九八年に登場した稲嶺県政により全島FTZ構想は非常に限定的なものとなり事実上廃止され、さらに振興開発体制をなくすどころか、逆に強化するという方向が打ち出される。国際都市形成構想の主要部分は骨抜きにし、振興策部分を拡大継承するという方向性をもつのが稲嶺県政の特質である。

しかし、その振興策部分も次第に、沖縄県が関わる「沖縄政策協議会」ではなく、県をバイパスし、国と県内基地所在市町村が直接振興策を協議する新たな振興体制に比重が移されていく。そのさきがけとなったのが、梶山官房長官の私的諮問機関として、一九九六年八月に発足した島田懇談会と、その懇談会が予算配分を取り決めた振興策（島田懇談会事業）である。それに加え北部振興事業という実質全額国庫補助の振興策により、振興開発体制が部分的に強化される。

二〇〇二年には、沖縄振興開発特別措置法及びその関連法が改正され、振興開発体制が再編強化され、事実上第四次振興開発計画に相当する「沖縄振興計画」がこれまでと同じような手続きで策定される。稲嶺県政は大田県政下の「国際都市形成構想」とは異なり、それ以前の振興開発体制が強化された形で戻ってきた体制だといえる。しかし、以前と比べ市町村に国が直接関与する手段が格段に強化され沖縄に対する国の統制力は強化されているといえる。

その同時期に橋本内閣は、「国の役割を国防・外交等に重点化する」という分権改革の基本指針をあらためて打ち出し、それをもって代理署名等の機関委任事務とされた国防・安全保障に関与する自治体の事務（あるいは執行義務）を直接、国の事務へ吸い上げていくことを強引に進めていく、一種の集権化が進展する。つまり、第一に、自治体で争点になる前に、国が直接事務を行うので、自治体において争点にすらさせないこと、第二に、首相の裁量に委ねる直轄事務として再編成し、極力基地問題が政治的争点化することを排除した仕組みとなった。

ここに再び、沖縄の基地問題が国の政治的議題として政治的争点となる可能性を封じ込めたのである。そして、稲嶺県政前半でほとんどこの改革は完成し、全国的には、あるいは中央では「なんの争点にもならない沖縄基地の整理縮小や基地被害の問題」という仕組みができあがる。

皮肉なことに沖縄では、いわゆる地方分権一括法は地方自治法改正を柱とする中央地方関係の全体的な「分権化」としてではなく、むしろ米軍基地のための土地収用に関する手続きの集権化を推進する法律と見なされた。沖縄から機関委任事務を逆手にとって日本政府を揺さぶったが、その代償として、その揺さぶりを二度と引き起こすことができない、つまり基地問題に沖縄の言い分を聞き入れてもらえない仕組みが導入された。それに注目して焦点にした沖縄のメディアは、機関委任事務制度全体の廃止を分権改革の視座から評価するのではなく、関連法である米軍用地特別措置法や土地収用法等の改正に伴い基地問題について沖縄の関与する公的な仕組みの剝奪、すなわち集権化と評価したのである。

九九年にはすでに形が判明したこの集権化は、沖縄の人々に大きな落胆と失望、屈辱的な感覚と日本という国家への嫌悪感をもたらしたが、同時にアメを与える仕組みが並行して進められる。いわゆる北部振興策等の新たなばら撒き型の振興策の導入と、大田県政の発足当時には第三次で確実に終焉すると見られていた沖縄振興開発体制の存続である。

また橋本行革の一環として省庁再編が行われるが、沖縄に関しては、沖縄開発庁がどうなるかが沖縄振興開発体制にとって重要であった。先に述べた「沖縄政策協議会」及び「沖縄米軍基地問題協議会」の事務局を所掌し、国レベルで争点化した基地問題を取り扱うことは、その非争点化の機構として存在した既存の沖縄開発庁では不可能であった。そこで、九六年九月、沖縄担当大臣が新設され、当初梶山静六内閣官房長官、後に野中広務官房長官が兼務し、その元に新たな沖縄担当の部局の基礎となる「内閣官房沖縄問題担当室」が作られる。橋本行革の省庁再編において は、沖縄開発庁も再編を余儀なくされる。沖縄開発庁は、内閣官房沖縄問題担当室を取り込んだ形で、「内閣府沖縄担当部局」として再編され、高率補助や予算一括計上等のほとんどの仕組みを継承し、内閣府沖縄担当大臣のもとに実質強化された形で再編されることになる(沖縄担当部局とは通称であり、正確に言えば、内閣府政策統括官(沖縄担当)+内閣府沖縄振興局で構成される部局のことである)。

旧沖縄開発庁は、終戦後まもなく設立された北海道開発庁と違い、復帰の際に設立された経緯もあり、固有採用、いわゆるプロパーの職員を有していない。総理府採用職員が中心であったが、他の中央各省庁からそれぞれ数名程度の出向職員も派遣されていた混成部隊であった。すでに述べた米軍基地問題に関して所轄外として対応しないという姿勢は、公式の所轄権限外ということに加え、担当できる防衛や外務からの出向職員の不在を意味していた。

しかしながら、国と県の対立と和解(あるいは妥協)の過程をへて、内閣官房沖縄問題担当室には、外務、防衛、通産からの出向者が加えられ、それは新たに再編された沖縄担当部局に引き継がれた。公共事業を中心とし、まったく取り扱わないことで非争点化する基地問題に関して、公共事業の母屋から庇(ひさし)を延ばし、基地問題を扱える体制にしたのである。しかし、これが、後に母屋の強化ではなく、庇を貸した側に母屋を乗っ取られ、基地問題の解決のために公共事業がある、逆転した現象が多々見られるようになる。しかも、この基地問題の解決の方向性というのは、沖縄側からの要請ではなく、防衛庁(その後防衛省)主導の解決である。

稲嶺県政になると、先に述べた沖縄米軍基地問題協議会は開催されなくなり、また国際都市形成構想も大幅に後退し、沖縄政策協議会も実質的に役目を終える。

一九九六年、県と国が対立している間に、国と基地所在市町村の間に県を経由しない直接的な関係を構築したのが、先に紹介した島田懇談会とそれに基づく公共事業、いわゆる島田懇談会事業である。その後、沖縄国際都市形成構想をまったく前提とせず、沖縄県庁をもバイパスした国と市町村の直接的な関係を構築していく。国の側の対応機関が、先述した梶山静六官房長官時代に新設され本人が兼務した沖縄担当大臣であり、内閣官房の中に設置された沖縄担当部局である。沖縄開発庁と違い、防衛及び外務関係の職員が配置され基地の所在に直接結びつけられた、あるいは基地の移設に直接結びつけられた振興策の検討が可能となったのである。

九七年一二月には、普天間基地の名護市辺野古沖への移設の是非をめぐって、名護市市民投票が行われる。その際に政府がこの市民投票での効果を期待して取りいそぎまとめて持ち出して来たのが「北部振興策」である。これは、基地建設と公共事業が直接的に関連づけられて、目に見えるアメとして国から提示された最初の補助事業となった。その後九九年の閣議決定「普天間飛行場の移設に係わる政府方針」に基づいて、公式に組織や予算制度が整えられた「北部振興事業」として、二〇〇〇年度から一〇年間、総額一〇〇〇億円に及ぶ事業になった。

こうして、もはや国際都市形成構想は実質的に葬り去られ、普天間基地の辺野古移設に焦点を絞った仕組みが作られていく。辺野古移設に関連して「代替施設協議会」が二〇〇〇年八月に設置され、さらにはより焦点を絞った「代替施設建設協議会」が〇三年一月に設置される。大臣と県知事、市長等が発言権を有する協議体であるが、取り扱う課題はより普天間基地移設関連に矮小化され、防衛庁(防衛省)主導は、より露骨なものとなっていく。反比例的に沖縄側からの発案力と発言力、特に県の発言力は弱まり、従属的なものとなっていく。

その中で、北部振興策等、新たな振興策が導入され、政府主導の基地再編策と振興策が結びつき、基地の整理縮小や被害軽減に向けた問題はまったく争点化されず、国にとって都合のいい部分だけが聞き取られる頭ごなしの政策決定の仕組みが完成する。基地問題を回避することしかできなかった旧沖縄開発庁にとって代わり防衛庁(防衛省)が、沖縄の振興、とくに基地の跡地利用を国からの補助事業でと期待する勢力や、移設に伴う(と引き替えの)振興事業に期待する人々にとっては、補助金の期待や交渉の対象となる。

最も端的にそれを表すのが、二〇〇七年五月に成立したいわゆる「米軍再編特措法」に盛り込まれた「再編交付金」である。これは、基地移設の進展具合に応じて移設先の自治体にかなり自由度の高い交付金を配分するものである。その進展具合をどう判断するか、その交付金を出すか出さないか、出すとすればどれぐらい出すか、については、防衛大臣の裁量下にあり、防衛省に少しでも非協力的な態度を示す自治体に対しては、制裁的な交付凍結を発動することも意のままとなる。(12)

となると、基地問題について、自治体内で反対する側は、その反対が交付金の凍結を招くものとして激しく糾弾されることになりかねず、是が非でも補助金が欲しい側は、自ら反対を徹底して押さえ込む努力をするであろう。こうして再び、基地問題が自治体の内部の補助金争奪の問題として、押さえ込まれ、国レベルではまったく争点化されることのない問題として扱われることになる。それに対する全国的な世論の同情ももはやありえない。

近年の新たな振興体制を含め、最終的に沖縄振興開発体制というのは何だったのかという問いに対しては、端的に言えば、基地問題の非争点化を確実なものとする利益還元政治の沖縄における制度化ということである。基地から派生する多様な問題や沖縄の人々が望む基地の負担軽減や整理縮小を公式の議題からずらしていく、非争点化し、沖縄の地域内部の問題として押さえ込み国政の政治的アジェンダに上らせない非争点化の制度化だということができるのではないだろうか。つまり、「分権改革」というよりも、沖縄の人々の人権や意思、社会的連帯を蹂躙する「集権化」である。皮肉なことに、沖縄では、地方分権改革さえも、自治体が関与することができない外交・国防問題として集権化が最大に優先され、さらには自治権さえ実質的に侵害される事態に陥っている。

五　振興体制の再編と沖縄の自治――その現状と未来

前述したように八〇年以降、沖縄の自治権の拡大や新しい自治政府に関する提言や組織的な運動は停滞していた。九五年の米軍の事件とその後の沖縄問題に関する多様な展開は再びその動きが活性化する契機となった。大田県政の「国際都市形成構想」には、屋良建議書の継承が意識されていたことを述べたが、実際にこの構想を推進する主たる機関として沖縄開発庁などの国の機関ではなく、国の権限の大幅な移譲を受けた沖縄の自治政府が想定されていた。

ところで、沖縄における自治労創設の立役者であった吉元政矩は、八一年の自治労沖縄県本部提案の「特別県制構想」にも深くかかわっていたが、九六年国際都市形成構想が発表され、翌年に全島ＦＴＺの提案と議論が進展していく最中、それを推進する沖縄の政府機構について副知事として構想しており、その具体的な提案を再び自治労に求めた。九七年七月の県議会本会議答弁で吉元は、国際都市形成構想の推進主体は、国の権限を移譲された沖縄の自治政府である旨を述べていた(13)。

しかし、その構想は、県議会や多様な沖縄の政治勢力から大きな攻撃をうけた。国の沖縄振興関連の機構の廃止は、国から沖縄への利益還元マシンの廃止を意味する。利益還元体制に慣れきっていた財界や保守政治勢力はもとより、大田県政支持母体と考えられていた革新勢力からも、膨大な利益を安定的に還元していく体制に慣れ切り、その〝恩恵〟を失うことに対する不安の方がはるかに大きく、廃止は論外で、いっそうの充実を要請するほうが当然と考えられていたのである。

こうして、自治政府構想の発信元、かつ構想実現の旗振り役と想定されていた吉元は九七年一〇月には、県議会の承認人事の否決により副知事退任を余儀なくされ、ほとんど県民にも知られず顧みられることのない構想となってしまった。この時期、おりしも中央省庁の統廃合を目指した、いわゆる橋本行革が進行していた。沖縄開発庁の統廃合が争点になると、沖縄のすべての政党や政治勢力は現状維持もしくは国の沖縄振興体制の維持強化を主張し、吉元とともに沖縄の新たな自治の構想を葬り去った。

大阪市立大学(当時)の加茂利男は、この時の状況を多少の揺れはあったものの九〇年代を脱「基地・土建政治」を目指した時期とし、「地域自治」の確立と地域の「自己決定」を目指した志向性を持っていたと評価したが、一方で、九〇年代後半はそれがほとんど顧みられなくなり、九八年に登場する稲嶺県政では、「基地・土建政治」が再び動き出したと述べた。[14]その後の県政や国の補助事業の展開は、それ以上のものであり、加茂が大きな懸念を示していた地域の分裂や対立とはいっそう厳しいものとなり、従属性は自治の崩壊を予感させるほど進展していると言えよう。

加茂は、消えかかっている地域自治の確立と自己決定へと結びつく可能性を有していた九〇年代中盤の沖縄の動きを消滅させてはならず、発展的に継承していくべきであり、沖縄の持続可能な発展のために、より大きな分権的自治制度の確立を目指すべきと主張していた。そしてその自治制度のモデルと、自治獲得のためのプロセスの提案を行った。[15]

加茂提案の特筆に値するところは、これまでの制度的提案として九八年自治労の「琉球諸島特別自治制度」を高く評価し、これを基調としつつ、憲法九五条の地域特別法の規定を活用した、住民投票による「沖縄自治基本法」の制定による沖縄自治州の創設を主張していることである。また、「自治獲得のプロセス」の提案自体が、それまでの沖縄の多様な自治の提案には皆無で画期的なものであった。

そのプロセスの具体的な内容は、第一に住民が「自治」の意味を心と体で理解し、住民の議論によって自治基本条例が制定される自治体を増やしていくこと、第二に国から移譲される事務について自治基本条例で事務を統合し単純化していくよう工夫していくこと、第三に市町村で自治基本条例の制定が進み、県でも自治基本条例が制定された後、全国の自治体や専門家から支援を受けて沖縄で作った沖縄自治州の基本法案を議員立法で繰り返し提出し、成立させること、である。

しかし、沖縄県庁や県議会諸政党、市町村の首長や議員等の政治や行政の主たる担い手、さらには地元メディアやシンクタンクが、加茂の提案を魅力あるものとして取り上げて真摯に検討した形跡は、管見の限りどこにもない。当時の主な関心は、中央省庁の統廃合が議題となった橋本行政改革における沖縄開発庁の存続であり、また、二〇〇二年三月に期限切れとなる沖縄振興開発に関係する諸立法の改廃の問題であったと言っても過言ではない。

さらに残念なことに、二〇〇〇年時点の沖縄においては、肝心の「自治基本条例」や地域特別法たる「沖縄自治基本法」の意味とその住民自治にとっての意義を理解するものが皆無に近い状況であった。加茂のメッセージを理解できたのは、十指にも満たないわずかな自治研究者、行政学者、行政法学者、憲法学者に過ぎなかった。

つまり加茂提案は、自治制度の提案にとどまらない、自治獲得のプロセス・デザインにまで言及していたものの、肝心のそのプロセスの「推進主体」に対する分析や検討、言及が抜け落ちていたのである。例えば、加茂が自治獲得の第一のプロセスという、住民が「自治」の意味を心と体で理解し、住民の議論によって自治基本条例が制定される自治体を増やしていくことについて、誰がどうやってその機会を作ってそのような住民を増やし、自治基本条例が制定される自治体を増やしていくのか、主語が見当たらない。沖縄の自治体住民は当然ながら、どの自治体議員も首長も職員も、報道記者も、誰一人として「自治基本条例」という言葉さえほとんど聞いたことがないというのが当時の実情で、「自治」の意義を体得することを目的とした市民講座も皆無の状況であった。結局、加茂の自治獲得のプロセス・デザインを含んだ画期的な提案もプロセス推進の主体と主体育成のデザインを欠いたために、まったく顧みられることのないものとならざるをえなかった。

加茂は、この提案の草稿を、九九年当時スコットランド分権の成果と分権に至るプロセスの研究のためにエジンバラ大学に滞在していた筆者のところに送り、意見を求めてきた。そのころのスコットランド分権においてサッチャーリズムの嵐の中消えかかる分権の灯火を灯し続け、次第にその炎を大きくしていったのは、「スコットランド議会設置運動」(Campaign for Scottish Assembly/Parliament)という市民運動組織である。それは、初期の分権プロセスの主体としての役割と、主体育成の役割を果たした。その市民運動の中で、共同代表や重要な役割を努めたのが、ストラスクライド大学の政治学、社会学等の研究者であった。[16] 大学研究者は、大学での研究に専念すべきで、外のなんらかの社会的運動や市民運動に直接関わらないことを是とする雰囲気に慣れ親しんできた筆者には新鮮な驚きであった。それと同時に、加茂論文と照らし合わせ、沖縄の分権において自分を含め沖縄の研究者が果たすべき役割の再考を迫られるものであった。

もっとも、自治州もしくは広域レベルの自治獲得プロセス推進の主体と主体育成デザインのモデルをスコットランドに求めることができたとしても、市町村レベルの自治基本条例や自治獲得のプロセス・モデルはスコットランドにはなかった。

筆者が帰沖した翌年、二〇〇一年にその朗報をもたらしたのは、南風原町職員の前城充である。二年以上日本を離れ、第一次分権改革や橋本行政改革の動向をおさえておらず、日本の自治体の様々な先駆的な改革も視野に入れていなかった時点で、前城は、筆者に画期的な自治体改革を行っている自治体としてニセコ町を紹介してくれた。そのHPを見て日本初の「自治基本条例」が制定されている事実を知り、その革命的な意味合いを前城に伝え、条例制定のプロセスを知るために二人してすぐに北海道に飛んだ。

北海道では、このプロセスの背後にニセコ町職員や逢坂誠治町長(当時)が学んだ札幌地方自治法研究会という職員や市民、研究者を交えた勉強会があることを学び、自治の根本を学び直す町村会主催の自治土曜講座があることを知った。そこで、このような事例を参考に、直ちに沖縄において自治体改革や自治基本条例等を研究し自治の主体を育成していく市民的運動体かつ研究組織の創設をめざした。二人が呼びかけ人となり、その意義を理解していただいた仲地博琉球大学教授(当時)をはじめとする九人の研究者(当時の沖縄にある地方自治論や行政法学及び行政学の大学ポスト従事者)を含む、自治体職員や関係者中心に、一般市民に広く開放された研究会かつ自治の主体育成の運動体として二〇〇二年一月に発足したのが「沖縄自治研究会」である。[17]

自治研究会の取り組みは大きく分けて二つある。一つは北海道の自治土曜講座をモデルとする研究報告会的な取り組みである。その報告テーマは、自治のモデル構築に結びついている。研究報告的取り組みでは、第一に、沖縄の自立を求める運動や研究の遺産、つまり、沖縄の自立を求める近代以降の多様な運動の成果と意義を批判的に継承していくことを意識して批判的検討を行った。第二に国内からの視座として、国内の自治を専門とする有力な研究者から見た沖縄の自治の諸課題と可能性を提示していただいた。第三に、世界の周辺的な地域の特別な自治制度やその実態、連邦制度及び単一制国家における準連邦制や特別自治制度、島嶼国家の自立の実態などの報告と比較検討を行いつつ、沖縄にふさわしい自治像を探求した。

自治研究会の取り組みの最も刮目すべき点は、この一連の研究報告やそれに対する分析というよりも、二つ目の市民ワークショップにある。これは、まさしく市民が、加茂がいうところの自治を心と体で体得していくプロセスであり、自治基本条例モデル条例づくりやその他の提案書づくりなどで実際に経験的に研究者や新聞記者、議員、職員も一般市民も完全に水平的な関係の中で立案していくプロセスとなっている。そのプロセス自体が自治のモデルという考えであり、ここで経験を積み、育った人材が各自治体において、自治を市民の自治に転換していくことを狙いとした。

研究報告会とワークショップを繰り返し開催することによって、またそれをメディアにも発表し可能な限り記者の参加も呼びかけることによって、自治獲得のプロセスを広範に実現していく、あらゆる層を巻き込み主体の育成を行うということである。研究報告議事録をすべて残しつつ(報告書として発刊)、ワークショップによる主要成果物として、①市町村レベルの「自治基本条例モデル条例」(二〇〇三年八月)、②「沖縄自治州基本法試案」(二〇〇五年一〇月)、③「市民マニフェスト」(二〇〇七年三月)、④「市民による財政白書」(二〇〇九年四月)を作成した。

この過程において、さまざまな社会的影響を与え刺激を受けた研究会参加者による多様な自治の新しい活動が始まった。その中には職域横断的な職員自主学習グループ「沖縄自治体職員有志ネットワーク」、県庁内の職員有志による自主研究会「沖縄道州制研究会」など、自治体職員を中心とする自治の勉強会や自治モデル考案を目指すグループや、多様な職業からなる市民グループも次々と生まれ、そこで主体性を育まれた市民や職員を中心に、自治体においてもまた、公募型の住民委員からなる総合計画や協働ルールの策定会議など、「自治を心と体で体得していく場」が次々と誕生している。(18)

結びにかえて

沖縄の戦後の政治的な住民運動・市民運動は、米軍による土地の強制接収に対抗する島ぐるみ闘争や主席公選運動、復帰運動のように、抑圧への抵抗、抑圧からの解放、自由を求めての政治、つまり政策や政治機構を作り替えていく運動であったと言える。大田県政期の一九九五年一〇月の少女暴行事件に抗議する県民総決起大会(主催者発表八万五〇〇〇人参加)や翌年の県民投票、九七年の名護市市民投票をはじめ、近年の多様な住民運動・市民運動もこの文脈に位置づけて考えることができる。沖縄自治研究会や関連する組織や団体も、同じくその文脈で捉えることができる。

二〇〇二年以降の新振興体制のもとに、一見、完全に中央の政策に対して従属的になってきたと思える近年においても、ひとたび政府や米軍に対する不満が高まれば、すべての党派と社会的組織が参加して統一した行動と要求が提唱されるのである。例えば、〇七年九月、一一万五〇〇〇人を集めた県民大会が開催された。それは、沖縄戦における日本軍が関与したとされる集団強制死に関する教科書からの記述削除について、全党派的に危機意識が共有され全沖縄的な組織化が実現したものである。

二〇〇七年には、もう一つの全沖縄的な組織の立ち上げが行われた。沖縄の自治の在り方については、すでに沖縄自治研究会の活発な活動をはじめとして、多様な市民的活動団体が立ち上がっていたが、沖縄自治研究会の代表的存在であった仲地博琉球大学法文学部長(当時)を座長として「沖縄道州制懇話会」が設立された。沖縄県の経済三団体

（経済同友会、経営者協会、商工会）の代表、連合沖縄会長、県議会議員代表（自民党一名・社民党一名）、市長会代表、町村会代表をすべて網羅し、沖縄の意思を結集していく民間の組織として二〇〇七年八月に形成された。

二年以上の活発な議論と合意形成を経て二〇〇九年九月の沖縄道州制懇話会の最終提言がまとめられた。その要点は、沖縄単独州を目指す、という沖縄の総意形成に向けた取り組みの必要性と、上述した社会的連帯の再生の文脈での「社会的基盤」の重視を打ち出したことにある。そして、住民主権論から、住民主権を代行する自治政府を位置づけ、基地問題等の沖縄の固有の問題を解決するために必要な権限を沖縄の政府が担っていくべきと宣言したのである(19)。

沖縄の現状は非常に厳しい。しかしその中で、よりシビアに現実を見つめ依存体質を徹底的に改め、自治を求め戦い続けてきた自らの歴史を基盤に自らの力で未来を打開していくしかない。幸いなことに沖縄の自治を求める市民的な運動は、大きな試練の中、未だ命を繋ぎ続けている。沖縄の自治が市民自治の砦として機能し始めるまで、その動きは止むことなく続いていくであろう。

（1）　戦後初期の沖縄の政党の始動については、照屋寛之「戦後初期の沖縄の諸政党の結成と独立論」『沖縄の自治の新たな構想』（平成一六年度文部科学省科学研究費補助金基盤研究最終報告書）沖縄自治研究会、二〇〇五年三月、一三一―一三四頁を参照。また、研究報告議事録として、戦後最初の政党、沖縄民主同盟の結成メンバーであった上原信夫氏の報告、上原信夫「政党政治の始動と沖縄民主同盟の設立」『沖縄の自治の新たな可能性』（平成一六年度文部科学省科学研究費補助金基盤研究報告書No.5）沖縄自治研究会、二〇〇四年一〇月、一四四―一八五頁を参照。小論の以下においても、戦後の沖縄の政治行政及び大田県政に至るまでの経緯については、両報告書に負うところが大きい。報告書の内容については、以下のサイトで公開。沖縄自治研究会 http://plaza.rakuten.co.jp/jichiken/

（2）　平恒次「琉球人は訴える」『中央公論』一九七〇年一一月号、久場政彦「なぜ「沖縄方式」か」『中央公論』一九七一年九月号、比嘉幹郎「沖縄自治州構想論」『中央公論』一九七一年一二月号。沖縄では、ある特定の時期にまとまって自立・自律のための運動や構想が出てくる特徴があるが、それを時系列的に整理した文献として、仲地博「沖縄自立構想の系譜」沖縄自

治研究会前掲報告書(No.5、二〇〇四年一〇月)、三一一六頁、及び、仲地博「沖縄自立構想の歴史的展開」沖縄自治研究会前掲報告書(二〇〇五年三月)、二一八頁を参照せよ。

(3)　いわゆる「屋良建議書」の作成経緯については、吉元政矩「大田県政の自治拡充の戦略」沖縄自治研究会前掲報告書(No.5、二〇〇四年一〇月)、八七頁を参照。

(4)　川満信一「琉球共和社会憲法C私(試)案」『新沖縄文学』沖縄タイムス社、一九八一年六月号、仲宗根勇「琉球共和国憲法F私(試)案」同上、自治労沖縄県本部「沖縄の自治に関する一つの視点——特別県構想」一九八一年六月、玉野井芳郎「沖縄自治憲章(八一年七月案)」等がほぼ同時期に提案されている。玉野井の沖縄自治憲章については、原案作成の一人として関わった仲地博前掲論文「沖縄自立構想の系譜」、一一頁に分析があり、また、当時沖縄国際大学玉野井ゼミ生として秘書的な役割を果たしていた屋嘉比収(沖縄大学准教授)の証言、沖縄自治研究会前掲報告書(No.5、二〇〇四年一〇月)、二六九—二七四頁を参照されたい。

(5)　「政治ルート」、「行政ルート」及び「利益還元マシン」等は、筆者独自の用語法と分析によるものである。詳細は、例えば島袋純『リージョナリズムの国際比較——西欧と日本の事例研究』敬文堂、一九九九年、一九五—一九六頁を参照せよ。

(6)　元副知事の座喜味氏の証言については、江上能義「オーラルヒストリー(2)」『沖縄開発庁の検証』早稲田大学二〇〇五年度特定課題研究助成費報告書、六六—六九頁を参照せよ。

(7)　吉元氏の証言は、沖縄自治研究会前掲報告書(No.5、二〇〇四年一〇月)、八九頁にある。大田県政の意図や活動経過等については、吉元氏の証言に拠るところが大きい。謝意を表するとともに、小論中の文面に関してはすべて筆者の責任であることを記しておく。

(8)　「沖縄タイムス」一九九六年九月一六日付。

(9)　沖縄米軍基地問題協議会及び沖縄政策協議会、基地返還アクションプログラム及び国際都市形成構想の相互関係や仕組み、基地問題を争点化しさらに振興に結びつけて制度化していく戦略について、前掲の吉元氏の証言、沖縄自治研究会前掲報告書(No.5、二〇〇四年一〇月)、八九—九二頁に負う。またここでは、詳細に取り上げないが、基地問題協議会は、SACOとの連動性があった。これについては「沖縄タイムス」一九九六年一二月二日付、参照。

(10)　「琉球新報」一九九八年二月二一日付。

(11)　大田県政の沖縄開発庁廃止容認と自治政府案提案の関係、吉元氏の再任否決の関係については、前掲吉元証言を参照。沖

縄自治研究会前掲報告書（No.5、二〇〇四年一〇月）、九〇頁。

(12) 米軍再編特措法第六条では、再編の実施に向けた措置の進捗状況に応じ再編関連特定周辺市町村に対し、再編交付金を交付することができることが規定されている。

(13) 島袋純「沖縄のガバナンスのゆくえ——国際都市形成構想から新沖縄振興計画へ」山口二郎・山崎幹根・遠藤乾編『グローバル化時代の地方ガバナンス』岩波書店、二〇〇三年、二〇二—二〇四頁。沖縄自治研究会前掲報告書（No.5、二〇〇四年一〇月）、七三頁。自治労の取り組みの背景については以下を参照せよ。自治労サイト http://www.jichiro.gr.jp/shinbun_kiji/1859/1859_01.htm

(14) 加茂利男「沖縄・自治モデルの選択」宮本憲一・佐々木雅幸編『沖縄 21世紀への挑戦』岩波書店、二〇〇〇年、二六二—二七三頁を参照。

(15) 加茂利男前掲論文、二七三—二八一頁。

(16) スコットランド分権のプロセスと自治の仕組みについては、島袋純「スコットランドの分権改革——エジンバラからの報告」北海道町村会編『分権時代の自治体理論』北海道町村会、一九九九年、一七二—二〇四頁を参照せよ。

(17) 沖縄自治研究会における自治基本条例モデル条例及び沖縄自治州基本法試案の研究及び市民ワークショップの研究概要・経過と試案の内容詳細については、濱里正史・佐藤学・島袋純編『沖縄自治州あなたはどう考える?——沖縄自治州基本法試案』沖縄自治研究会、二〇〇五年、を参照せよ。試案創出の三年半で、九〇回の会合を持ち、三〇〇時間をかけ、延べ五〇〇〇人の参加があった。

(18) 沖縄県内の自治体において、公募型の住民会議を設置し、住民が主導的に計画を作成し、住民が評価をし、改善に結びつけるという住民起点型の行政を明白に導入したのは、南風原町の第四次総合計画（二〇〇七—一六年度）の策定過程（二〇〇五—〇六年度）においてである。沖縄自治研究会の発起人である前城充が町の担当職員であった。同町総合計画の策定手法とその後のまちづくりへの住民参画は高く評価され、二〇〇八年度において「地域づくり総務大臣賞」を受賞した。その後、那覇市、糸満市、浦添市など沖縄の各自治体においては、同様の手法が普及しつつある。ほとんどの自治体においては、住民主導の総合計画策定は、その後自治基本条例の制定を視野に入れた取り組みとなっている。

(19) 沖縄道州制懇話会の取り組みについては、以下に詳しい。沖縄道州制懇話会『沖縄の道州制論議の現状と課題に関する調査研究——沖縄道州制懇話会の「第一次提言」を中心に』（沖縄県対米請求権事業協会助成シリーズNo.36）沖縄道州制懇話会、二〇〇九年。沖縄道州制懇話会サイト http://www.geocities.jp/dk_okinawa/index.html

沖縄道州制懇話会の最終提言は、以下の通り。『沖縄の「特例型」道州制に関する提言――沖縄が発信する新しい道州制の形と沖縄州のすがた』沖縄道州制懇話会、二〇〇九年九月二四日。沖縄経済同友会の次のＨＰに同提言書は掲載されている。
http://www.okidouyukai.jp/news/2009/090928.pdf

おわりに

一九七二年五月一五日、つまり四半世紀に及ぶ米軍政が終了し日本への復帰が成し遂げられた日の「琉球新報」一面には「変わらぬ基地　続く苦悩」「沖縄県きびしい前途」「なお残る「核」の不安」という見出しが掲げられている。そしてその日の社説は「県民の願望だった復帰は実現したがその内容は、県民が望んだものとは、ほど遠い。円切り上げのしわ寄せによる県民の〝いわれなき被害〟も加わって、せっかく待望の復帰を、県民が単純素直に喜べないものにしている」「基地依存の不健全な経済からの転換、民生向上を期す経済開発を、復帰によって推進しなければならないが、米軍基地を撤去、または大幅に縮小しない限り、その成果は期しがたい」と論じている。

その日から三七年がすぎた二〇〇九年五月一五日付同紙の見出しは、「経済自立道半ば」「基地、戦後処理いまだ」「体質変わらぬ政府」「基地重圧今も」などとなっている。要するに、三七年経過しても、復帰時に沖縄の人々が望んだ、基地撤去も経済的困難の克服もなんら解決されていないというのである。

なぜこのようなことになるのか。このまま「沖縄のこころ」が踏みにじまれたままでよいはずがない。本書の編者である宮本憲一を代表とする「沖縄持続的発展研究会」は、こうした問題意識を共有しながら、『沖縄 21世紀への挑戦』刊行後も共同研究を継続した。そして、この一〇年間に沖縄でどういう事態が生じたのかを解明し、それに代わるべき政策はどうあるべきかについて問題提起することをめざして、本書の刊行に取り組んだ。

前著を刊行した当時は、沖縄県知事や名護市長などが、条件付きとはいえ県内に基地を新設することに「合意」し、それに関連して北部振興事業など新たな財政資金が投じられ始めた時期であった。

同書の「あとがき」では「残念ながら、一九九八年秋の沖縄県知事選挙での大田知事の敗北以来、「二一世紀には基地と決別したい」とする住民の真の願いは、長引く不況の中で「大型公共事業によって雇用と仕事を取り敢えず確保しさえすればよい」という現実的な掛け声に掻き消されてしまっているかにみえる。復帰政策がもたらした補助金依存体質が基地依存経済と結びついて「沖縄のこころ」を踏みにじり、基地撤去の要求を弱めてきたのである。しかしながら、この四半世紀を振り返ってみれば明らかなように、従来型の公共事業は本土のゼネコンと一部の地元建設業界に一過性の経済効果をもたらすのみで、決して二一世紀の沖縄の平和と安定した社会を約束するものではない。むしろ、よりいっそう基地経済に依存を強め、解決を困難に陥れるものである」と警鐘を鳴らした。

残念ながら、その後の事態はこの警鐘通りに推移していると言わざるを得ない。本書で随所に指摘されているように、基地については撤去どころか新しい基地を建設し、沖縄を半永久的に基地の島とする施策が強行されようとしている。そして沖縄県知事や名護市長など基地建設の対象地域自治体の首長は、前著刊行時に掲げられていた使用期限などの諸条件がまったくないがしろにされているにもかかわらず、大枠では新しい基地建設に「合意」をしている。たとえその「合意」が、日本政府が基地撤去政策を何ら有していないなかでの苦渋の選択であったとしても、沖縄の人々が選んだ代表者が、新しい基地建設に合意するなど、かつては夢想だにしなかったことであろう。

とはいえ、多くの人々の非暴力での粘り強い取り組みにより、辺野古の海には未だに杭一本も打たせていない。日米政府が合意した事業を一〇年間もストップさせたことは、日本の民主主義の歴史において特筆すべきことではないだろうか。そして二〇〇九年八月末の総選挙において、沖縄県内の選挙区では、現憲法のもとで国政参加を果たした一九七〇年以降、自民党は初めて衆議院の全議席を失った。また、この選挙によって選出された県出身の四議員はすべて、辺野古への新基地建設に反対を主張している。すでに野党優位となっている県議会において、県内移設に反対する決議があげられていることなどからして、沖縄の民意が県内での新基地建設に反対であることは明らかである。民主党を中心とした新政権がどのような沖縄政策をすすめるのか、残念ながら現時点では必ずしも明確でない。しかし鳩山総理が、総選挙直前において、普天間基地について「最低でも県外移設」と発言するなど、同党の有力議員は、たびたび県内での新基地建設に批判的な発言をしている。私たちも主権者として、沖縄政策が抜本的に改められるよう、世論を盛り上げていかなければならない。

復帰前から沖縄のあるべき方向についてたびたび提言をおこなってきた宮本憲一が「はじめに」でも強調しているように、私たちの提案の基調は「沖縄のこころ」を実現することである。本書では副題に、「平和・環境・自治の島へ」と掲げ、それに対応して三部構成とし、各分野の第一線で活躍している研究者に執筆をお願いした。とくに、前著とは異なり、多くの沖縄在住の研究者の協力を得ることができた。沖縄問題は、決して沖縄だけの問題ではない。本書のどの章を読まれてもわかるように、こういう異常な状態を放置し、それを解消する方策を何ら有していない日本の公共政策の欠陥が沖縄に典型的にあらわれているのである。本書が、沖縄を通して日本の経済社会のあり方を考える契機となればこれにすぐる喜びはない。

私たちの共同研究をすすめるに際して、日本環境会議から二度にわたり研究助成をいただいたことが大きな支えとなった。寺西俊一事務局長をはじめとする日本環境会議の関係者に厚くお礼を申し上げたい。

大田昌秀前沖縄県知事、宮城康博前名護市議会議員を始め、お名前は省略させていただくが、多くの沖縄在住の皆様に現地調査に際して、何かとお世話になったことに感謝したい。最後に、厳しい出版事情にもかかわらず私たちの共同研究の成果を出版する機会を与えていただいた岩波書店編集部の大塚茂樹氏に深甚の感謝を捧げる次第である。

二〇〇九年晩秋

川瀬光義

執筆者紹介

宮本憲一
1930年生まれ．大阪市立大学名誉教授．滋賀大学名誉教授．財政学．『新版 環境経済学』岩波書店．『都市政策の思想と現実』有斐閣．

佐藤 学
1958年生まれ．沖縄国際大学教授．政治学．『米国型自治の行方――ピッツバーグ都市圏自治体破綻の研究』敬文堂．『米国議会の対日立法活動――1980〜90年代対日政策の検証』コモンズ．

川瀬光義
1955年生まれ．京都府立大学教授．地方財政学．『幻想の自治体財政改革』日本経済評論社．『台湾・韓国の地方財政』日本経済評論社．

桜井国俊
1943年生まれ．沖縄大学学長．環境学．『アジアの環境問題』東洋経済新報社．『地球規模で考える健康と環境』恒星社厚生閣．

林 公則
1979年生まれ．日本学術振興会特別研究員PD（早稲田大学アジア太平洋研究科）．環境経済学．「在沖米軍基地における汚染除去と跡地利用促進政策」『環境と公害』第36巻第2号．「平時の軍事環境問題からの安全保障の問い直し」『国際機構と平和（平和研究第33号）』．

真喜屋美樹
1968年生まれ．早稲田大学大学院アジア太平洋研究科博士後期課程．国際関係学．「基地解放後の再生の問題点――沖縄本島中南部における基地跡地の開発事例から」『環境と公害』第37巻第3号．「返還軍用地の内発的利用――持続可能な発展に向けての展望」『島嶼経済沖縄の将来像――ポスト振興開発期に向けて』藤原書店（近刊）．

砂川かおり
1970年生まれ．沖縄国際大学講師．環境法．「軍事基地と環境問題」『基地をめぐる法と政治』編集工房東洋企画．「『近代化論』的開発行為の分析――沖縄における農業基盤整備事業の土地改良事業を事例として」（共著，『琉球大学アジア研究』第3号）．

高原一隆
1947年生まれ．北海学園大学経済学部教授．地域経済論．『地域システムと産業ネットワーク』法律文化社．『ネットワークの地域経済学』法律文化社．

富野暉一郎
1944年生まれ．龍谷大学教授．地方自治論．「公益の構造化による公共サービスの変容と公共人材」『年報行政研究』No. 44．「新しい都市民主主義を求めて――自治としての都市ガバナンス」『都市の再生を考える2』岩波書店．

島袋 純
1961年生まれ．琉球大学教授．行政学．『リージョナリズムの国際比較――西欧と日本の事例研究』敬文堂．山口二郎他編『グローバル化時代の地方ガバナンス』岩波書店．

索　引

あ　行

か　行

さ　行

た　行

な　行

は　行

ま・や・ら行

関連年表

沖縄での動き	日米両政府及び社会の動き
2000年	
1.26 嘉手納飛行場を拠点に実施されている米空母艦載機の訓練で，県の親川知事公室長は嘉手納飛行場を訪れ，騒音の軽減を要請． 2.10 政府と県，名護市等北部12市町村は「北部振興協議会」と「移設先及び周辺地域振興協議会」の初会合を開催．	
3.1 嘉手納防衛施設局が嘉手納町で開所． 3.19「米軍基地内の環境調査及び環境浄化等に関する海外調査検討委員会」が開催され，緊急時の即時立ち入り調査，浄化費用の原因者負担を明示した日米地位協定の運用改善案をまとめた． 3.21 普天間飛行場の移設問題で，名護市長は代替施設使用はヘリコプターに限って認める考えを初めて明らかに． 3.23 米軍人・軍属による事件・事故が相次ぐなか，県の親川知事公室長は在日米軍沖縄地域調整事務所や那覇防衛施設局に対し，再発防止を要請． 3.27 嘉手納飛行場の爆音に苦しむ周辺6市町村の住民5500人余りが国を相手取り，「新嘉手納爆音差し止め訴訟」を提訴．	3.16 コーエン米国防長官は小渕首相，河野外相らと会談し，嘉手納ラプコンを「米軍の運用上の所要が満たされることを前提に返還する」と述べた． 3.17 コーエン米国防長官は，米軍普天間飛行場の代替施設の使用期限の設定を否定した． 3.28 旧日本軍による強制接収用地に関して，政府は嘉手納飛行場内の土地の旧軍による土地代金払いについて，「私法上の売買契約に基づいて，土地代金が支払われたと判断している」とする政府見解を閣議決定．
	4.5 森内閣発足．
5.9 海上ヘリ基地市民投票訴訟について，「市長は賛否いずれか過半数の投票結果に従う義務はない」として原告の訴えを棄却．	5.31 「島田懇談会」は最終会合を開き，政府に対して事業期間の5年間延長や必要な予算措置，アメラジアン問題への取り組み等を盛り込んだ報告書をまとめた．
6.23 アール・ヘイルストン調整官が，在沖米軍四軍調整官として初めて県から慰霊の日の追悼式に招待された．	6.14 韓国の金大中大統領と朝鮮民主主義人民共和国の金正日総書記が平壌で南北共同宣言に署名した． 6.30 外務省は，在沖米軍基地を含めた国内の米軍施設内に，有害物質のPCBの含有物が廃棄物と使用中の物も合わせて440トン存在することを明らかにした．
7.3 沖縄署は住居侵入と準強制わいせつ容疑で普天間飛行場所属の米海兵隊上等兵を現行犯逮捕． 7.20 在沖米軍基地の原状と平和への願いを国内外にアピールする	7.21 九州・沖縄サミット首脳会合開催． 7.23 米軍基地を抱える全国の14都道県でつくる渉外関係主要都道県知事連絡協議会（渉外知事会）は2000年度の総会を開き，

沖縄での動き	日米両政府及び社会の動き
「嘉手納基地包囲行動」が行われ，2万7000人の参加者が人間の鎖で嘉手納飛行場を包囲. 8.29 稲嶺知事は中川官房長官や在日米軍司令官等に対し，日米地位協定見直し案の実現を強く要請.	米軍基地の整理縮小や日米地位協定の見直し等6項目を柱とする「基地対策に関する要望書」を採択し政府に提出した. 8.7 政府は，民間業者に流失した劣化ウラン弾薬莢が，鳥島射爆場での誤使用事件で用いられた可能性が強いことを初めて県と西原町に伝えた. 8.16 来年3月で使用期限を迎える米軍楚辺通信所と牧港補給地区の一部土地の強制使用手続きで，国は2名の地主に代わって署名を代行した. 8.25 普天間飛行場の「代替施設協議会」の第1回会合が首相官邸で開かれ，代替施設の規模，工法，具体的な建設場所に関する協議が始まる.
9.19 米海兵隊のトップのジェームズ・ジョーンズ総司令官が県庁で稲嶺知事と懇談し，海兵隊訓練の展開の一つの可能性としてグアムに分散させる意向を示唆. 9.20 嘉手納，読谷，那覇の旧地主会が「沖縄県旧軍飛行場用地問題解決促進協議会」を結成. 9.25 米軍用地特別措置法に基づき行われた強制使用の認定は違憲であるとして，地主2人が首相を相手に認定の取り消しを求める訴訟を提訴.	9.6 米海兵隊は，8月から駆動機の異常で飛行停止していた垂直離着陸機MV-22オスプレイの飛行を再開した. 9.11 日米両国は，ニューヨークで開かれた日米安全保障協議委員会(2プラス2)で，米軍基地普天間飛行場代替施設の基本計画を策定する「普天間実施委員会(FIG)」を早期に再開することで合意. 9.25 朝鮮半島分断後初の南北国防相会議が韓国の済州島で開かれた. 10.20 日米両政府は，「普天間実施委員会」を米国防総省で3年ぶりに開催した.
11.21 普天間飛行場の移設に伴う代替施設の使用に関する協定を話し合う国，名護市，県の3者による実務者連絡調整会議の初会合が那覇防衛施設局で開かれた.	11.17 日本政府の駐留経費負担が憲法違反であり，平和的生存権や納税者としての財産権を侵害されたとして，米軍基地に反対する全国の100人以上の市民が国に損害賠償を求めた訴訟の判決で，東京地裁は請求を棄却した. 11.21 米軍用地の強制使用で県収用委員会が下した却下裁決をめぐり，那覇防衛施設局が不服審査請求していた問題で，建設大臣は県収用委員会の採決を違法とする取消処分を下した.
2001年 …………	
1.30 防衛施設庁は，北部訓練場のヘリコプター着陸帯の移設について，環境調査の結果概要を発表. 2.25 河野外相が来県し，県庁で稲嶺知事等と会談. 知事は在沖米海兵隊の削減を含む米軍兵力の見直しを日米両国政府間で	1.6 中央省庁の再編により内閣府が誕生した.

沖縄での動き	日米両政府及び社会の動き
取り上げるよう初めて要請. 3.13 米軍人・軍属による事件被害者の会は，米軍人・軍属による犯罪のための被害賠償法の制定を求める集会を開いた.	3.6 代替施設協議会の第6回会合が開かれ，政府はジュゴンの生息に関する予備的調査結果を公表した．また，滑走路の長さについて，2000メートルを基本に検討すること及び民間施設に係る面積は10ヘクタール程度必要との認識で一致した. 3.8 日米合同委員会が開催され，米兵の身柄引き渡し問題で，日米地位協定の運用改善について協議を始めることを合意した. 3.19 森総理とワシントンで会談したブッシュ大統領は，米軍普天間飛行場の代替施設に関し15年使用期限を求めていることについて，困難な問題だと述べた. 4.24 在日米軍の駐留経費を国が負担しているのは，憲法前文で保障された「平和的共存権」の侵害等だとして，宇井純沖縄大教授らが国に損害を求めた訴訟で，東京高裁は請求を退けた地裁判決を支持. 4.26 小泉内閣発足. 5.19 内閣府は，復帰後8回目となる「沖縄県民の意識に関する世論調査」の結果を発表した．はじめて基地容認が否定を上回った.
6.7 キャンプ・コートニーで約35年にわたって実弾クレー射撃が行われていた問題で，コートニー内のビーチのリーフに約60トンの鉛が蓄積していたことが明らかに． 6.28 海兵隊削減による米軍基地の整理縮小を求める100万人署名運動を展開してきた連合沖縄の玉城清会長ら代表は福田官房長官を訪ね，小泉首相あてに全国から集めた約170万人分の署名を提出.	6.8 代替施設協議会の第7回会合が首相官邸で開かれ，防衛庁が代替施設案として3工法8案を県や名護市等に提示した. 6.19 2002年9月2日に国の使用期限が切れる普天間飛行場と那覇港湾施設の一部土地の強制使用手続きで，国は土地調書と物件調書作成への立ち会い，署名押印を拒否した地主に代わり代理署名した.
9.5 米軍人・軍属関連の事件・事故が多発する状況を受け，稲嶺知事は警察庁，外務省，財務省，内閣府等を訪ね，米軍が駐留する沖縄の特殊事情を考慮した県警職員の増員を要請． 9.17 嘉手納，普天間飛行場及び那覇空港ともに航空機騒音低減が進んでいないことが県環境保全課のまとめた2000年度航空機騒音測定で判明.	9.11 米国のニューヨーク・マンハッタンにある世界貿易センタービルやワシントンの国防総省にハイジャックされた航空機が突っ込む米中枢同時テロ事件が発生した. 9.27 小泉首相は臨時国会での所信表明演説で，日米安保体制に関連した基地問題の対応について，沖縄の振興開発を推進すると強調するとともに，普天間飛行場の移設・返還を含め，SACO最終報告の着実な実施に全力で取り組むと表明. 9.28 4年ごとの国防戦略の見直し

沖縄での動き	日米両政府及び社会の動き
	(QDR)の概要が発表された．11日に起きたテロ事件を踏まえ原案を修正，米本土防衛の強化が前面に打ち出された． 10.8 米中枢同時テロに対する米軍等の報復攻撃が始まった． 10.29 テロ特別措置法が参院本会議で賛成多数で可決，成立した．
11.28 米中枢テロ以降嘉手納飛行場や普天間飛行場の騒音が激しくなっているとして，県の親川知事公室長らが在沖米軍調整官事務所及び那覇防衛施設局等を訪ね，両基地周辺の航空機騒音を軽減するように要請． 11.30 改定米軍用地特別措置法が適正手続きの保障や法の不遡及原則等を定めた憲法に反するとして，反戦地主が国を相手に使用権原不存在の確認と約1億円の損害賠償を求めていた憲法訴訟の判決があり，楚辺通信所の不法占拠を認め，国家賠償法上の責任を負うとした他，暫定使用をめぐる憲法上の争点について合憲判断を行った．	
12.20 都市型ゲリラ戦闘訓練等に使用する専用の特殊訓練施設を本島北部のキャンプ・ハンセン内に建設する計画が立てられていることが明らかに．	12.7 凍結されていた国連平和維持軍(PKF)本隊業務の解除を柱とする改正国連平和維持活動(PKO)協力法が参院本会議で賛成多数で可決，成立した． 12.27 代替施設協議会の第8回会合が開催され，代替施設の建設位置を辺野古沿岸域の「リーフ上」とすることで基本合意．
2002年	
1.29 北谷町美浜の桑江中学校校門前の空き地で，米軍が投棄したと見られるタール状物質が入ったドラム缶が20本以上見つかった．	
2.28 北谷町美浜の米軍射撃場跡地から大量の廃油入りドラム缶が見つかった問題で，那覇防衛施設局長が除去にかかった費用全額を国で負担することを明言．	2.2 韓米両政府は，在韓米軍基地で環境汚染が発生した場合，基地所在自治体が基地内に入って共同調査を実施できるようにし，返還前の基地にも適用することを軸とした「環境情報の共有と手続き」に合意した． 2.28 環境省は，国内で唯一沖縄本島周辺海域に生息するジュゴンの広域的調査の一環として，金武湾でえさとなる海草藻場の予備調査に入った． 3.1 日米合同委員会は，SACO最終報告

沖縄での動き	日米両政府及び社会の動き
	で返還が確認されていた楚辺通信所の移設先となるキャンプ・ハンセン内での通信システム工事実施を承認．また，瀬名波通信施設については機能をトリイ通信施設内に移設することを条件に，マイクロ・ウェーブ塔部分を除く大部分の返還に合意した．
4.10 勝連町のホワイト・ビーチ地区に，米海軍の原子力潜水艦が県への24時間前通報の制度を守らずに入港．	**4.26** ファーゴ米海軍太平洋艦隊司令官が米上院軍事委員会で，現時点では沖縄の軍事基地や兵力の削減に否定的な考えを示した．
5.15 宜野湾市は，普天間飛行場等の米軍基地から発生する騒音や事件・事故，環境汚染等に関する情報提供を受け付けるため，留守番専用電話「基地被害110番」を設置． **5.31** 稲嶺知事は首相官邸を訪れ，沖縄振興計画の県案を小泉首相に提出．	**5.10** 小泉首相は，米軍用地特別措置法第5条に基づき，那覇防衛施設局が申請していた県内9米軍施設の土地の継続使用を認定した． **5.29** 在日米軍のワスコー司令官はロイター通信とのインタビューで，日本・沖縄における米軍の存在はアジア太平洋地域の安定のため絶対的に必要であると述べた． **6.27** 米ホワイトハウスが，1972年5月の沖縄返還の直後に返還された土地の原状回復のために，米国が日本に支払うべき補償費を日本が肩代わりするという密約の存在を明確に裏付ける文書を作成していたとの報道がなされた． **7.4** 内閣府は日本の米軍基地に寄港する原子力艦の放射能漏れ等の事故に対応するため検討委員会を設置し，初会合を開いた． **7.29** 代替施設協議会の第9回会合が開かれ，代替施設の位置を辺野古沖のリーフ上とし，埋め立て方式の軍民共用空港とすることで，政府，県，名護市などは基本合意．
8.4 沖縄生物学会と沖縄の生物学研究者有志らが，那覇防衛施設局が公表した米軍北部訓練場内のヘリパッド移設先の環境調査報告書について，信用性が疑われると指摘する意見書を提出していたことが判明． **8.20** 県は，新たに政府が設置する「跡地利用協議会」に，地元の意見を反映させるため，宜野湾市等関係8市町村とともに「跡地関係市町村連絡・調整会議」を発足させた．普天間飛行場の移設に伴う振興事業について，名護市，東村，宜野座村の各首長が「移設先及び周辺地域振興三者協議	**8.12** 沖縄への配備も検討されている米海兵隊の次世代プロペラ輸送機MV-22オスプレイについて，米国防総省のオルドリッジ次官が開発の見直しを示唆する発言をし，波紋を広げていることが明らかになった． **8.23** イラク上空の飛行禁止空域を監視する作戦に，嘉手納飛行場から継続的に兵士が派遣されていることが明らかに．

沖縄での動き	日米両政府及び社会の動き
会」を開催. 8.28 県環境保全課は, 2001年度航空機騒音測定結果を公表し, 嘉手納, 普天間両飛行場周辺で, 夜間から早朝の時間帯で騒音発生回数が前年度比で大幅に増加していることを示した.	
	9.27 政府は閣議にて, 日米で返還が合意された米軍用地における原状回復に必要な措置や要する期間について, 国が定める返還実施計画を明確に規定し, 国の責任で原状回復するための政令改正を決定した.
10.29 普天間飛行場からの騒音に悩む周辺住民が,「普天間飛行場爆音訴訟」を提訴.	10.3 日米両政府は日米合同委員会を開き, SACO最終報告に盛り込まれた読谷村の米軍楚辺通信所返還に関して移設先のキャンプ・ハンセンでの通信所本体の工事実施に合意し, 併せて,「象のオリ」移設完了後に読谷補助飛行場を返還することにも合意した.
11.17 沖縄知事選の投票があり, 現職の稲嶺惠一氏が再選を果たした.	11.1 改正自衛隊法が施行された.
12.2 本島北部の米軍訓練場内に入会権を持つ区に居住する女性でつくる団体の会員が, 同区の共有権者団体を相手に, 同団体が正会員資格を男性に限り女性に軍用地料を配当しないのは憲法14条の男女平等原則に反するとして, 提訴.	12.4 外務省は, 在沖海兵隊少佐による女性暴行未遂事件を受けて都内で日米合同委員会を開き, 日米合同委員会の運用改善合意に基づき, 起訴前の容疑者の身柄引き渡しを米側に要求した. 12.5 日米合同委員会が開かれ, 米側は米少佐女性暴行未遂事件で日本側が要請していた起訴前の身柄引き渡しについて, 同意できないと拒否. 12.31 韓国政府は, 米韓地位協定の運用改善の合意事項について在韓米軍とともに署名し, 同合意事項が発効したと発表.
2003年	
1.31 旧軍飛行場用地問題県・市町村連絡調整会議が発足し, 関係5市町村と県が参加して初会合を開いた.	1.23 外務省が, 在日米軍施設内で環境汚染が発生した場合の立入視察の手続きを規定した1973年の日米合同委員会合意を公表. 1.28「代替施設建設協議会」が設置され, 第1回会合が開催された.
2.21 在沖海兵隊は, キャンプ・シュワブ内レンジ10で2002年7月から中止していたM2重機関銃の実弾射撃演習を実施.	2.28 ベーカー駐日米国大使は, 那覇市内で開かれた講演で,「米国政府は日米地位協定の改定を望んでいない」と発言した. 3.20 米国がイラクに対し, 空爆を開始した. 3.31 SACO最終報告で返還が合意された北谷町のキャンプ桑江について, 北側部分が返還された.

沖縄での動き	日米両政府及び社会の動き
5.25 キャンプ・ハンセン所属の海兵隊員が，沖縄県内北部において女性に対し暴行を加えた上，性的暴力を加え傷害を負わせた．	5.29 米紙ロサンゼルス・タイムスは複数の米高官の話として，米国防総省が沖縄に駐留する約2万人の海兵隊のうち約1万5000人を撤退，移転させる等，日韓両国を中心にアジアに駐留する米軍を再配置する計画の策定を進めていると報じた．
6.3 稲嶺知事は記者会見で，「日米地位協定の抜本的見直しに関する全国行動プラン」を発表． 6.9 三連協の宮城会長らは記者会見で，下地衆議院議員が提案している普天間飛行場の嘉手納飛行場への統合案に反対する声明を発表．	6.6 武力攻撃事態対処法等の有事関連法が，参議院本会議で賛成多数により可決，成立した．
7.18 旧軍飛行場用地問題調査検討委員会が発足し，具体的な作業を開始．	7.17 全国知事会議で「日米地位協定の抜本的見直し」が決議された． 7.26 イラク復興支援特別措置法が，参議院本会議で与党3党の賛成多数で可決，成立した． 8.15 使用済となっていた在日米軍基地内の全てのPCB含有物質約1123トンが，海路にて米国に搬出された．
10.8 沖縄振興特別措置法に規定された特定振興駐留軍用地跡地（特定跡地）として，「キャンプ桑江北側地区等」が初めて指定された．	10.16 政府が本年度の世界自然遺産国内候補地として選定しながら，世界遺産事務局への推薦作業に漏れた「琉球諸島」は，本島北部の北部訓練場が返還されない限り推薦されないことがわかったとの報道がなされた．
11.13 那覇防衛施設局は，2003年3月に返還されたキャンプ桑江北側の土壌調査で，基準値を超える特定有害物質を含む土壌やPCBが使用されている疑いのある安定器等が発見されたことを県に報告． 11.17 那覇防衛施設局は，辺野古沖での普天間飛行場代替施設建設に係る現地技術調査実施のため，公共財産使用協議書を県に提出． 11.26 キャンプ・ハンセン内レンジ4に都市型戦闘訓練施設を建設する米軍の計画について，県は「建設に反対する」との知事コメントを発表．	11.19 日本政府は，「陸軍がキャンプ・ハンセン及びキャンプ・シュワブで分散実施している訓練を効率的・効果的に実施しうるようにするため，レンジ4に米国予算により，陸軍複合射撃訓練場を建設する」との米軍の回答を公表． 11.25 ブッシュ米大統領は，「全地球規模での軍事態勢の見直し」に関する声明を発表．
12.26 国に個人補償を求めることを目的とする旧軍飛行場地主会連合会が，5つの旧地主会が参加して発足．	12.14 イラクのフセイン元大統領の身柄が拘束された．
2004年	
	1.1 日米地位協定に関する政府の基本解釈となる機密文書「日米地位協定の考え

沖縄での動き	日米両政府及び社会の動き
	方」を，一部マスコミが入手，全容が明らかになったとの報道がなされた． **1.30** 政府は，質問趣意書に対する答弁で，「日米地位協定の考え方」増補版に該当すると思われる文書を保有しているとした．
2.5「普天間飛行場跡地利用基本方針策定審議調査会」が設置され，基本方針策定の役割やその手順と体制，基本方針策定に際しての視点・留意点等について審議した．	
	3.9 武力攻撃事態対処法に沿って，武力攻撃事態等への対処に関して必要となる個別の法制(有事関連7法)案が，閣議決定された．
4.7 県は，那覇防衛施設局が提出していた名護市辺野古沖での現地技術調査のための公共財産使用協議書に同意． **4.14** 旧軍飛行場用地問題調査検討委員会は地主への個人補償と所有権回復は困難との結論を出し，飛行場ごとの団体補償で法人化による慰籍事業を行うべきとする戦後処理策を示した報告書を県に提出． **4.28** 普天間飛行場代替施設建設に向けた環境影響評価方法書の公告・縦覧が開始された．	**4.2** 外務省は，「捜査協力の強化及び平成7年合同委員会合意の円滑な運用の促進のための措置に関する合同委員会合意」を公表した． **4.13** 在沖基地から派遣された米海兵隊約1600名が，激しい戦闘が続くイラク中部のファルージャに投入されているとの報道がなされた．
	5.6 久間自民党幹事長代理が訪米し，アーミテージ米国務副長官に対し，日米地位協定に環境の規定がない点について問題を提起した．
6.11 在日米海兵隊は，基地外への外出を規制する「リバティー・カード」制度を実施すると発表．	**6.14** 有事関連7法が，参院本会議で可決，成立． **6.18** イラクへの主権委譲に伴い編成される多国籍軍へ，自衛隊が参加することが閣議決定された．
8.13 米海兵隊所属のCH53Dヘリコプターが，普天間飛行場に隣接する沖縄国際大学の構内に墜落． **8.19** 沖縄国際大学構内に墜落したヘリコプターの機体が撤去され，県警が初めて墜落現場を検証．県も立ち入り，放射能を含めた環境調査を実施．	**8.28** 在日米軍は，沖縄国際大学に墜落したヘリコプターと同型機の飛行を，これが適切となるまで行わないことを外務省に伝えた．
9.3 沖縄国際大学への米軍ヘリコプター墜落事故で，機体の器具中にあった放射性物質のストロンチウム90を含む回転翼安全装置6個のうち，1個が未回収との報道がなされた． **9.14** 在沖米海兵隊は，沖縄国際大学へのヘリコプター墜落直後に現場に出入りした全員に対し放射能調査を実	**9.21** ニューヨークでの日米首脳会談で，米軍再編について小泉首相は「抑止力を維持しつつ，沖縄をはじめとする地元の負担軽減を考慮すべきである．引き続き米と緊密に協力していきたい」旨を述べたのに対し，ブッシュ米大統領は「より効率的な抑止力を達成し，地元の負担の軽減にもつな

沖縄での動き	日米両政府及び社会の動き
施．その結果，放射能汚染はなかったことが明らかに． 9.16 普天間爆音訴訟について，那覇地裁は司令官への請求を棄却．	がるように努力していきたい」と述べた． 9.27 小泉新内閣が発足，新沖縄担当相に小池百合子氏が就任． 10.5 沖縄国際大学へのヘリコプター墜落事故について，事故調査報告書が米側から提出された． 10.12 沖縄国際大学への米軍ヘリコプター墜落事故を受け，政府は，在沖米軍による事故が発生した場合に迅速な対応をとるため，沖縄に「危機管理官」を設置した．
11.24 県内で米軍による事故が発生した際の対応について，外務省や県警等が協議する第1回「沖縄県在日米軍事故対応に関する合同協議会」が開催された． 11.29 県は，普天間飛行場代替施設建設の環境影響評価方法書に対する知事意見を，那覇防衛施設局に提出． 12.24 下地島空港の軍事利用に反対する宮古郡民総決起大会で，県等に対し，「屋良覚書」の遵守等が要請された．	11.3 米大統領選が行われ，ジョージ・ブッシュ氏が再選を決めた．
2005年	
2.15 稲嶺知事は，来県した米連邦議会の海外基地見直し委員会と面談し，海兵隊の県外移設等を申し入れた． 2.17 新嘉手納爆音訴訟の判決が那覇地裁で言い渡され，裁判所は身体被害について法的因果関係は認められないとし，飛行差し止めも棄却． 3.12 米軍再編による海兵隊の県外移転等，沖縄の基地負担軽減を訴える稲嶺知事等訪米要請団がワシントンに到着，ローレス国防副次官等と会談．	2.17 米軍ヘリコプター墜落事故に関する事故分科委員会からの報告書が日米合同委員会で合意された．米軍機による航空機事故の再発防止策として，マニュアルの徹底や労働条件の改善及びこれらの取り組み状況の合同委員会への報告，飛行経路の再検討等の措置がとられる．
	4.1 日米合同委員会で，「日本国内における合衆国軍隊の使用する施設・区域外での合衆国軍用航空機事故に関するガイドライン」が合意された．
7.3 嘉手納飛行場所属の米空軍人が，本島中部で，小学生に対する強制わいせつの被疑者として逮捕された． 7.12 米軍は，キャンプ・ハンセン内レンジ4の陸軍複合射撃訓練場で，実弾射撃訓練を開始した．	
	8.15 米国連邦議会が設置した「合衆国海外軍事施設の構成見直しに関する委員

沖縄での動き	日米両政府及び社会の動き
	会」は，最終報告書を米国連邦議会及び米国政府に提出した.
9.22 普天間基地司令官に爆音被害の損害賠償を求めた訴訟の控訴審判決で，福岡高裁那覇支部に1審判決を支持，控訴を棄却.	9.15 キャンプ・ハンセン内レンジ4の米陸軍複合射撃訓練場について，キャンプ・ハンセン内レンジ16に近接する既存レンジに代替施設を建設することが，日米合同委員会で合意された.
	10.29 日米両政府は，米国防総省で日米安全保障協議委員会(2プラス2)を開き，普天間飛行場代替施設のキャンプ・シュワブ沿岸部への移設や，在沖海兵隊の司令部要員等兵員約7000人を県外に移転すること等を内容とする在日米軍再編の中間報告に合意.
11.17 稲嶺知事は，安倍官房長官，麻生外相，額賀防衛庁長官と面談．在日米軍再編協議の中間報告で示された普天間飛行場のキャンプ・シュワブ沿岸部への移設案について「容認できない」と明確に拒否.	
12.16 沖縄県議会は，名護市辺野古のキャンプ・シュフワブ沿岸案の受け入れは難しいとの意見書，決議案を賛成多数で可決.	12.9 日米両政府は，2006年3月に期限が切れる在日米軍駐留経費(思いやり予算)負担の特別協定で，協定の期間を5年から2年に短縮することや，労務費，光熱水費等の日本側負担は現行協定の枠組みを維持すること等を含む新協定に合意した.
2006年	
1.19「嘉手納基地使用協定に関する町民会議」と三連協の要請団が，首相官邸に安倍官房長官を訪ね，国の責任で嘉手納基地使用協定を米軍と締結するように要請.	
1.22 名護市長選挙で，名護市議会議長の島袋吉和氏が初当選.	
2.10 北部訓練場の返還に伴うヘリコプター着陸帯移設に係る「環境影響評価図書案」が公表，閲覧された． 2.28 普天間基地司令官に騒音被害損害賠償を求めた訴訟で，最高裁は，住民側の上告を棄却.	2.3 米国防総省は，安全保障政策の指針となる「4年ごとの国防戦略見直し(QDR)」を公表した.
	3.29 在日米軍駐留経費(思いやり予算)に関し，日米間の新特別協定締結が，参院本会議で与党等の賛成多数により承認.
4.7 防衛庁長官と名護市長，宜野座村長は，飛行ルートが住宅地上空にかからないようにするため，滑走路を2本建設するこ	4.24 額賀防衛庁長官はラムズフェルド米国防長官と会談し，在沖米海兵隊のグアム移転経費の総額102億7000万ドルのう

沖縄での動き	日米両政府及び社会の動き
とで基本合意書を取り交わした.	ち日本側が59%，60億9000万ドルを負担することで合意した.
5.11 稲嶺知事は，防衛庁長官との間で「在日米軍再編に係る基本合意書」を取り交わした.	5.1 日米両政府は，米国務省で外務・防衛両閣僚による日米安全保障協議委員会(2プラス2)を開き，在日米軍再編の最終報告に合意した. 7.19 日米両政府は，米軍のパトリオット・ミサイル(PAC3)の嘉手納飛行場，嘉手納弾薬庫地区への配備を正式に決定. 7.31 読谷補助飛行場の大部分が返還された.
8.25 県は，北部訓練場のヘリコプター着陸帯の移設に関する環境影響評価図書案で，56項目の知事意見を那覇防衛施設局に送付.	
	9.26 安倍内閣発足. 9.30 瀬名波通信施設のマイクロウェーブ塔部分の土地を除く全ての土地が返還された.
11.1 伊波宜野湾市長は記者会見で，米国内基地の安全基準を公表し，「普天間飛行場は安全基準に適合しない」として「安全不適格宣言」を行った. 11.8 沖縄県知事選挙の投票が行われ，前県商工会議所連合会の仲井眞弘多候補が当選.	11.8 普天間飛行場や嘉手納飛行場を離着陸する航空機の各種部品に劣化ウラン等の放射性物質が使用されているとの報道がなされた.
12.25 第2回普天間飛行場の移設に係る措置に関する協議会が開催され，仲井眞知事は，3年を目途とする普天間飛行場の危険性の除去，現行のV字型案のままでは賛成できないこと等を主張.	12.15 防衛庁の省への移行に関連する「防衛庁設置法等の一部を改正する法律案」等が，参議院本会議で可決，成立した. 12.31 SACO最終報告で返還が合意された読谷村の楚辺通信所が返還された.
2007年	
1.7 福地ダムの湖面において，米軍が訓練に使用しているものと同一物とみられるペイント弾1500発が入った袋が発見された. 1.26 北部訓練場の一部返還に伴うヘリコプター着陸帯移設の環境影響評価図書について，県は，環境保全の見地からの7項目の知事意見を那覇防衛施設局に提出.	1.9 防衛庁が，防衛省に移行した. 1.11 在日米軍再編で合意された嘉手納飛行場からのF15戦闘機の訓練の移転について，その経費負担割合を日本側が75%，米側が25%とすること等が，日米合同委員会で合意された.
2.21 那覇防衛施設局は，北部訓練場返還に伴うヘリコプター着陸帯移設に係る環境影響評価図書の閲覧を開始した.	2.15 日米合同委員会で，キャンプ・ハンセン内レンジ4の陸軍複合射撃訓練場の代替施設の建設が合意された. 3.13 SACOで合意された北部訓練場の一部返還について，返還条件として移設されるヘリコプター着陸帯6カ所のうち，3

沖縄での動き	日米両政府及び社会の動き
	カ所の建設工事実施が，日米合同委員会で合意された.
5.18 那覇防衛施設局は，名護市辺野古海域の現況調査の一環として，サンゴの産卵状況を調べる着床具や気象調査機器の設置を行った．その際，海上自衛隊掃海母艦「ぶんご」が動員された.	5.23 駐留軍等の再編の円滑な実施に関する特別措置法が成立した.
6.1 県は，嘉手納飛行場内で5月25日から29日までの間，ジェット燃料約4000ガロンが流出したとの連絡を那覇防衛施設局から受けた． 6.18 嘉手納飛行場内で発生したジェット燃料流出事故で，米軍は，県が申請していた立入調査を不許可とした.	
7.2 SACOで合意された北部訓練場の一部返還に伴うヘリコプター着陸帯移設について，那覇防衛施設局は，県に工事着手届出書を提出．翌日，移設工事に着手した. 7.18 うるま市の県立沖縄高等養護学校に，米軍装甲車1台が無断で侵入し，敷地内でUターンを行った.	7.8 米軍がベトナム戦争で使用した猛毒のダイオキシンを含む枯葉剤を，1961年から62年まで北部訓練場等で散布し，作業に携わった元米兵が前立腺がんの後遺症を認定されていたことが，米退役軍人省の公式文書で明らかになったと報道.
8.7 那覇防衛施設局は「普天間飛行場代替施設建設事業」に伴う環境影響評価方法書を県に提出したが，県は受け取りを保留した． 8.14 那覇防衛施設局は，普天間飛行場代替施設建設事業に係る環境影響評価方法書について，公告・縦覧を開始した.	8.29「駐留軍等の再編の円滑な実施に関する特別措置法」施行.
9.1 防衛施設庁の防衛省への統合に伴い，那覇防衛施設局が沖縄防衛局に移行，発足.	9.25 福田内閣発足.
10.25 沖縄防衛局は，名護市キャンプ・シュワブ沿岸部に建設予定の普天間飛行場代替施設に，現普天間飛行場にはない「戦闘航空機弾薬搭載エリア」を設置することを表明． 10.30 県は，普天間飛行場代替施設の環境影響評価方法書について，環境影響評価審査会に諮問.	10.31 防衛省は再編交付金に関し，交付対象となる「再編関連特定周辺市町村」に全国33自治体を指定し官報で告示．県内で候補に挙がっていた5市町村のうち，名護，金武，恩納，宜野座の4市町村が対象から外れた.
11.13 米軍再編合意に基づく陸軍自衛隊によるキャンプ・ハンセンの共同使用について，地元の金武町，恩納村，宜野座村の3首長は，共同使用受け入れを正式に表明. 11.27 普天間飛行場代替施設建設事業に係る環境影響評価方法書に対し，名護市長及び宜野座村長からの回答が県に提出された.	11.19 石破防衛相は，キャンプ・ハンセンの陸上自衛隊との共同使用の受け入れを表明した金武町，恩納村，宜野座村を，再編交付金の交付対象となる「再編関連特定周辺市町村」に指定し，官報で告示した.
12.21 仲井眞知事は，普天間飛行場代替	12.12 在日米軍駐留経費負担に係る新た

沖縄での動き	日米両政府及び社会の動き
施設建設事業に係る環境影響評価方法書のうち，県条例の対象となる飛行場建設部分について，36項目233件の知事意見を沖縄防衛局に提出．	な特別協定について，期間を3年間とし，労務費については現行協定の枠組みを維持，光熱水費等については一部を減額すること等が日米両政府間で合意された．
2008年	
1.11 沖縄防衛局が，県環境影響評価審査会に対し，海砂1700万立方メートルを普天間飛行場代替施設の埋め立てに使用する方針を明らかに． 1.18 県環境影響評価審査会が，普天間飛行場環境影響評価方法書の埋め立て部分について，「書き直しが必要」との審査結果を知事宛に答申． 1.21 県は，沖縄防衛局に環境影響評価方法書の書き直し要求を明記した知事意見を提出．防衛省に配慮し，事前調査の中止は要求せず．	1.11 新テロ特措法，衆議院本会議で賛成多数で可決． 1.22 石破防衛相，知事意見提出を受け，普天間飛行場代替施設の環境影響評価本調査2月実施の「方針は変わらない」と発言． 1.24 日米両政府，遅延している嘉手納ラプコンの返還を2010年3月までと合意．ジュゴン訴訟でサンフランシスコ地裁が，米国防総省は米文化財保護法違反に当たるとし，影響調査を求める判決を下す．
2.10 沖縄市北谷町で米海兵隊による女子中学生暴行事件発生． 2.18 県が，「米軍人等犯罪防止策に関する検討会議」を設置，初会合． 2.20 在沖米軍，基地居住者の無期限外出禁止を発表．	2.7 日米政府，日米合同委員会で陸軍自衛隊第1混成団によるキャンプ・ハンセンの共同使用に合意． 2.10 米議会調査局が，報告書「変容する米日同盟――米国の利益への影響」をまとめる．普天間飛行場移設進展状況がさらに失速する可能性に言及．
3.12 普天間飛行場跡地利用計画策定審議委員会が発足，初会合．嘉手納飛行場で在韓米軍F16，岩国所属FA18を含む最大規模の即応訓練． 3.14 沖縄防衛局，普天間飛行場移設環境影響評価方法書確定版を県に提出． 3.15 沖縄防衛局が普天間飛行場移設環境影響評価調査を開始． 3.19 沖縄戦犠牲者の靖国神社への合祀取り消しを求め，遺族5人が那覇地裁に提訴． 3.28「集団自決」大江・岩波裁判，大阪地裁で判決．「集団自決には日本軍が深く関わった」と認定し，原告側の請求を棄却．	3.11 米軍基地を抱える14都道県で構成される渉外知事会が，高村外相と石破防衛相に地位協定の抜本的見直しを要請． 3.26 防衛研究所が「東アジア戦略概観2008」を公表．普天間飛行場移設とその他の整理縮小とは「パッケージ」と強調． 3.31 防衛省，名護市と宜野座村を米軍再編交付金の交付対象に指定．
	4.17 名古屋高裁が，自衛隊イラク派遣違憲判決．バグダッドを「戦闘地域」と認定し，イラク特措法を憲法9条違反と認める． 4.22 高村外相が，普天間飛行場代替施設へのMV-22オスプレイ配備の可能性に言及．
5.27 名護市辺野古での普天間飛行場移	5.17 1974年伊江島事件の際の日米間の

沖縄での動き	日米両政府及び社会の動き
設に伴う基地建設阻止の座り込みが1500日に.	交渉経緯を記録した外交電報により，日本側の裁判権放棄に合意する日米覚書の存在が発覚. **5.24** チャンドラー米太平洋空軍司令官が，嘉手納飛行場へ配備検討中のF35Aについて，2013年に配備完了との見通しを示す.
6.8 県議会選挙投開票．野党が20議席から26議席と躍進し，与野党が逆転. **6.9** 福岡高裁が，2004年の沖縄国際大学ヘリ墜落事故情報公開訴訟で，国の抗告を許可. **6.10** 沖縄防衛局と県が実施している嘉手納，普天間飛行場周辺での騒音測定で，沖縄防衛局の値が県に比べ低いことが判明．最大で5倍の開き. **6.20** ホワイトビーチへの米原子力潜水艦の寄港回数が復帰後300回に. **6.26** 那覇地裁が，普天間爆音訴訟で国に総額1億4000万円の損害賠償を命じる判決．ヘリの低周波音被害や飛行差し止め請求等は棄却.	**6.4** 朝鮮半島有事の際，米軍が日本との事前協議を経ずに在日米軍基地を使用できるとした1960年の日米密約の存在が発覚. **6.16** 1956年の日米合同委員会で，地位協定で日本側に第1次裁判権がない「公務中」を職場での飲酒にまで拡大していたことが判明. **6.26** 町村官房長官が，仲井眞知事が求める普天間飛行場の危険性除去(3年以内の閉鎖状態)について「米側と交渉する」との意向を初めて示す.
7.1 沖縄防衛局が，東村高江のヘリパッド移設作業で，中断していた工事を再開.	
8.7 米原子力潜水艦ヒューストンの冷却水漏れ事故が，ホワイトビーチへの寄港時にも発生していたことが判明.	**8.29** 外務省は，県とうるま市に，米大使館から原潜ヒューストン放射能漏れ事故の「最終報告」があったことを通知.
9.1 県による普天間飛行場周辺の2007年度騒音測定結果で，1日あたりの騒音発生回数が9カ所の測定局全てで前年度より増加したことが判明. **9.21** 県議会米軍基地関係特別委員会が，沖縄防衛局に，米原子力潜水艦寄港中止を要請.	**9.6** 全国7団体の爆音訴訟原告団が，神奈川県大和市で初集会．「全国基地爆音訴訟原告団連絡会議(仮)」設置を決定. **9.17** 防衛省が，「防衛計画の大綱」見直しで「防衛力のあり方検討のための防衛会議」を設置，初会合. **9.24** 麻生内閣発足. **9.25** 米原子力空母ジョージ・ワシントンが，母港となる米海軍横須賀基地に入港. **9.28** 米海軍が，グアムでの米軍配置計画を米連邦議会とグアム州知事に提出.
10.8 上原知事公室長が，辺野古新設V字型滑走路の運用で「やむを得ない場合には住宅地上空を飛ぶことは承知している」と発言. **10.17** 東村の伊集村長が，高江区への米ヘリパッド移設に関して，「2割(高江区民)を犠牲にしてでも8割を生かしたほうがいい」と発言. **10.27** 東村の伊集村長が，高江ヘリパッド移設工事に関する失言撤回，謝罪.	**10.22** 1985年の台湾海峡危機の際，米軍が嘉手納飛行場に広島型原爆の250倍の威力の戦略核爆弾を配備していたことが判明.

沖縄での動き	日米両政府及び社会の動き
11.19 那覇地裁が，泡瀬干潟埋立事業訴訟で「経済的合理性は認められない」と県や沖縄市に公金支出差止めを命令. 12.4 嘉手納飛行場での合同即応訓練で，23時に超大型輸送機ギャラクシーが離陸. F15やF18の騒音防止協定違反の離着陸も頻発. 12.24 沖縄防衛局が，東村高江ヘリパッド建設反対の座り込み住民らに対し，通行妨害禁止の仮処分を那覇地裁名護支部に申立て.	11.6 メイ在沖米総領事，鳥島・久米島の両射爆撃場について「返還は難しい」と発言. 12.11 日米合同委員会，キャンプ・ハンセンの都市型訓練施設移転に伴い，B地区に移転した射撃場，訓練施設棟の米への提供に合意.
2009年	
1.13 陸軍自衛隊第1混成団の「沖縄射場」が旧米軍東恩納弾薬庫地区に完成. 1.15 最高裁が，2004年沖縄国際大学米ヘリ墜落事故に関する文書公開請求訴訟で，国側に文書の一部を提示するように命じた高裁決定を破棄. 1.28 東村高江のヘリパッド移設問題で，仲嶺区長が条件付受け入れを表明.	1.20 バラク・オバマ米大統領が就任. 就任演説でイラク駐留米軍撤退等に触れる.
2.27 福岡高裁那覇支部で，新嘉手納爆音訴訟の控訴審判決. W値75以上の区域で賠償認める. 飛行差し止めや身体被害の訴えは棄却.	2.17 クリントン米国務長官と中曾根外相が，「在沖米海兵隊のグアム移転に係る協定」に署名.
3.13 普天間飛行場で1999年から2006年に少なくとも16回の燃料流出事故が発生. 通報は1件のみだったことが米情報自由法による資料で判明.	3.16 沖縄返還交渉日米秘密文書の情報公開請求で，「不存在」を理由に不開示決定した外務・財務両省に対し，県内外の学者，ジャーナリストら25人が開示を求め東京地裁に提訴.
4.1 嘉手納町基地渉外課が嘉手納飛行場の2008年度の騒音発生回数を発表. 屋良地区では70db以上が3万9357回と過去5年間で最多に. 沖縄防衛局が，普天間飛行場代替施設建設の環境影響評価準備書を県，名護市，宜野座村に提出.	4.9 米会計検査院が，海兵隊グアム移転の基地建設費用に関する報告書を議会に提出. 4.10 衆院外務委員会が，海兵隊グアム移転協定を賛成多数で承認. 4.20 高見沢防衛省防衛政策局長が，SACOでMV-22オスプレイの普天間飛行場代替施設への配備を念頭に米側と調整していたことが明らかに.
5.11 嘉手納飛行場や伊江島補助飛行場等7施設の反戦地主160人，防衛省を相手に，土地使用認定取消を求め那覇地裁に提訴. 5.16 沖縄防衛局，普天間飛行場代替施設環境影響評価準備書に対する住民意見提出を締め切る. 5.26 沖縄防衛局が，普天間飛行場代替施設環境影響評価準備書	5.8 在沖海兵隊の2009会計年度航空機配備計画で，MV-22オスプレイの2012年10月からの普天間飛行場配備予定が判明. 5.13 在沖海兵隊グアム移転協定，成立. 5.15 在日米軍人が公務外で起こした犯罪の不起訴率が，2001年から2008年の平均で83%に上ることが判明. 5.31

沖縄での動き	日米両政府及び社会の動き
の県議会への説明会を開催.	1960年の「核持込密約」を歴代外務事務次官らが管理, 一部の首相, 外相に伝えていたことが元次官証言で明らかに. **6.1** SACO最終報告で合意されたギンバル訓練場の返還条件となっていたブルービーチ訓練所へのヘリ着陸帯建設が着工. **7.13** 河野衆院外務委員長, 記者会見で核持込密約の存在を否定する政府答弁の修正を要求.
8.19 普天間代替施設の環境アセスに不備があるとして, 県内外344人がアセスやり直しを求める行政訴訟を那覇地裁に提訴. **8.25** 名護市 普天間代替施設建設の環境評価アセス準備書への市長意見を県に提出.	**8.11** 米国防総省の航空情報仕様書で, 普天間飛行場の経路にMV-22オスプレイが設定されていることが判明. **8.15** 東郷元外務省条約局長, 核持込密約について「衆院選後に新政権が調査するなら, 協力する」と述べる. **8.30** 第45回衆議院議員選挙, 投開票. 民主308, 自民140議席. 政権交代が確実に. 沖縄選挙区の4議席は民主2, 社民1, 国民新1.
9.10 沖縄防衛局が辺野古沿岸域で米軍の協力を得て騒音調査を実施.	**9.9** 民主, 社民, 国民新の3党が党首会談を開催し,「沖縄県民の負担軽減の観点から, 日米地位協定の改定を提起し, 米軍再編や在日米軍基地の在り方についても見直しの方向で臨む」との内容を政策合意書に明記することに. 普天間飛行場代替施設の辺野古移転は盛り込まれず. **9.16** 鳩山内閣発足. 岡田外相が, 核持込や米軍基地跡地の原状回復費の肩代わり等に関する沖縄返還をめぐる日米間の密約についての調査を命令.

■岩波オンデマンドブックス■

沖縄論――平和・環境・自治の島へ

2010年 1月28日 第1刷発行
2016年 4月12日 オンデマンド版発行

編 者 宮本憲一(みやもとけんいち) 川瀬光義(かわせみつよし)

発行者 岡本 厚

発行所 株式会社 岩波書店
〒101-8002 東京都千代田区一ツ橋2-5-5
電話案内 03-5210-4000
http://www.iwanami.co.jp/

印刷/製本・法令印刷

ISBN 978-4-00-730394-4 Printed in Japan